EXTENSÃO DA CLÁUSULA COMPROMISSÓRIA E GRUPOS DE SOCIEDADES

A PRÁTICA ARBITRAL CCI E SUA COMPATIBILIDADE COM O DIREITO BRASILEIRO

De acordo com o Regulamento CCI-2012

O GEN | Grupo Editorial Nacional reúne as editoras Guanabara Koogan, Santos, Roca, AC Farmacêutica, Forense, Método, LTC, E.P.U. e Forense Universitária, que publicam nas áreas científica, técnica e profissional.

Essas empresas, respeitadas no mercado editorial, construíram catálogos inigualáveis, com obras que têm sido decisivas na formação acadêmica e no aperfeiçoamento de várias gerações de profissionais e de estudantes de Administração, Direito, Enfermagem, Engenharia, Fisioterapia, Medicina, Odontologia, Educação Física e muitas outras ciências, tendo se tornado sinônimo de seriedade e respeito.

Nossa missão é prover o melhor conteúdo científico e distribuí-lo de maneira flexível e conveniente, a preços justos, gerando benefícios e servindo a autores, docentes, livreiros, funcionários, colaboradores e acionistas.

Nosso comportamento ético incondicional e nossa responsabilidade social e ambiental são reforçados pela natureza educacional de nossa atividade, sem comprometer o crescimento contínuo e a rentabilidade do grupo.

Leonardo de Campos Melo

EXTENSÃO DA CLÁUSULA COMPROMISSÓRIA E GRUPOS DE SOCIEDADES

A PRÁTICA ARBITRAL CCI E SUA COMPATIBILIDADE COM O DIREITO BRASILEIRO

De acordo com o Regulamento CCI-2012

Rio de Janeiro

■ A EDITORA FORENSE se responsabiliza pelos vícios do produto no que concerne à sua edição, aí compreendidas a impressão e a apresentação, a fim de possibilitar ao consumidor bem manuseá-lo e lê-lo. Os vícios relacionados à atualização da obra, aos conceitos doutrinários, às concepções ideológicas e referências indevidas são de responsabilidade do autor e/ou atualizador.

As reclamações devem ser feitas até noventa dias a partir da compra e venda com nota fiscal (interpretação do art. 26 da Lei n. 8.078, de 11.09.1990).

■ Direitos exclusivos para o Brasil na língua portuguesa
Copyright © 2013 *by*
EDITORA FORENSE LTDA.
Uma editora integrante do GEN | Grupo Editorial Nacional
Travessa do Ouvidor, 11 – Térreo e 6º andar – 20040-040 – Rio de Janeiro – RJ
Tel.: (0XX21) 3543-0770 – Fax: (0XX21) 3543-0896
forense@grupogen.com.br | www.grupogen.com.br

■ O titular cuja obra seja fraudulentamente reproduzida, divulgada ou de qualquer forma utilizada poderá requerer a apreensão dos exemplares reproduzidos ou a suspensão da divulgação, sem prejuízo da indenização cabível (art. 102 da Lei n. 9.610, de 19.02.1998).

Quem vender, expuser à venda, ocultar, adquirir, distribuir, tiver em depósito ou utilizar obra ou fonograma reproduzidos com fraude, com a finalidade de vender, obter ganho, vantagem, proveito, lucro direto ou indireto, para si ou para outrem, será solidariamente responsável com o contrafator, nos termos dos artigos precedentes, respondendo como contrafatores o importador e o distribuidor em caso de reprodução no exterior (art. 104 da Lei n. 9.610/98).

■ Capa: Danilo Oliveira

■ CIP – Brasil. Catalogação na fonte.
Sindicato Nacional dos Editores de Livros, RJ.

Melo, Leonardo de Campos

Extensão da cláusula compromissória e grupos de sociedades – A prática arbitral CCI e sua compatibilidade com o direito brasileiro / Leonardo de Campos Melo. – Rio de Janeiro: Forense, 2013.

Inclui Bibliografia
ISBN: 978-85-309-4194-9

1. Processo civil. 2. Arbitragem e sentença. 3. Arbitragem e sentença - Brasil. 4. Arbitragem comercial internacional. 5. Arbitragem comercial. I. Câmara de Comércio Internacional. II. Título.

12-2023.   CDU: 347.918

A Luisa e Alessandra, com amor.

A Sergio Bermudes e aos meus colegas do Escritório do qual ele é o titular, com afeto e gratidão pela honra de integrar esta grande escola de advocacia.

AGRADECIMENTOS

O Professor Doutor Gustavo Tepedino presenteou-me com o tema da extensão subjetiva da cláusula compromissória a não signatários — analisado sob o enfoque dos princípios da autonomia da vontade e do consensualismo — para ser explorado em minha dissertação de mestrado em Direito Civil na Universidade do Estado do Rio de Janeiro (UERJ), base sobre a qual este livro foi escrito. Sou-lhe muito grato.

O Professor Doutor Carlos Edison do Rêgo Monteiro Filho acompanhou-me durante todas as fases do mestrado. Dele recebi o primeiro incentivo para juntar-me à Pós-Graduação da UERJ, dele fui aluno em uma das disciplinas cursadas, e dele recebi orientação para elaborar a base deste livro. A ele, meu muito obrigado.

Agradeço ao Professor Doutor Carlos Alberto Carmona, autoridade nos campos da Arbitragem e do Processo Civil, a enorme gentileza de se deslocar de São Paulo ao Rio de Janeiro para integrar a banca examinadora de minha dissertação, a ela dispensando detalhada atenção. Também agradeço à Professora Doutora Heloisa Helena Barboza a participação na ilustre banca que me examinou.

O Professor Doutor Horacio Grigera Naón, renomado Professor e Árbitro Internacional, de quem tive o privilégio de ser aluno no Mestrado (LL.M) pelo Centro de Arbitragem Comercial Internacional da American University (Washington, D.C., EUA), muito honrou-me ao prefaciar este livro. Antes, contudo, após detalhada leitura, sugeriu-me incluir no texto importantes aspectos relativos ao tema. Esta obra é ainda mais abrangente e atual em virtude de suas muito pertinentes sugestões, todas devidamente acolhidas. Tenho-lhe enorme gratidão.

Agradeço a Ricardo Loretti, Wilson Pimentel, Roberto Castro de Figueiredo, Pedro Paulo de Barros Barreto e Marcelo Lamego Carpenter pela preciosa ajuda na obtenção de material bibliográfico; a Gustavo Fernandes de Andrade, que me alertou para algumas das dificuldades relacionadas ao tema deste livro e me forneceu importantes artigos doutrinários; e a Lívia Ikeda, autora de excelente monografia de graduação em Direito pela UERJ tendo por objeto parte substancial dos temas abordados neste livro, de quem também recebi excelentes indicações bibliográficas.

Por fim, expresso minha gratidão a João Gabriel Maffei e Ilana Zeitoune, pela ajuda com as pesquisas de doutrina nacional e estrangeira, e a Frederico Santos, Luiza Bianchini, Lívia Ikeda, Antonia de Araújo Lima, Bernardo Morelli Bernardes, João Luiz Cople Loureiro e Daniel Chacur de Miranda, pela cuidadosa revisão final do texto.

PREFÁCIO

Mucho me complace prologar el valioso libro de Leonardo de Campos Melo relativo a la extensión de la cláusula compromisoria dentro del marco del denominado "grupo de sociedades".

Este libro colma sin duda un vacío importante en la literatura latinoamericana y, en particular, en lengua portuguesa, atento a la cuidadosa e informada consideración, a lo largo de sus páginas, de la práctica arbitral, las decisiones de las cortes nacionales de distintos países, y el tratamiento de esta problemática por parte de las instituciones arbitrales internacionales.

En cuanto a esto último, el Autor pone adecuado y debido énfasis en la actuación de la Corte Internacional de Arbitraje de la Cámara de Comercio Internacional, cuya experiencia en esta temática es única y de larga data. Dicha experiencia, que ha culminado en las disposiciones sobre el tema del Nuevo Reglamento de Arbitraje de la Cámara de Comercio Internacional – que entró en vigencia en enero de 2012 –, es cuidadosamente analizada por el Autor, conjuntamente con numerosos laudos arbitrales CCI en la materia.

Mención especial debe hacerse del interesante y pormenorizado análisis en este libro de la jurisprudencia brasileña sobre arbitraje internacional y sus proyecciones actuales o posibles para darle cabida prudente – pero adecuada – a la extensión de la cláusula compromisoria a los no firmantes en el contexto de sociedades de un mismo grupo. Se trata de un análisis crítico y objetivo, y por ello digno de ser tenido en cuenta.

No puede haber trabajo profundo en materia de derecho positivo – aún con connotaciones internacionales – sin referencia concreta al menos a un ordenamiento jurídico sistematizado que permita revelar los claros y oscuros del tema a tratarse sobre bases específicas. No es menor mérito el del libro que aquí se prologa el haber podido combinar de manera equilibrada la consideración de la jurisprudencia brasileña a la luz del derecho comparado y de la experiencia arbitral internacional.

Finalmente, cabe destacar el maduro enfoque del Autor del tema evidenciado a través de sus páginas, pero que se presenta de manera más manifiesta en el Capítulo 4 y, luego, en las conclusiones. Allí se define con claridad el enfoque tanto práctico como teórico para poder aprehender y resolver, de manera específica, los problemas de extensión de la cláusula arbitral al no firmante que integra el mismo grupo societario y, al mismo tiempo, se brindan bases que pueden servir como útiles puntos de orientación de la futura jurisprudencia brasileña en la materia.

En suma, el libro de Leonardo de Campos Melo es un aporte importante a la literatura sobre el tema, que sin duda será consultado con provecho tanto por académicos, abogados y magistrados interesados en el tema.

Washington, D.C., EUA, dezembro de 2012

Horacio Grigera Naón
Secretário-Geral da Corte Internacional de Arbitragem
da Câmara de Comércio Internacional entre 1996 e 2001.
Diretor do Centro de Arbitragem Comercial Internacional
– American University (Washington, D.C., EUA).
Doutor (SJD) e Mestre (LLM) pela Harvard Law School.
Árbitro Independente.

ABREVIATURAS E EXPRESSÕES UTILIZADAS NESTE LIVRO

Convenção de arbitragem ou convenção arbitral	A Lei n.° 9.307, de 23 de setembro de 1996, no Capítulo II, utiliza o termo "convenção de arbitragem" como gênero, do qual são espécies a cláusula compromissória e o compromisso arbitral. Neste livro, contudo, os termos "convenção de arbitragem" e "convenção arbitral" devem ser entendidos como sinônimos de cláusula compromissória. As poucas referências feitas ao instituto do compromisso arbitral serão devidamente identificadas.
Convenção de Nova York	Convenção da Organização das Nações Unidas sobre o Reconhecimento e a Execução de Sentenças Arbitrais Estrangeiras, assinada, em 10 de junho de 1958, na cidade de Nova York.
Corte CCI	Corte Internacional de Arbitragem da Câmara de Comércio Internacional.
Lei de Arbitragem	Lei n.° 9.307, de 23 de setembro de 1996.
Prática arbitral CCI	Expressão que engloba o conjunto de sentenças arbitrais proferidas conforme o Regulamento de Arbitragem da Câmara de Comércio Internacional e, em alguns casos, devidamente identificados ao longo do livro, as decisões *prima facie* tomadas pela Corte CCI.
Precedente CCI	Sentença arbitral proferida conforme o Regulamento de Arbitragem da Câmara de Comércio Internacional.
Regulamento CCI	Regulamento de Arbitragem da Câmara de Comércio Internacional. Quando necessário, será feita referência à respectiva versão do Regulamento aplicada a determinado precedente.
Regulamento CCI-2012	Regulamento de Arbitragem da Câmara de Comércio Internacional com entrada em vigor em 1° de janeiro de 2012.
STF	Supremo Tribunal Federal.
STJ	Superior Tribunal de Justiça.

Nota da Editora: o Acordo Ortográfico foi aplicado integralmente nesta obra.

SUMÁRIO

INTRODUÇÃO... 1

CAPÍTULO 1 – AUTONOMIA DA VONTADE, CONSENSUALISMO E ARBITRAGEM.. 9

1. O princípio da autonomia da vontade. Breve histórico.............. 9
2. O princípio da autonomia da vontade e a Lei de Arbitragem............. 12
3. O princípio da autonomia da vontade como pedra angular da arbitragem segundo o Supremo Tribunal Federal....................... 15
4. Cláusula compromissória: natureza jurídica............................. 20
5. Cláusula compromissória por escrito: o direito brasileiro e a prática arbitral internacional 23
   - 5.1. O direito brasileiro 24
   - 5.2. A orientação adotada pelo STF e pelo STJ...................... 26
   - 5.3. A prática arbitral internacional....................................... 30
6. Consensualismo e arbitragem.. 31
7. Lei de regência da validade – e da extensão – da cláusula compromissória 32
   - 7.1. A aplicação da lei brasileira.. 34

CAPÍTULO 2 – OS GRUPOS DE SOCIEDADES NO DIREITO BRASILEIRO.. 37

1. Breve histórico dos grupos de sociedades................................ 37
2. Elementos essenciais: independência jurídica e direção unitária ... 41
3. Os grupos de sociedades no direito positivo brasileiro.............. 44
   - 3.1. Direito Ambiental 45
   - 3.2. Direito do Consumidor.. 46
   - 3.3. Direito Econômico... 47

3.4.	Direito Previdenciário	47
3.5.	Direito Societário	48
3.6.	Direito Trabalhista	50

4. Os grupos de sociedades segundo o Superior Tribunal de Justiça...... 51

4.1.	Diversidade de pessoas jurídicas e unidade de direção	52
4.2.	Grupos de sociedades e dívidas tributárias	53
4.3.	Desconsideração da personalidade jurídica: situações excepcionais	54
4.4.	Teoria da aparência e princípio da boa-fé	56
4.5.	Síntese da jurisprudência do STJ sobre os grupos de sociedades	58

CAPÍTULO 3 – A EXTENSÃO DA CLÁUSULA COMPROMISSÓRIA A PARTES NÃO SIGNATÁRIAS E GRUPOS DE SOCIEDADES: PRECEDENTES CCI, DECISÕES *PRIMA FACIE* DA CORTE CCI E DECISÕES JUDICIAIS ESTRANGEIRAS 59

1. A extensão da cláusula compromissória a partes não signatárias.... 59

   1.1. A extensão é incompatível com o compromisso arbitral 60

2. A extensão da cláusula compromissória com fundamento na denominada *Teoria dos Grupos de Sociedades* 61

3. Distinção entre a extensão com fundamento na Teoria dos Grupos de Sociedades e a extensão com base na Teoria dos Grupos de Contratos 63

4. A extensão da convenção arbitral não se confunde com o instituto da desconsideração da personalidade jurídica 63

5. Apreciação *ab initio* ou junto ao mérito da arbitragem? 65

6. O *leading case* CCI 4131/1982: *Dow Chemical* vs. *Isover Saint Gobain* 67

6.1.	Síntese dos fatos	67
6.2.	A lei aplicável à interpretação da cláusula compromissória	68
6.3.	A negociação dos contratos	68
6.4.	A execução dos contratos	69
6.5.	A extinção dos contratos	70
6.6.	A aplicação da denominada teoria dos grupos de sociedades ...	70
6.7.	A decisão dos árbitros	71

7. Precedentes CCI em que se permitiu a extensão da convenção arbitral a partes não signatárias no âmbito de grupos de sociedades 72

7.1.	Caso CCI 6519/1991	72
7.2.	Casos CCI 7604 e 7610/1995	73
7.3.	Caso CCI 10510/2000	75
7.4.	Caso CCI 5103/1988	76
7.5.	Caso CCI 5730/1988	77
7.6.	Caso CCI 11160/2002	79

8. Precedentes CCI em que não se permitiu a extensão da convenção arbitral a partes não signatárias no âmbito de grupos de sociedades 80

8.1.	Caso CCI 4504/1985	81
8.2.	Caso CCI 9873/1999	83
8.3.	Caso CCI 9839/1999	84
8.4.	Caso CCI 9517/2000	85
8.5.	Caso CCI 10758/2000	87
8.6.	Caso CCI 10818/2001	88

9. A extensão da convenção arbitral a partes não signatárias e grupos de sociedades nas decisões *prima facie* da Corte CCI. Novidades advindas do novo Regulamento CCI-2012 90

9.1. A Corte Internacional de Arbitragem da Câmara de Comércio Internacional: papel-chave nas arbitragens CCI 90

9.2. Análise *prima facie*, pela Corte CCI, acerca da existência, validade ou escopo de convenção arbitral. O novo procedimento previsto no Regulamento CCI-2012 92

9.3. Análise *prima facie*, pela Corte CCI, envolvendo arbitragens multipartes, múltiplas convenções arbitrais e multicontratos 97

9.4. Precedentes da Corte CCI sobre a extensão da cláusula arbitral a partes não signatárias e grupos de sociedades 99

9.5. Novidade advinda do Regulamento CCI-2012: o árbitro de emergência. Inaplicabilidade a partes não signatárias 104

10. Decisões judiciais estrangeiras relativas à extensão da convenção arbitral a partes não signatárias e grupos de sociedades 106

10.1.	França	106
10.2.	Suíça	114
10.3.	Estados Unidos da América	117
10.4.	Inglaterra	120
10.5.	Suécia	122

11. A existência de grupo de sociedades consiste tão somente em elemento de auxílio à interpretação da vontade de partes signatárias e não signatárias 124

12. Análise eminentemente fática 129

CAPÍTULO 4 – A COMPATIBILIDADE ENTRE O ORDENAMENTO JURÍDICO BRASILEIRO E A PRÁTICA ARBITRAL CCI DA EXTENSÃO DA CONVENÇÃO ARBITRAL A PARTES NÃO SIGNATÁRIAS E GRUPOS DE SOCIEDADES 131

1. A existência de grupo empresarial não implica, de pleno direito, a solidariedade entre as sociedades que o integram 132

2. A extensão da convenção arbitral não se confunde com o instituto da desconsideração da personalidade jurídica, não podendo, consequentemente, ser aplicada como sanção a comportamento ilícito de partes não signatárias 133

3. A arbitragem somente é válida se constatada a existência de consentimento inequívoco de signatários e não signatários da respectiva cláusula compromissória, manifestado por meio de seu comportamento 134

4. A importância das características do caso concreto na determinação da extensão da convenção arbitral a partes não signatárias 135

5. Compatibilidade manifesta.. 136

    5.1. Caso *Trelleborg* – precedente do Tribunal de Justiça de São Paulo 137

6. Posicionamento que deverá ser adotado, no futuro, pelo STJ 139

CONCLUSÃO.. 141

REFERÊNCIAS BIBLIOGRÁFICAS... 143

TABELA DE PRECEDENTES CCI 153

TABELA DE PRECEDENTES JUDICIAIS ESTRANGEIROS 155

ÍNDICE ALFABÉTICO-REMISSIVO 157

INTRODUÇÃO

Desde meados da década de 1990, o Brasil vem passando por acelerada transformação social e econômica, tendo se tornado, no fim de 2011, a sexta maior economia do mundo, vivendo um momento de franco crescimento. A superação de um regime jurídico formalista e avesso à arbitragem,[1] mediante a aprovação de legislação compatível com as práticas do comércio internacional[2] e chancelada pelo Poder Judiciário,

---

[1] Para um histórico preciso da legislação regente do instituto da arbitragem antes do advento da Lei n.° 9.307/96, confira-se o livro *Arbitragem e Processo:* um comentário à Lei n.° 9.307/96, de autoria de Carlos Alberto Carmona (3. ed. São Paulo: Atlas, 2009), o artigo de coautoria de Sergio Bermudes e Carlos Lins denominado "The Future for Arbitration in Brazil and in Latin America" (in *The Internationalisation of Internacional Arbitration*: the LCIA Centenary Conference. London: Kluwer,1995, pp. 125-139) e o artigo "A Pré-história da Arbitragem no Brasil" (in Revista de Direito Renovar, vol. 41, maio-ago 2008, pp. 47-62), de autoria de Carlos Augusto da Silveira Lobo.

[2] Em 02.08.12, o Senador Renan Calheiros, por meio do Requerimento n.° 702/2012, solicitou ao Senado Federal a criação de uma comissão, integrada por juristas e presidida pelo Ministro Luis Felipe Salomão, do Superior Tribunal de Justiça, com o objetivo de elaborar anteprojeto de Lei de Arbitragem e Mediação. A instauração da comissão foi aprovada pelo Senado Federal em 29.08.12. Uma das justificativas para a criação de uma nova lei de arbitragem, segundo consta do referido requerimento, seria a necessidade de o país se adaptar às exigências do comércio internacional, *in verbis*: "O amadurecimento da arbitragem brasileira nos últimos quinze anos, em razão do definitivo ingresso do Brasil no rol dos principais atores do cenário econômico e comercial mundial, evidenciou ser fundamental que o país acompanhe e se adapte às novas exigências da realidade negocial internacional, a fim de atender satisfatoriamente à complexidade das relações jurídicas modernas". A íntegra do requerimento encontra-se disponível em [http://www.conjur.com.br/dl/ requerimento-criacao-comissao-revisao.pdf]. Acesso em 27.10.12.

tem ajudado o país a receber contínuo fluxo de recursos[3] e permitido a conclusão de novos negócios.[4]

No âmbito do comércio internacional, a solução de controvérsias – cada vez mais complexas e envolvendo número crescente de partes em um mesmo negócio, oriundas de diferentes países, de tradições jurídicas distintas – ocorre, via de regra, por meio da arbitragem, dada a possibilidade de escolha, pelas partes, de árbitros especializados e das regras de direito aplicáveis à solução do litígio, e cujo procedimento se mostra mais célere do que aqueles em curso perante o Poder Judiciário, além da possibilidade de ser mantida sob regime de confidencialidade.

A Lei n.° 9.307, de 23 de setembro de 1996 (Lei de Arbitragem), (re)estabeleceu as linhas mestras do instituto da arbitragem no Brasil, permitindo o seu expressivo desenvolvimento. A Lei de Arbitragem pôs fim aos principais entraves à utilização desse mecanismo de solução de conflitos no país, a exemplo da necessidade de homologação judicial dos laudos arbitrais

---

[3] O Ministro Ilmar Galvão, ao apreciar a constitucionalidade da Lei de Arbitragem, manifestou sua preocupação com a morosidade do Poder Judiciário e as respectivas implicações no fluxo de investimentos estrangeiros direcionados ao país: "Trata-se de fator que, sem dúvida nenhuma, pode constituir sério desestímulo aos negócios, justamente no momento em que se prognostica um acentuado incremento nas atividades empresariais entre nós, sobretudo em decorrência de festejado fluxo de capitais alienígenas com vista à exploração de novos empreendimentos de natureza econômica. Não surpreende, portanto, que, diante de tal conjuntura, houvesse o legislador brasileiro acenado com a alternativa do *Juízo Arbitral* como solução para o grave problema, buscando assegurar o desenvolvimento econômico do País" (cf. fls. 1.133 e 1.134 do Ar. Reg. na SE 5.206-7 – Reino da Espanha, cuja íntegra encontra-se disponível no *website* do Supremo Tribunal Federal <www.stf.jus.br>). Essa preocupação específica foi também manifestada, no mesmo processo, em voto-vista do Ministro Marco Aurélio Mello: "A Lei n.° 9.307/96, um diploma moderno, a abranger dispositivos que acautelam certos direitos das partes, viabiliza – e isso interessa muito àqueles que investem, principalmente os estrangeiros, em espaço de tempo razoável, curto – o afastamento de situações ambíguas do cenário jurídico" (cf. fls. 1.161).

[4] Nesse sentido, vejam-se as considerações da Ministra Ellen Gracie, por ocasião da Sessão de Abertura da *II Jornada CCI de Arbitragem*, ocorrida em Salvador, em 30.11.2006, em meio às comemorações pelos dez anos de vigência da Lei n.° 9.307/96, em trecho que também pode ser encontrado em seu voto-vista (cf. fls. 1.147) no acórdão que declarou a constitucionalidade da Lei de Arbitragem: "Por isso, especialmente nas relações de comércio internacional, o país destoava da maior parte das jurisdições, a ponto de dificultar-se a conclusão de transações ante a inexistência de mecanismos capazes de promover as soluções céleres e especializadas que a atualidade do comércio impõe. [...] A instabilidade econômica dos mercados internacionais e a volatilidade de capitais e preços de mercadorias podem tornar mais onerosas às partes a manutenção de uma longa pendência [...] pois o conteúdo de incertezas relativamente às posições de devedores e credores se torna entrave ao planejamento e desenvolvimento empresarial" ("A Importância da Arbitragem", in *Revista de Mediação e Arbitragem*, n.° 12, Ano 4, RT, jan.-mar. 2007, p. 14).

INTRODUÇÃO

nacionais, ou mesmo de dupla homologação, quando se tratava de laudo arbitral estrangeiro.[5] Com o seu advento – principalmente após o reconhecimento de sua constitucionalidade pelo Supremo Tribunal Federal em dezembro de 2001[6] – e também com a entrada em vigor, no país, em julho de 2002, da Convenção da ONU Sobre o Reconhecimento e a Execução de Sentenças Arbitrais Estrangeiras de 1958 (Convenção de Nova York),[7] o Brasil firmou-se como um importante país no cenário das arbitragens comerciais internacionais. Tamanha é a evolução do direito brasileiro arbitral, que autorizada doutrina afirma que o país, em cerca de uma década de vigência da Lei de Arbitragem, realizou progressos que levaram quase um século para ocorrer na Europa e nos Estados Unidos da América.[8]

As estatísticas da Corte Internacional de Arbitragem da Câmara de Comércio Internacional ("Corte CCI") – criada em 1923 e considerada a mais importante instituição de arbitragem comercial internacional do mundo[9] –,

---

[5] Entende-se por dupla homologação a exigência jurisprudencial, vigente no Brasil até a entrada em vigor da Lei de Arbitragem, de que o laudo arbitral estrangeiro fosse homologado pelo Poder Judiciário do país em que havia sido proferido, para somente então poder ser levado à homologação perante o Poder Judiciário brasileiro.

[6] Agravo Regimental na Sentença Estrangeira n.º 5.206-7.

[7] Para a afirmação do Brasil no cenário das arbitragens internacionais, merece destaque a aprovação, pelo Congresso Nacional, via Decreto Legislativo n.º 52, de 25 de abril de 2002, da Convenção da ONU Sobre o Reconhecimento e a Execução de Sentenças Arbitrais Estrangeiras (Convenção de Nova York de 1958), seguida de sua ratificação, datada de 07 de junho, e posterior promulgação, pelo Presidente da República, por meio do Decreto n.º 4.311, de 23 de julho de 2002. A Convenção de Nova York entrou em vigor no dia 5 de setembro de 2002, noventa dias após o depósito do respectivo instrumento de ratificação (art. XII (2) da Convenção). Para uma lista atualizada dos países integrantes da Convenção, confira-se [http://www.newyorkconvention.org/contracting-states/list-of-contracting-states]. Acesso em 27.10.2012.

[8] WALD, Arnoldo. Prefácio à obra Arbitragem no Brasil: aspectos jurídicos relevantes. JOBIM, Eduardo; MACHADO, Rafael Bicca (Coord.). São Paulo: Quartier Latin, 2008.

[9] Sobre o destacado papel desempenhado pela Corte Internacional de Arbitragem da CCI na regulação do comércio internacional, confira-se o artigo de Michel Aurillac denominado "La Cour Internationale d´arbitrage de la CCI régulatrice de la mondialisation" (in Global Reflections on International Law, Commerce and Dispute Resolution: Liber Amicorum in honour of Robert Briner". Paris: ICC Publishing, 2005, pp. 41-50). Para uma análise detalhada sobre a importância de se invocar o regulamento de arbitragem de uma instituição de prestígio como a Corte Internacional de Arbitragem da Câmara de Comércio Internacional, confira-se o artigo "L´intérêt de recourir à une institution d´arbitrage. L´exemple da la Cour internationale d´arbitrage de la CCI", de autoria de Emmanuel Jolivet (in Global Reflections on International Law, Commerce and Dispute Resolution: Liber Amicorum in honour of Robert Briner. Paris: ICC Publishing, 2005, pp. 413-427).

coletadas entre os anos de 1998 a 2007[10] e nos anos de 2008,[11] 2009[12] e 2010,[13] revelam que o Brasil, antecipando-se aos países asiáticos, africanos e à maior parte dos países da América Latina,[14] passou a ocupar o seleto grupo dos dez países com maior participação em arbitragens internacionais conduzidas conforme o seu regulamento,[15] considerados, conjuntamente, os critérios de origem das partes, dos árbitros e a sede.

Conquanto o Brasil ocupe lugar de destaque nesse cenário, o ordenamento jurídico do país ainda se encontra em descompasso com a prática arbitral internacional, no que tange à criação de repertório doutrinário e jurisprudencial para o enfrentamento de questões complexas que vêm sendo discutidas há várias décadas pelos países com franca adoção da arbitragem, sobretudo no que tange àquelas envolvendo múltiplas partes.[16] Dentre esses assuntos, grande atenção tem sido dispensada à extensão da cláusula compromissória a uma parte que não a assinou, integrante do mesmo grupo empresarial de uma das partes signatárias e que tenha participado diretamente da negociação do contrato, de sua execução ou de sua extinção.[17]

---

[10] *ICC International Court of Arbitration Bulletin,* vol. 19/N°. 1, 2008.

[11] *ICC International Court of Arbitration Bulletin,* vol. 20/N°. 1, 2009.

[12] *ICC International Court of Arbitration Bulletin,* vol. 21/N°. 1, 2010.

[13] *ICC International Court of Arbitration Bulletin,* vol. 22/N°. 1, 2011.

[14] "Enquanto os Estados asiáticos e africanos ainda encontram muitas dificuldades para consolidar a arbitragem como meio de resolução de conflitos, e parte da América Latina ainda repensa a doutrina Calvo, o Brasil se coloca, pois, na posição de ter, em dez anos, ultrapassado todos os preconceitos e superado as dificuldades outrora existentes. Mediante uma verdadeira mudança cultural, o nosso país aderiu com entusiasmo à arbitragem, consolidando sua posição em nosso direito, tanto pela elaboração de novo texto legal e a interpretação da lei, como em virtude das decisões da jurisprudência, dos estudos doutrinários e das sentenças arbitrais dadas ou homologadas, justificando-se, pois, plenamente, as comemorações do décimo aniversário da Lei n.° 9.307/96" (WALD, Arnoldo. "As *Anti-Suit Injunctions* no Direito Brasileiro", in *Revista de Arbitragem e Mediação,* n.° 9, Ano 3, RT, jan.-mar. 2006, p. 43).

[15] A contribuição da Corte Internacional de Arbitragem da CCI para o desenvolvimento da arbitragem no Brasil é muito bem apresentada em artigo de coautoria de Cristian Conejero Roos e Renato Stephan Grion denominado "Arbitration in Brasil: The ICC Experience" (in *Revista de Arbitragem e Mediação,* n.° 10, Ano 3, RT, 2006, pp. 93-139).

[16] *"Les instances arbitrales sont le plus en plus complexes, en raison, entre autres, de la multiplication des situations de pluralité de parties (…)"* (MAYER, Pierre; SILVA-ROMERO, Eduardo. "Le nouveau règlement d'arbitrage de la Chambre de Commerce Internationale (CCI)", in *Revue de l'Arbitrage,* Comité Français de l'Arbitrage, 2011, Issue 4, p. 921).

[17] *"Disputes involving non-signatories are inevitable in the context of modern international business transactions that typically involve complex webs of interwoven agreements, multi-layered legal obligations and the interposition of numerous, often related, corporate and other entities"* (HOSKING, James M. "Non-Signatories and International Arbitration in the United States: the Quest for Consent", in *Arbitration International,* vol. 20, issue 3, p. 289).

INTRODUÇÃO

Com efeito, dada a complexidade das relações comerciais internacionais contemporâneas, em que se destacam os grandes grupos empresariais multinacionais, é comum que determinada sociedade (sociedade A) assine um contrato e a respectiva cláusula compromissória, enquanto outra sociedade do mesmo grupo econômico (sociedade B), embora não seja signatária, é a verdadeira participante da relação contratual, tanto na fase das tratativas quanto no seu efetivo cumprimento, ou mesmo concorrendo para a sua extinção. Surgido um litígio decorrente desse contrato, a parte não signatária (sociedade B) se recusa a participar da arbitragem, afirmando não ter subscrito o contrato nem a convenção arbitral, ou, contrariamente, assume por vontade própria o polo ativo da demanda arbitral, invocando em seu favor a cláusula compromissória por ela não subscrita.

A prática arbitral CCI, tendo por *leading case* sentença arbitral proferida, em 1982, conforme o Regulamento de Arbitragem da Câmara de Comércio Internacional ("Regulamento CCI"),[18] tem entendido que, em determinadas circunstâncias, os árbitros podem estender a convenção arbitral a partes que não a tenham assinado, mas que integram o mesmo grupo econômico da parte signatária, ora por meio da invocação de institutos de origem romano-germânica, ora pela adoção de mecanismos jurídicos oriundos da *common law*.[19]

---

[18] Trata-se do Caso CCI 4131/1982, *Dow Chemical v. Isover Saint-Gobain*, cuja apertada síntese é apresentada pelo Professor Jean-Jacques Arnaldez: "Essa jurisprudência arbitral se desenvolveu ao longo dos vinte últimos anos na medida em que se desenvolvia um vasto movimento de concentrações de empresas provocadas por uma globalização dos intercâmbios. Ela teve o mérito de afastar, progressivamente, os critérios [nacionais], permitindo aos árbitros que se liberassem de um formalismo relacionado à assinatura do contrato, garantindo, ao mesmo tempo, a segurança das transações e decidindo com relação a todos aqueles que, em virtude de sua participação ou comportamento quando da conclusão do contrato ou sua execução, estão vinculados pela convenção de arbitragem sem tê-la subscrito" (Comentários à decisão no caso CCI 7155 de 1993, *Collection of ICC Arbitral Awards,* 1986-1990, p. 361 e seq. apud WALD, Arnoldo. "A Arbitragem, os Grupos Societários e os Conjuntos de Contratos Conexos", in *Revista de Arbitragem e Mediação,* n.° 2, Ano 1, RT, 2004, p. 34). Esse precedente arbitral será analisado em detalhes no Capítulo 3.

[19] O Professor Arnoldo Wald ressalta que o direito brasileiro tem conciliado, mediante soluções harmoniosas, os institutos e práticas oriundas dos sistemas da *common law* e do direito civil: "Com efeito, a oposição tradicional entre os sistemas da *common law* e do direito civil, no que se refere à arbitragem, encontra soluções harmoniosas no Direito Brasileiro. Podemos até dizer que, em nosso país, tanto o legislador quanto a jurisprudência, a doutrina e a prática puderam compor os aspectos positivos dos dois sistemas e superar as eventuais divergências. [...] Podemos concluir dizendo que o jurista brasileiro pode ser um exemplo de catalisador da acomodação de diversos sistemas da arbitragem" ("Maturidade e Originalidade da Arbitragem no Direito Brasileiro", in *Aspectos da Arbitragem Institucional – 12 anos da Lei 9.307/1996,* Haroldo Malheiros Duclerc Verçosa (Org.). São Paulo: Malheiros, 2008, pp. 38 e 41). Sobre a importância

Os órgãos judiciais de países com tradição na prática arbitral, a exemplo da França, Suíça e Estados Unidos da América, já proferiram reiteradas decisões confirmando laudos arbitrais – muitos deles proferidos conforme o Regulamento CCI – que autorizaram a extensão da cláusula compromissória a partes não signatárias, com fundamento em institutos jurídicos equivalentes, no direito brasileiro, ao princípio da boa-fé objetiva e à teoria da aparência, dentre outros.

Neste livro, após a necessária tentativa de sistematização do tema,[20] será demonstrada a existência de manifesta compatibilidade entre o ordenamento jurídico brasileiro e a prática arbitral CCI da extensão subjetiva da cláusula compromissória e grupos de sociedades, refletida em precedentes arbitrais conforme o Regulamento CCI, decisões *prima facie* da Corte CCI e decisões proferidas pelo Poder Judiciário de países com tradição na utilização do instituto da arbitragem.

Toda a discussão aqui travada funda-se na premissa de que um dos pilares do Estado Democrático de Direito brasileiro consiste na garantia de acesso à justiça, inserida no art. 5º, XXXV, da Constituição Federal de 1988. Precisamente por esse motivo, o Supremo Tribunal Federal, ao apreciar a constitucionalidade da Lei n.º 9.307/96, afirmou que a submissão das partes litigantes à arbitragem somente poderá ocorrer mediante a constatação de ter havido renúncia espontânea e inequívoca à jurisdição dos órgãos do Poder Judiciário. No direito brasileiro, portanto, a livre manifestação de vontade é o fundamento último para a validade da arbitragem. Na prática arbitral

---

desempenhada pela arbitragem comercial internacional para a harmonização de distintas tradições jurídicas, confira-se o artigo "Overcoming the Clash of Legal Cultures: The Role of Interactive Arbitration", de autoria do Professor Bernardo M. Cremades (in *Arbitration International*, Kluwer Law International 1998, vol. 14, Issue 2, pp. 157-172). Finalmente, para uma abordagem conciliadora, no âmbito das arbitragens internacionais, entre os sistemas da *common law*, do direito romano-germânico e do direito dos países do Oriente Médio, confira-se o artigo do Professor Ibrahim Fadlallah intitulado "Arbitration Facing Conflicts of Culture" (in Arbitration International, Kluwer Law International, 2009, vol. 25, issue 3, pp. 303-317).

[20] "Sendo a convenção de arbitragem um negócio jurídico processual bifronte (vincula as partes no que se refere à solução de litígios atuais ou futuros, submetendo-os à solução arbitral e derroga a jurisdição estatal) cumpre examinar se é possível imaginar que a cláusula arbitral ou o compromisso possam atingir quem não foi parte na avença. O problema, é claro, não é novo, mas começa agora – com o notável desenvolvimento da arbitragem no Brasil – a preocupar a doutrina nacional. Os interessados no tema, sem dúvida, são as empresas que formam conglomerados ou grupos econômicos. [...] Resta claro que os problemas decorrentes da intervenção de terceiros na arbitragem farão correr rios de tinta antes de serem convenientemente sistematizados" (CARMONA, Carlos Alberto. Arbitragem e Processo: um comentário à Lei n.º 9.307/96. 3. ed. São Paulo: Atlas, 2009. p. 82 e 310, respectivamente – grifou-se).

internacional, por sua vez, o livre consentimento é também considerado a *pedra angular* da arbitragem.[21]

Este livro foi dividido em quatro capítulos.

São apresentados, no Capítulo 1, em síntese, os contornos históricos e contemporâneos do princípio da autonomia da vontade, para em seguida ser exposta a sua íntima relação com o instituto da arbitragem – conforme a sistemática estabelecida na Lei n.° 9.307/96, chancelada pelo Supremo Tribunal Federal. O capítulo também aborda a imprescindibilidade do consentimento para a validade da arbitragem no ordenamento jurídico brasileiro e é concluído com um panorama sobre o alcance da autonomia da vontade no que tange às regras de direito aplicáveis à arbitragem, com destaque para a lei que regerá a validade e a extensão da convenção arbitral a partes não signatárias.

O Capítulo 2 apresenta os contornos gerais de como os grupos de sociedades são disciplinados no direito brasileiro. Após breve histórico do tema, no mundo e no Brasil, são elencados os principais traços dogmáticos dos grupos de sociedades conforme indicados pela doutrina, seguidos das respectivas previsões legislativas. Ato contínuo, analisa-se a jurisprudência do Superior Tribunal de Justiça sobre os grupos de sociedades, identificando-se os efeitos decorrentes de sua existência. O capítulo é concluído com a síntese dos principais argumentos utilizados pelo Superior Tribunal de Justiça ao apreciar as relações jurídicas travadas por sociedades integrantes de grupos empresariais, e em que hipóteses é possível a sua responsabilização conjunta.

No Capítulo 3, analisam-se os precedentes arbitrais CCI que tratam da extensão da cláusula compromissória a partes não signatárias e grupos de sociedades – precedentes favoráveis e contrários à sua incidência. Aborda-se, também, de que forma a Corte CCI, no exercício de suas funções administrativas, tem tratado do tema nos últimos anos e a sua influência sobre o Regulamento CCI-2012, assim como importantes precedentes arbitrais e judiciais que enfrentaram a questão. O capítulo é concluído com a síntese dos principais elementos encontrados nos precedentes arbitrais, judiciais e decisões *prima facie* da Corte CCI, respaldada por respeitada doutrina nacional e estrangeira.

---

[21] *"The first theme, consent, has been viewed as the pierre angulaire of arbitration: a party may not be required to arbitrate – to abandon the justice of the appropriate national court – unless it has agreed to do so"* (CRAIG, W. Laurence. Introdução ao livro *Multiple Party Actions and International Arbitration*. New York: Oxford University Press, 2009, p. LVII).

O Capítulo 4 encerra o livro mediante o cotejo analítico entre as matérias tratadas nos Capítulos 2 e 3, concluindo pela manifesta compatibilidade entre o ordenamento jurídico brasileiro e os precedentes CCI, arbitrais e administrativos (Corte CCI), assim como decisões judiciais de países com longa tradição arbitral que tratam da extensão da cláusula compromissória a parte não signatária no âmbito de grupo empresarial. O Capítulo 4 também discute de que forma o Superior Tribunal de Justiça, no futuro, seja em sede recursal, seja ao apreciar pedidos de homologação de sentenças arbitrais estrangeiras, deverá vir a tratar da prática da extensão da cláusula compromissória no âmbito dos grupos de sociedades, tal como identificada ao longo da exposição a seguir iniciada.

Espera-se que este livro contribua para o estudo da arbitragem internacional no Brasil.

Capítulo 1

AUTONOMIA DA VONTADE, CONSENSUALISMO E ARBITRAGEM

1. O PRINCÍPIO DA AUTONOMIA DA VONTADE. BREVE HISTÓRICO

Os aproximados dois mil e quinhentos anos de experiência jurídica documentada na civilização ocidental têm assistido à vontade humana exercer diferentes papéis nas relações sociais. Em um contínuo movimento pendular, ora a vontade individual encontra a mais ampla liberdade para gerar efeitos jurídicos perseguidos pelo declarante, ora seu campo de atuação é restringido ou mesmo anulado. Enquanto na Grécia do século VI A.C. e seguintes, e na Roma dos períodos pré-clássico e clássico, o cada vez mais intenso comércio ampliou o campo de atuação da vontade humana e das relações de natureza contratual, na Alta Idade Média, em contrapartida, as sociedades feudais, clânicas e familiares anularam as manifestações individuais de vontade.[1]

Em todo esse longo período, também a religião consistiu em elemento bastante relevante para o estabelecimento do alcance dado à vontade individual. Com efeito, foi somente por meio da influência do Direito Canônico dos séculos XV e XVI, inspirado na ordem divina cristã, que o Direito Romano – redescoberto, após mais de cinco séculos da queda do Império Romano do Ocidente (476 A.D.), pelas universidades europeias a partir do século XI[2] – pôde se desgarrar do formalismo que caracterizava a criação dos vínculos contratuais.[3] A palavra do indivíduo, manifestada

---

[1] GILISSEN, John. *Introdução Histórica ao Direito*, 3. ed., atualizada por António Manuel Hespanha. Lisboa: Fundação Calouste Gulbenkian, 2001, p. 737.

[2] MATOS PEIXOTO, José Carlos de. *Curso de Direito Romano*. Tomo I. 2. ed. Rio de Janeiro: Companhia Editora Fortaleza, 1950, pp. 141 e segs.

[3] O direito privado grego foi marcado por acentuada liberdade individual, em que as convenções se estabeleciam pela simples manifestação de vontade das partes, sem que fosse necessária a formalização desse ato (GILISSEN, John. *Introdução Histórica ao Direito*, 3. ed., atualizada por António Manuel Hespanha. Lisboa: Fundação Calouste Gulbenkian, 2001, p. 78). Em Roma, contrariamente, desde o advento da Lei das XII

perante Deus, substituiu as anacrônicas formalidades romanas, verdadeiros entraves ao comércio então florescente.

Os séculos XVII e XVIII presenciaram intensas transformações sociais, econômicas, religiosas e filosóficas, desaguadas na Revolução Francesa de 1789 e nas demais revoluções burguesas que se seguiram. Com o novo regime surgido, marcadamente laico, capitalista e liberal, coroado pelo grande Código Napoleão de 1804, a autonomia da vontade alçou seu mais alto voo. O homem tornou-se o senhor absoluto de sua vontade, e a justiça deslocou-se de um ideal jusnaturalista para se realizar na própria liberdade de contratar. As avenças deveriam ser rigorosamente cumpridas, independentemente dos eventuais resultados injustos a que poderiam dar causa.[4] O século XIX, portanto, consistiu no extremo mais liberal do pêndulo da história da autonomia da vontade, e todo o aparato jurídico que lhe dava suporte permitia a atuação do juiz tão somente para impedir a ocorrência de vícios na manifestação do consentimento – a exemplo do erro, do dolo e da coação –, sendo-lhe vedado interferir no conteúdo volitivo das partes contratantes. O princípio da autonomia da vontade, cuja estrutura fundamental foi concebida pelos juristas desse momento histórico, funda-se em quatro postulados principais, assim sintetizados: (a) a faculdade de contratar ou de não contratar, de acordo com os próprios interesses e necessidades; (b) a possibilidade de escolher a pessoa com quem contratar; (c) a liberdade de fixar o conteúdo do contrato; e (d) a qualificação do contrato como fonte formal de direito, a sujeitar as respectivas partes à execução forçada das obrigações nele previstas.[5]

Não tardou muito para se perceber que a igualdade formal dos contratantes, alardeada pelas revoluções liberais do século XIX, favorecia a ocor-

---

Tábuas até o período pré-clássico, prevaleceu um acentuado formalismo, e os contratos se formavam mediante rígidas fórmulas sacramentais, cuja inobservância os tornava sem efeito. Os períodos clássico e pós-clássicos, ao ceder às exigências do comércio, afrouxaram o rigor formalista, a ponto de o Direito Romano ter chegado muito próximo de permitir que os contratos, regra geral, se formassem por meio de simples declaração de vontade (PEREIRA, Caio Mário da Silva. *Instituições de Direito Civil*, vol. III, 14. ed. Rio de Janeiro: Forense, 2010, pp. 15-17).

[4] "As fórmulas <laissez faire, laissez passer> e a lei da oferta e da procura repousam essencialmente sobre a liberdade contratual. É a idade de ouro da liberdade absoluta das convenções entre vendedores e compradores, entre patrões e operários, entre senhorios e inquilinos, etc., com a consequência da obrigação de as executar, mesmo se elas se revelassem injustas ou socialmente graves ou perigosas. Pois, então, estava-se convencido de que todo o compromisso livremente querido era justo" (GILISSEN, John. *Introdução Histórica ao Direito*, 3ª ed., atualizada por António Manuel Hespanha. Lisboa: Fundação Calouste Gulbenkian, 2001, p. 738).

[5] PEREIRA, Caio Mário da Silva. *Instituições de Direito Civil*, vol. III. 14. ed. Rio de Janeiro: Forense, 2010, pp. 19-22.

Cap. 1 – AUTONOMIA DA VONTADE, CONSENSUALISMO E ARBITRAGEM

rência de graves iniquidades. Os mais ricos ocupavam posição privilegiada na relação contratual, impondo a sua vontade ao seu cocontratante, o que se mostrava ainda mais evidente no âmbito dos contratos entre os titulares dos meios de produção e o proletariado. Por esse motivo, o século XX se inicia em um contexto de incisivas críticas à irrestrita autonomia da vontade, clamando-se pela intervenção do Estado contra abusos cometidos em nome desse princípio. Pouco a pouco, o legislador de países como a França, Alemanha, Itália, Portugal, Espanha, dentre vários outros, passou a interferir ativamente nas relações contratuais, ora para impedir determinados abusos recorrentes, ora para obrigar as partes contratantes a observar determinadas regras de cunho obrigatório. Sob a difundida nomenclatura de dirigismo contratual, as crescentes restrições legislativas ao princípio da autonomia da vontade foram tolhendo, progressivamente, o âmbito de livre atuação das partes contratantes.[6]

No Brasil, o Código Civil de 1916, resultante do anteprojeto de Clóvis Beviláqua de 1899, fortemente influenciado pela ideologia liberal em que se fundaram o Código Civil da França (1804) e o Código Civil da Alemanha (1896), não se sensibilizou pelo período histórico de intensas mudanças sociais em que se inseria, e fundou algumas de suas mais profundas raízes dogmáticas no princípio da autonomia da vontade. Todavia, passados poucos anos do início de sua vigência, o Código mostrou-se demasiado permissivo no que tange à liberdade conferida às partes contratantes, razão pela qual o legislador passou a reduzi-la gradativamente. Especificamente, em diversas ocasiões ao longo de todo o século XX, ao perceber que a liberdade de contratar resultava em situações abusivas, o legislador atuou energicamente, criando mecanismos aptos a corrigi-las ou mesmo impedi-las. Dessa forma, as crescentes restrições legislativas[7] ao princípio da autonomia da vontade diminuíram o âmbito de livre atuação das partes contratantes, balizando a sua conduta, ora sob a invocação dos princípios da função social do contrato e

---

[6] Por todos, confira-se a síntese de Miguel Maria de Serpa Lopes (*Curso de Direito Civil*, vol. III. 6. ed. Rio de Janeiro: Freitas Bastos, 1996, pp. 34 e 35).

[7] São exemplos pontuais dessa atuação do legislador o Decreto n.° 22.626/1933 (Lei da Usura), que proibiu a estipulação de juros em montante superior a 12% ao ano; o Decreto n.° 24.150/1934 (Lei de Luvas), que institui a figura da propriedade comercial, visando a proteger o fundo de comércio por meio de ação renovatória; a Lei n.° 1.521/1951 (Lei de Crimes Contra a Economia Popular), que, dentre outras inovações, fez ressurgir no país o instituto da lesão, posteriormente acolhido, expressamente, pelo Código Civil de 2002; as Leis do Inquilinato de 1979 (Lei n.° 6.649 e posteriores alterações) e de 1991 (Lei n.° 8.245) e a Lei n.° 8.078/1990 (Código de Defesa do Consumidor), que criou um dos mais avançados regimes de proteção ao consumidor em todo o mundo. Todas essas leis consistem em manifestações da intervenção do Estado na economia dos contratos, ditando-lhes limites ou mesmo conteúdo obrigatório.

da boa-fé objetiva, ora por meio da aplicação da teoria do abuso de direito, dentre outros institutos.

Com a promulgação da Constituição Federal de 1988, a dignidade da pessoa humana (art. 1°, III) e a solidariedade social (art. 3°, I) passaram a conformar as relações contratuais, que devem buscar nesses dois princípios constitucionais seu fundamento de validade. Na quadra contemporânea, segundo o Professor Pietro Perlingieri, o princípio da autonomia da vontade não mais deve ser identificado como um valor em si, razão pela qual se impõe o controle de sua correspondência e funcionalização aos referidos princípios constitucionais.[8] A autonomia da vontade, em sua expressão mais moderna, vista sob a ótica do direito civil-constitucional, somente merecerá a tutela do ordenamento jurídico enquanto realizar os valores previstos na Constituição Federal.[9]

Apresentados, em síntese, os contornos históricos do princípio da autonomia da vontade, permita-se passar a expor a sua íntima relação com o instituto da arbitragem no Brasil.

2. O PRINCÍPIO DA AUTONOMIA DA VONTADE E A LEI DE ARBITRAGEM

A Lei n.° 9.307, de 23 de setembro de 1996 (Lei de Arbitragem), funda o instituto da arbitragem no princípio da autonomia da vontade.[10] Tão íntima é a relação entre essa lei e a liberdade contratual, que a arbitragem não é válida se não decorrer de consentimento inequívoco.

O art. 1°,[11] após definir que apenas as pessoas capazes de contratar poderão se valer do instituto, anuncia que a arbitragem consiste em mecanismo de solução de controvérsia cuja aplicação se restringe ao âmbito dos direitos patrimoniais disponíveis. Note-se que esse dispositivo se apoia duplamente no princípio da autonomia da vontade, ao vincular a arbitragem ao âmbito dos contratos e ao afirmar que somente os litígios relativos a direitos patrimoniais disponíveis são passíveis de resolução por meio de sua

---

[8] *Perfis de Direito Civil*: Introdução ao Direito Civil Constitucional. 3. ed. Tradução de Maria Cristina De Cicco. Rio de Janeiro: Renovar, 1997, p. 277 e segs.

[9] PERLINGIERI, Pietro. *O Direito Civil na Legalidade Constitucional*. Edição brasileira organizada por Maria Cristina De Cicco. Rio de Janeiro: Renovar, 2008, p. 355.

[10] "Arbitragem e liberdade caminham juntas, amalgamadas como causa e efeito. Liberdade é a própria gênese do instituto. O seu DNA comprova essa assertiva. A autonomia da vontade é da essência do instituto desde os seus primórdios. É a mola propulsora e indissociável da arbitragem" (MARTINS, Pedro A. Batista. Apontamentos sobre a lei de arbitragem. Rio de Janeiro: Forense, 2008, p. 45).

[11] "Art. 1° As pessoas capazes de contratar poderão valer-se da arbitragem para dirimir litígios relativos a direitos patrimoniais disponíveis."

Cap. 1 – AUTONOMIA DA VONTADE, CONSENSUALISMO E ARBITRAGEM

aplicação. Isso porque é no direito contratual que a autonomia da vontade se revela em seu campo mais extenso, e é na própria essência dos direitos disponíveis que ela também reside – tendo em vista que a lei autoriza o seu titular, a seu exclusivo critério, a deles dispor livremente. Dessa forma, se a pessoa plenamente capaz é livre para contratar e para dispor de direitos patrimoniais de que é titular, a lei faculta-lhe o recurso à arbitragem.

O art. 2o[12] autoriza as partes a escolher se a causa será julgada por equidade ou conforme o direito. O § 1o[13] faculta-lhes determinar as regras de direito que serão aplicáveis à arbitragem. O § 2o[14], por sua vez, permite que as partes convencionem que a arbitragem será realizada com base nos princípios gerais de direito, nos usos e costumes e nas regras internacionais de comércio (*lex mercatoria*[15]). A Lei de Arbitragem, dessa forma, prestigia claramente o princípio da autonomia da vontade,[16] franqueando às partes ampla liberdade de escolha das regras de direito aplicáveis à disputa. Ressalve-se, contudo, que a parte final do § 1º do art. 2º estabelece que a liberdade de escolha das partes encontrará limite na observância aos bons costumes e à ordem pública.

---

[12] "Art. 2º A arbitragem poderá ser de direito ou de equidade, a critério das partes."

[13] "§ 1º - Poderão as partes escolher, livremente, as regras de direito que serão aplicadas na arbitragem, desde que não haja violação aos bons costumes e à ordem pública."

[14] "§ 2º - Poderão, também, as partes convencionar que a arbitragem se realize com base nos princípios gerais de direito, nos usos e costumes e nas regras internacionais de comércio."

[15] Transcreva-se o conceito de *lex mercatoria* formulado por Luiz Olavo Baptista: "A nova *lex mercatoria* compreende princípios gerais do Direito em matéria obrigacional, similares aos da maior parte dos países, usos e costumes, contratos típicos do comércio internacional. Ela é complementada pela interpretação dada, tanto aos contratos quanto aos princípios de direito, por decisões arbitrais, que vão contribuindo a conformar os princípios e os contratos a uma maneira específica e adaptada à problemática empresarial e internacional" ("Lex Mercatoria", in *Arbitragem Doméstica e Internacional – Estudos em Homenagem ao Prof. Theóphilo de Azeredo Santos*. Rafaela Ferraz e Joaquim de Paiva Muniz (Coord.). Rio de Janeiro: Forense, 2008, p. 282). Para uma interessante abordagem acerca do conteúdo da *lex mercatoria*, confira-se o artigo "The New, New Lex Mercatoria, or, Back To The Future", de autoria de L. Yves Fortier (in *Arbitration International*, Kluwer Law International 2001, vol. 17, Issue 2, pp. 121-128).

[16] A Exposição de Motivos da Lei de Arbitragem, assinada pelo Senador Marco Maciel, ressalta a importância dada pelo legislador ao princípio da autonomia da vontade: "Antes de mais nada, prestigiou-se o princípio da autonomia da vontade, de tal sorte que as partes têm a liberdade de escolher as regras de direito que serão aplicadas na arbitragem, prevendo, inclusive, a aplicação dos usos e costumes, das regras internacionais de comércio e da equidade, se assim dispuserem as partes, desde que não haja violação à ordem pública e aos bons costumes" (*Revista de Arbitragem e Mediação*, n. 9, Ano 3, RT, abr.-jun. 2006, p. 319).

Os arts. 3º a 12 disciplinam o gênero convenção de arbitragem, que se manifesta sob a forma de cláusula compromissória[17] ou de compromisso.[18] Trata-se, como ressalta a própria lei, de convenção, de acordo de vontades, de negócio jurídico, campo por excelência para o exercício da autonomia da vontade, conforme será analisado mais detidamente adiante.

Os arts. 13 a 18 estabelecem a disciplina aplicável à indicação dos árbitros e à sua atuação. E de sua sistemática resulta, muito claramente, que a vontade dos contratantes é soberana para a escolha dos julgadores, e apenas em hipóteses excepcionais a lei autoriza a intervenção judicial, sempre tendo em vista a preservação da arbitragem e o seu prosseguimento, rumo à decisão que julgará a lide.

Os arts. 19 a 22 regulam o procedimento arbitral, fundando-o na livre manifestação de vontade das partes, que podem estabelecer os seus pormenores ou reportar-se às regras de órgão arbitral institucional – a exemplo do Regulamento de Arbitragem da Câmara de Comércio Internacional.

Os demais artigos da Lei n.º 9.307/96 (arts. 23 a 44) tratam da sentença arbitral e de seus efeitos, da homologação e da execução de sentenças arbitrais estrangeiras e de disposições gerais, com alterações pontuais na legislação ordinária, a fim de torná-la compatível com a sistemática instituída pela Lei de Arbitragem. Trata-se, em sua maior parte, de normas de ordem pública, não passíveis de afastamento pela vontade das partes, concebidas para conferir eficácia ao instituto da arbitragem.

Feito um apanhado geral e breve dos artigos da Lei de Arbitragem, defluem muito nítidos os laços sólidos e inseparáveis que ligam o instituto da arbitragem ao princípio da autonomia da vontade.[19] Segundo a sistemática estabelecida na lei, a arbitragem nasce da livre manifestação de vontade; desenvolve-se no mais amplo campo de liberdade para as partes contratantes; e fica comprometida a sua sobrevivência mesma sempre que o consentimento das partes não for rigorosamente observado.

---

[17] "Art. 4º A cláusula compromissória é a convenção através da qual as partes em um contrato comprometem-se a submeter à arbitragem os litígios que possam vir a surgir, relativamente a tal contrato."

[18] "Art. 9º O compromisso arbitral é a convenção através da qual as partes submetem um litígio à arbitragem de uma ou mais pessoas, podendo ser judicial ou extrajudicial."

[19] O Professor espanhol Ramon Mullerat, após realizar análise semelhante da Lei de Arbitragem de seu país, ressalta a importância dada pelo legislador ibérico à autonomia da vontade: "*The number and scope of the parties´ powers show the importance of party autonomy in arbitration in Spain and the prominence of contractual aspect of arbitration*" ("The Contractual Freedom of the Parties (Party Autonomy) in the Spanish Arbitration Act 2003", in *Global Reflections on International Law, Commerce and Dispute Resolution*: Liber Amicorum in honour of Robert Briner. Paris: ICC Publishing, 2005, pp. 543-548).

Cap. 1 – AUTONOMIA DA VONTADE, CONSENSUALISMO E ARBITRAGEM

3. O PRINCÍPIO DA AUTONOMIA DA VONTADE COMO PEDRA ANGULAR DA ARBITRAGEM SEGUNDO O SUPREMO TRIBUNAL FEDERAL

Em setembro de 1995, a sociedade MBV Commercial and Export Management Establishment, com sede em Genebra, Suíça, protocolou, junto ao Supremo Tribunal Federal, pedido de homologação de sentença estrangeira,[20] consistente em laudo arbitral proferido em Barcelona, Espanha, por árbitro único.[21] O processo foi distribuído ao então Presidente do STF, o ilustre Ministro Sepúlveda Pertence. Acompanhando o parecer da Procuradoria-Geral da República e fazendo referência a diversos precedentes daquele tribunal, o Ministro Sepúlveda Pertence, em dezembro de 1995, indeferiu o pedido, sob o entendimento de que, de acordo com a jurisprudência então vigente, o laudo arbitral proferido na Espanha deveria ter sido, primeiramente, homologado perante órgão judicial daquele país, para somente então estar apto a fundamentar pedido de homologação junto ao STF. Contra essa decisão, a requerente interpôs agravo regimental, protocolado em janeiro de 1996.[22]

Em 23 de setembro de 1996, foi promulgada a Lei de Arbitragem, cujo art. 43 estabeleceu *vacatio legis* de 60 (sessenta) dias, contados da data de sua publicação, ocorrida em 24.09.1996. A nova lei, dentre diversas outras inovações, estabeleceu, no art. 35, que, "para ser reconhecida ou executada no Brasil, a sentença arbitral estrangeira está sujeita, unicamente, à homologação do Supremo Tribunal Federal". Tratava-se, portanto, de inovação legislativa apta, por si só, a alterar o entendimento anteriormente manifestado pelo Ministro Sepúlveda Pertence, lastreado em sedimentada jurisprudência da Corte.

Em 10.10.1996 – dentro, portanto, do referido prazo de *vacatio legis* –, o agravo regimental foi levado à apreciação do Pleno do STF. Para o eminente relator do recurso, Ministro Sepúlveda Pertence, dois novos preceitos, advindos da Lei de Arbitragem, convenceram-lhe a alterar o seu entendimento anteriormente manifestado. O primeiro deles foi a expressa equiparação do laudo arbitral a sentença proferida por órgão do Poder Judiciário,[23] o que, segundo o seu correto entendimento, afastaria a

---

[20] Até o advento da Emenda Constitucional n.° 45, de 30 de dezembro de 2004, a Constituição Federal atribuía ao Supremo Tribunal Federal competência originária e exclusiva para a homologação de sentenças estrangeiras – nelas incluídas as sentenças arbitrais proferidas fora do território brasileiro. Por força da referida emenda, essa competência foi transferida para o Superior Tribunal de Justiça a partir de janeiro de 2005.

[21] O processo foi registrado como Sentença Estrangeira n.° 5.206-7 – Reino da Espanha.

[22] O recurso foi registrado como Agravo Regimental na Sentença Estrangeira 5.206-7 – Reino da Espanha.

[23] "Art. 31. A sentença arbitral produz, entre as partes e seus sucessores, os mesmos efeitos da sentença proferida pelos órgãos do Poder Judiciário e, sendo condenatória, constitui título executivo."

necessidade de sua prévia homologação perante o Poder Judiciário do local onde proferido. O segundo preceito inovador, por sua vez, foi a expressa menção a que a sentença arbitral estrangeira, para ser reconhecida ou executada no Brasil, estaria unicamente sujeita à homologação do STF. Forte nesses dois argumentos, o Ministro Sepúlveda Pertence deu provimento ao agravo regimental da requerente, para homologar o laudo arbitral estrangeiro – a fim de que valesse, no Brasil, como título executivo judicial.

Durante a mesma sessão de julgamento, o eminente Ministro Moreira Alves, invocando precedente da corte (MS 20.505), propôs a conversão do julgamento em diligência, com a prévia oitiva da Procuradoria-Geral da República, para que fosse analisada, incidentalmente, a constitucionalidade da Lei n.º 9.307/1996. O parecer do Ministério Público Federal, subscrito por Geraldo Brindeiro, então Procurador-Geral da República, favorável à constitucionalidade integral da Lei de Arbitragem,[24] foi levado à conclusão do Ministro Sepúlveda Pertence no fim de março de 1997. O processo foi novamente levado à apreciação do Plenário em 08.05.1997, com o voto do Ministro Sepúlveda Pertence no sentido de manter o provimento do agravo regimental da requerente, mas declarando a inconstitucionalidade do parágrafo único do art. 6º, do art. 7º e de seus parágrafos,[25]

---

[24] Parecer publicado na *Revista de Direito Bancário, do Mercado de Capitais e da Arbitragem*, n. 7, Ano 3, RT, jan.-mar. 2000, pp. 373-377.

[25] "Art. 6º Não havendo acordo prévio sobre a forma de instituir a arbitragem, a parte interessada manifestará à outra parte sua intenção de dar início à arbitragem, por via postal ou por outro meio qualquer de comunicação, mediante comprovação de recebimento, convocando-a para, em dia, hora e local certos, firmar o compromisso arbitral. Parágrafo único. Não comparecendo a parte convocada ou, comparecendo, recusar-se a firmar o compromisso arbitral, poderá a outra parte propor a demanda de que trata o art. 7º desta Lei, perante o órgão do Poder Judiciário a que, originariamente, tocaria o julgamento da causa.
Art. 7º Existindo cláusula compromissória e havendo resistência quanto à instituição da arbitragem, poderá a parte interessada requerer a citação da outra parte para comparecer em juízo a fim de lavrar-se o compromisso, designando o juiz audiência especial para tal fim. § 1º O autor indicará, com precisão, o objeto da arbitragem, instruindo o pedido com o documento que contiver a cláusula compromissória. § 2º Comparecendo as partes à audiência, o juiz tentará, previamente, a conciliação acerca do litígio. Não obtido sucesso, tentará o juiz conduzir as partes à celebração, de comum acordo, do compromisso arbitral. § 3º Não concordando as partes sobre os termos do compromisso, decidirá o juiz, após ouvir o réu, sobre seu conteúdo, na própria audiência ou no prazo de dez dias, respeitadas as disposições da cláusula compromissória e atendendo ao disposto nos arts. 10 e 21, § 2º, desta Lei. § 4º Se a cláusula compromissória nada dispuser sobre a nomeação de árbitros, caberá ao juiz, ouvidas as partes, estatuir a respeito, podendo nomear árbitro único para a solução do litígio. § 5º A ausência do autor, sem justo motivo, à audiência designada para a lavratura do compromisso arbitral, importará a extinção do processo sem julgamento de mérito. § 6º Não comparecendo o réu à audiência, caberá ao juiz, ouvido o autor, estatuir a respeito do conteúdo do compromisso, nomeando árbitro único. § 7º A sentença que julgar procedente o pedido valerá como compromisso arbitral."

Cap. 1 – AUTONOMIA DA VONTADE, CONSENSUALISMO E ARBITRAGEM

do art. 41[26] e do art. 42[27] da Lei n.° 9.307/1996. Para o Ministro Sepúlveda Pertence, a cláusula compromissória consistiria em renúncia prévia e genérica ao direito de ação, momento em que ainda não seria possível conhecer, com precisão e em concreto, os contornos do litígio. Dessa forma, somente seria válido, perante a Constituição, o compromisso arbitral, pois que celebrado após o surgimento do conflito. Segundo o Ministro, somente seria livre a manifestação de vontade externada após a concretização do litígio, a conferir legitimidade à arbitragem perante a Constituição Federal.[28] Essa a razão, portanto, por que votou pela inconstitucionalidade dos referidos dispositivos da Lei n.° 9.307/96.

Entre as sessões de 08.05.1997 e 12.12.2001 – período, portanto, de mais de quatro anos, ao longo do qual a comunidade jurídica brasileira aguardou, apreensiva, o resultado do julgamento –, os Ministros debateram, em diferentes oportunidades, os dispositivos reputados inconstitucionais. Finalmente, por maioria de votos, em divergência instaurada pelo voto-vista do Ministro Nelson Jobim, o STF declarou a constitucionalidade da Lei n.° 9.307/96.[29]

Em síntese, prevaleceu o entendimento da maioria dos Ministros, de que o inciso XXXV do art. 5° da Constituição Federal de 1988,[30] que estabelece o princípio da inafastabilidade da jurisdição, consiste em garantia fundamental do cidadão contra eventuais abusos do poder público, e deve ser

---

[26] "Art. 41. Os arts. 267, inciso VII; 301, inciso IX; e 584, inciso III, do Código de Processo Civil passam a ter a seguinte redação: 'Art. 267 (...) VII – pela convenção de arbitragem;' 'Art. 301 (...) IX – convenção de arbitragem;' 'Art. 584 (...) III – a sentença arbitral e a sentença homologatória de transação ou de conciliação;'."

[27] "Art. 42. O art. 520 do Código de Processo Civil passa a ter mais um inciso, com a seguinte redação: 'Art. 520 (...) VI – julgar procedente o pedido de instituição de arbitragem.'"

[28] "Sendo a vontade da parte, manifestada na cláusula compromissória, insuficiente – dada a indeterminação do seu objeto – e, pois, diversa da necessária a compor o consenso exigido à formação do compromisso, permitir o suprimento judicial seria admitir a instituição de um juízo arbitral com dispensa da vontade bilateral dos litigantes, que, só ela, lhe pode emprestar legitimidade constitucional: entendo nesse sentido a lição de Pontes (ob. cit., XV/224) de que fere o princípio constitucional invocado – hoje, art. 5°, XXXV, da Constituição – atribuir, ao compromisso que assim se formasse por provimento judicial substitutivo do assentimento de uma das partes, '*eficácia fora do que é a vontade dos figurantes em se submeterem*'" (cf. fls. 1.007 dos autos do Agravo Regimental na Sentença Estrangeira 5.206-7 – Reino da Espanha, cuja íntegra encontra-se disponível no *website* do Supremo Tribunal Federal [www.stf.jus.br]).

[29] Votaram pela constitucionalidade da Lei de Arbitragem os Ministros Nelson Jobim, Ilmar Galvão, Ellen Gracie, Maurício Corrêa, Marco Aurélio, Carlos Velloso e Celso de Mello. Votaram contrariamente à constitucionalidade da Lei de Arbitragem, acompanhando o Ministro Sepúlveda Pertence, os Ministros Néri da Silveira, Moreira Alves e Sydney Sanches.

[30] "Art. 5°, XXXV: A lei não excluirá da apreciação do Poder Judiciário lesão ou ameaça a direito."

interpretado como limitação imposta tão somente ao legislador,[31] vedando-lhe a emissão de atos normativos que impeçam ou criem dificuldades de acesso à justiça, e não como uma obrigação imposta às pessoas físicas e jurídicas de submeter todos os litígios de que sejam parte à apreciação do Poder Judiciário. Segundo o STF, invocando o magistério de Hamilton de Moraes e Barros, "o que a Constituição não permite à lei é vedar o acesso ao Judiciário da lide que uma das partes lhe quisesse submeter, forçando-a a trilhar a via alternativa da arbitragem".[32]

No que tange à relação entre o princípio da autonomia da vontade e a arbitragem, impõe-se destacar que o STF enfatizou, em diversas passagens, que a arbitragem tem por fundamento de legitimidade constitucional o respeito à livre manifestação de vontade das partes. Esse mesmo fundamento é também encontrado nos votos-vista dos três Ministros que votaram, junto com o Ministro Sepúlveda Pertence, pela inconstitucionalidade de alguns dos dispositivos da Lei de Arbitragem. Dessa forma, independentemente do resultado final do julgamento, todos os Ministros do Supremo Tribunal Federal fundamentaram as suas respectivas manifestações na impositiva

---

[31] Nesse sentido, vejam-se as considerações da Ministra Ellen Grace ao se manifestar sobre a constitucionalidade da Lei de Arbitragem: "A leitura que faço da garantia enfocada no art. 5º, XXXV, é de que a inserção de cláusula asseguratória de acesso ao judiciário, em nosso ordenamento constitucional, tem origem e se explica pela necessidade de precatarem-se os direitos dos cidadãos contra a atuação de órgãos administrativos, próprios de regimes autoritários. A arqueologia da garantia da via judiciária leva-nos a verificar que a cláusula sempre teve em mira, preponderantemente, o direito de defesa ante os tribunais, contra atos dos poderes públicos. Por isso mesmo é, ineludivelmente, o legislador o destinatário da norma que reza: `a lei não excluirá da apreciação do Poder Judiciário leão ou ameaça a direito´." (cf. fls. 1.148 dos autos do Agravo Regimental na Sentença Estrangeira 5.206-7 – Reino da Espanha, cuja íntegra encontra-se disponível no *website* do Supremo Tribunal Federal [www.stf.jus.br]).

[32] Citação extraída de fls. 968 dos autos do Agravo Regimental na Sentença Estrangeira 5.206-7 – Reino da Espanha, cuja íntegra encontra-se disponível no *website* do Supremo Tribunal Federal [www.stf.jus.br]. Nesse mesmo sentido, veja-se trecho extraído do voto-vista do Ministro Nelson Jobim: "Abre-se ao cidadão, portanto, o respeito à sua liberdade; a liberdade de tentar compor os seus conflitos fora da área do Poder Judiciário. Vetou-se ao legislador que impedisse o exercício pelo cidadão de faculdades de recorrer ao Poder Judiciário. Logo, não é uma obrigação do cidadão compor os seus conflitos no Poder Judiciário, é uma faculdade. É permitido recorrer ao Poder Judiciário, como é permitido não recorrer ao Poder Judiciário. O que é proibido é impedir essa faculdade. É por isso que foi assegurado o direito de opção ao cidadão através da possibilidade de optar pelo Poder Judiciário ou não" (cf. fls. 1.020). Não foi outro o entendimento da Ministra Ellen Gracie em seu voto-vista: "Como se vê, o cidadão **pode** invocar o judiciário, para a solução de conflitos, mas, **não está proibido** de valer-se de outros mecanismos de composição de litígios. Já o Estado, este sim, **não pode** afastar do controle jurisdicional as divergências que a ele queiram submeter os cidadãos" (cf. fls. 1.149 – grifos no original).

Cap. 1 – AUTONOMIA DA VONTADE, CONSENSUALISMO E ARBITRAGEM

observância à autonomia da vontade das partes contratantes. Confiram-se algumas dessas passagens, iniciadas por trecho do voto do Ministro Sepúlveda Pertence:

> Como visto, vale sintetizar, a sustentação da constitucionalidade da arbitragem repousa essencialmente na voluntariedade do acordo bilateral mediante o qual as partes de determinada controvérsia, embora podendo submetê-la à decisão judicial, optam por entregar a um terceiro, particular, a solução da lide, desde que esta, girando em torno de direitos privados disponíveis, pudesse igualmente ser composta por transação.
>
> A marca da consensualidade da instituição mediante compromisso do juízo arbitral é, assim, dado essencial à afirmação de sua legitimidade perante a Constituição.[33]

Em voto-vista, o Ministro Ilmar Galvão destacou que, de acordo com o regime jurídico arbitral instituído pela nova lei, o Poder Judiciário tem efetiva participação e pode ser chamado a corrigir eventuais abusos ou mesmo nulidades. Com o advento da Lei de Arbitragem, o réu poderá, no curso do processo arbitral, expor suas razões, e apenas excepcionalmente, perante o Poder Judiciário, poderá lançar mão do processo previsto no art. 33.[34] Em feliz síntese, o voto destaca a importância da autonomia da vontade para a arbitragem: "[a]ntes da lei, portanto, a precedência das razões do réu; com a lei, a precedência da cláusula contratual, consequentemente, da autonomia da vontade".[35]

O Ministro Néri da Silveira, por sua vez, enfatizou a relação íntima entre a vontade das partes e o instituto da arbitragem:

---

[33] Citação extraída do voto do Ministro Sepúlveda Pertence, fls. 998 dos autos do Agravo Regimental na Sentença Estrangeira 5.206-7 – Reino da Espanha, cuja íntegra encontra-se disponível no *website* do Supremo Tribunal Federal [www.stf.jus.br].

[34] "Art. 33. A parte interessada poderá pleitear ao órgão do Poder Judiciário competente a decretação da nulidade da sentença arbitral, nos casos previstos nesta Lei. § 1º A demanda para a decretação de nulidade da sentença arbitral seguirá o procedimento comum, previsto no Código de Processo Civil, e deverá ser proposta no prazo de até noventa dias após o recebimento da notificação da sentença arbitral ou de seu aditamento. § 2º A sentença que julgar procedente o pedido: I - decretará a nulidade da sentença arbitral, nos casos do art. 32, incs. I, II, VI, VII e VIII; II - determinará que o árbitro ou o tribunal arbitral profira novo laudo, nas demais hipóteses. § 3º A decretação da nulidade da sentença arbitral também poderá ser arguida mediante ação de embargos do devedor, conforme o art. 741 e segs. do Código de Processo Civil, se houver execução judicial."

[35] Citação extraída do voto-vista do Ministro Ilmar Galvão, fls. 1.140 dos autos do Agravo Regimental na Sentença Estrangeira 5.206-7 – Reino da Espanha, cuja íntegra encontra-se disponível no *website* do Supremo Tribunal Federal [www.stf.jus.br].

Com efeito, não caberá instaurar-se juízo arbitral senão com o consenso das partes no sentido de sujeitar o litígio à decisão definitiva de um juízo particular, extrajudicial, constituído pela vontade das partes interessadas e segundo a convenção celebrada. O instituto da arbitragem está, assim, baseado, fundamentalmente, na vontade das partes.[36]

Do exposto, resta claro que, para o STF, a relação estabelecida entre o princípio da autonomia da vontade e a arbitragem é tão íntima que, no ordenamento jurídico brasileiro, não há arbitragem válida sem a constatação de ter havido livre e inequívoca manifestação de vontade das partes litigantes.

4. CLÁUSULA COMPROMISSÓRIA: NATUREZA JURÍDICA

Antes da entrada em vigor da Lei n.° 9.307/1996, vigia no país o entendimento predominante de que a cláusula compromissória tinha a natureza de um *pactum de contrahendo*, consistente na obrigação de, no futuro, caso surgisse controvérsia oriunda daquela mesma avença, as partes celebrarem um novo contrato, consistente em compromisso arbitral. Considerando-se que, segundo essa corrente então majoritária, não seria possível exigir-se o cumprimento específico da obrigação de celebrar compromisso arbitral, a parte inadimplente somente poderia ser condenada a indenizar a parte contrária – ressalte-se, dano de difícil quantificação. Somente o compromisso arbitral, portanto, estava apto à instituição regular da arbitragem.[37] Foi essa, precisamente, a orientação acolhida pelo Ministro Sepúlveda Pertence por ocasião da apreciação da constitucionalidade da Lei de Arbitragem pelo

---

[36] Citação extraída do voto-vista do Ministro Néri da Silveira, fls. 1.189 dos autos do Agravo Regimental na Sentença Estrangeira 5.206-7 – Reino da Espanha, cuja íntegra encontra-se disponível no *website* do Supremo Tribunal Federal [www.stf.jus.br].

[37] Nesse sentido, veja-se a lição de Clovis Bevilaqua: "A cláusula compromissória, no direito pátrio, cria apenas uma obrigação de fazer. É um pacto preliminar, cujo objeto é a realização de um compromisso, em dada emergência. [...] E como obrigação de fazer, desde que `nemo potest precise cogi ad factum´, não obriga às partes à celebração do compromisso, embora o não celebrá-lo constitua infração do contrato, que dará lugar à responsabilidade civil" (*Código Civil dos Estados Unidos do Brasil*, vol. 4, comentário ao art. 1.037. São Paulo: Editora Rio, 1958, p. 156). No mesmo sentido, confira-se a doutrina de Clóvis do Couto e Silva: "Apesar de existiram decisões mais liberais, pode-se afirmar que, na generalidade dos casos, a cláusula compromissória não produz nenhum efeito jurídico" ("O Juízo Arbitral no Direito Brasileiro", in *Revista dos Tribunais*, n. 620, jun. 87, p. 15-22).

Supremo Tribunal Federal,[38] seguido pelos Ministros Néri da Silveira, Moreira Alves e Sydney Sanches – conforme exposto no item anterior.

A Lei de Arbitragem, felizmente, foi bem sucedida em alterar esse entendimento, criando regime jurídico inovador, que transformou a natureza mesma da cláusula compromissória. Com a sua entrada em vigor, tanto a cláusula compromissória quanto o compromisso passaram a produzir o mesmo efeito:[39] tornar obrigatória a participação de seus signatários na arbitragem.

Com efeito, o legislador, pouco afeito à conceituação dos institutos – tarefa que, em regra, é desempenhada com mais precisão pela doutrina

---

[38] "Nessa diferença substancial de objeto, como logo se recordará, é que se assenta, no direito brasileiro anterior, a conclusão quase unânime da inadmissibilidade da chamada execução específica da cláusula compromissória. E nesse ponto, para os especialistas, situou-se a causa primordial da pouquíssima utilização da arbitragem entre nós" (Trecho extraído de fls. 1000 dos autos do agravo regimental na Sentença Estrangeira 5.206-7 – Reino da Espanha, cuja íntegra encontra-se disponível no *website* do Supremo Tribunal Federal <www.stf.jus.br>).

[39] Nesse sentido, transcreva-se trecho do livro do Professor Carlos Alberto Carmona, ao tratar da grande transformação, advinda da Lei de Arbitragem, por que passou a sistemática aplicável à cláusula compromissória: "Tendo em vista que o direito positivo brasileiro não se preocupou – até o advento da Lei 9.307/96 – com a normatização da cláusula compromissória, o legislador foi particularmente atencioso com relação ao tema, especialmente porque a cláusula deixou de ser apenas um pré-contrato de compromisso, eis que, nos termos do art. 5º, o juízo arbitral pode ser instituído (art. 19) sem que seja necessária a celebração de um compromisso arbitral. [...] Era nítida no direito brasileiro anterior à Lei de Arbitragem a posição de desvantagem que a doutrina reservava à cláusula compromissória, eis que esta, por si só, não gerava efeito negativo algum (não excluía a competência do juiz togado) e para gerar efeito positivo (isto é, para instaurar a arbitragem) dependeria da celebração do compromisso (e, portanto, da vontade do outro contratante). Havendo resistência quanto à celebração do compromisso, o ordenamento jurídico brasileiro de então não estabelecia de modo específico um procedimento eficaz para a formalização judicial do compromisso mediante intervenção judicial, devendo então a parte interessada recorrer à sentença substitutiva de vontade da parte (arts. 639-641 do Código de Processo Civil), não havendo um único precedente jurisprudencial que revele ter sido seguido este caminho nos 21 anos em que vigorou o sistema arbitral previsto no Estatuto do Processo, sendo certo que a doutrina não mostrava particular simpatia pelo remédio (em especial porque dificilmente o juiz teria à sua disposição todos os elementos do pré-contrato para 'substituir' a vontade das partes). Em poucas palavras, a relação entre cláusula (pré-contrato) e compromisso (contrato) estava subordinada a esquema pouco confortável (e pouco confiável), sendo absolutamente acertada a observação de Garro ao concluir que 'ao outorgar-se uma categoria obrigatória inferior à cláusula compromissória, relega-se a cláusula arbitral ao *status* de contrato preliminar ou, para dizer em termos técnicos, converter-se-á em uma promessa bilateral de submeter eventuais disputas à arbitragem, forçando-se desta maneira uma das partes a recorrer aos tribunais para pedir o cumprimento específico da convenção arbitral'. Diante de tais percalços, o legislador brasileiro abandonou o modelo clássico francês – de resto já superado até mesmo no país de origem – procurando dar tanto à cláusula quanto ao compromisso os mesmos efeitos jurídicos" (*Arbitragem e Processo:* Um Comentário à Lei n.º 9.307/96. 3. ed. São Paulo: Atlas, 2008, p. 16-17 e 101-102, respectivamente).

–, fez questão de marcar posição quanto ao regime jurídico transformador que então estabelecia, inserindo no art. 4º da Lei n.º 9.307/1996 definição detalhada de cláusula compromissória:

> Art. 4º A cláusula compromissória é a convenção através da qual as partes em um contrato comprometem-se a submeter à arbitragem os litígios que possam vir a surgir, relativamente a tal contrato.

O dispositivo estabelece, logo no início, que a cláusula compromissória é uma convenção. Palavra de origem latina, *conventio, onis* significa ajuste, tratado, pacto.[40] Os dicionários jurídicos atribuem à palavra convenção, especificamente, o mesmo significado de contrato.[41] A lei exige que a cláusula compromissória esteja inserida em um contrato, ou em documento que a ele faça referência direta, a fim de que os eventuais litígios que dele decorram sejam resolvidos por meio de arbitragem.

A cláusula compromissória, portanto, consiste em negócio jurídico,[42] tendo por conteúdo fundamental obrigação de fazer, sujeito a condição suspensiva,[43] segundo o qual os convenentes se obrigam, na hipótese de eventual litígio futuro, a submetê-lo à arbitragem.

Reciprocamente considerados, cláusula compromissória e contrato – ou qualquer outra fonte obrigacional que trate de direito patrimonial disponível[44]

---

[40] *Novíssimo Dicionário Latino Português*, 11. ed., F.R. dos Santos Saraiva. Rio de Janeiro: Livraria Garnier, 2000, p. 304.

[41] *Dicionário Jurídico da Academia Brasileira de Letras Jurídicas*. 4. ed. Rio de Janeiro: Forense Universitária, 1996, p. 202.

[42] Para o Professor Carlos Alberto Carmona, a cláusula compromissória seria um "negócio jurídico processual, eis que a vontade manifestada pelas partes produz desde logo efeitos (negativos) em relação ao processo (estatal) e positivos, em relação ao processo arbitral (já que, com a cláusula, atribui-se jurisdição aos árbitros)" (*Arbitragem e Processo:* Um Comentário à Lei n.º 9.307/96. 3. ed. São Paulo: Atlas, 2009. p. 102).

[43] Segundo J. E. Carreira Alvim, "a cláusula consubstancia uma obrigação sujeita a condição, de que se produza, no futuro, controvérsia entre as partes" (*Direito Arbitral*. 2. ed. Rio de Janeiro: Forense, 2004. p. 176).

[44] A menção a *contrato* deve ser interpretada corretamente, e de forma ampla, pois que nem todos os direitos patrimoniais disponíveis referem-se a relações que se fundam em contratos. Nesse sentido, vejam-se as considerações de J. E. Carreira Alvim: "Embora façam as leis de arbitragem, aqui e alhures, expressa alusão a litígios surgidos em um contrato, não há obstáculo algum convencionem as partes uma cláusula compromissória sobre uma relação jurídica preexistente que não nasça de contrato, como, por exemplo, uma relação de vizinhança ou uma servidão, podendo esse tipo de convenção prévia ser encontrado em todas as espécies de relações jurídicas em que a arbitragem não esteja proibida" (*Direito Arbitral*. 2. ed. Rio de Janeiro: Forense, 2004. p. 177). A Convenção de Nova York, Art. II (1), e a Lei Modelo da UNCITRAL (*United Nations Commission*

Cap. 1 – AUTONOMIA DA VONTADE, CONSENSUALISMO E ARBITRAGEM

– não apresentam relação de dependência. Isso porque a Lei de Arbitragem afirma, no *caput* do art. 8º,[45] que a cláusula compromissória é autônoma em relação ao contrato em que se insere. Dessa forma, a cláusula compromissória não seguirá, necessariamente, a mesma sorte do contrato principal, caso seja reconhecida a invalidade deste.[46] Também nesse ponto específico, procurou o legislador privilegiar a vontade das partes. Isso porque, caso não fosse reconhecida por lei a autonomia da cláusula compromissória, eventual nulidade do contrato se estenderia à própria cláusula compromissória, e não seria possível a atuação do tribunal arbitral, pois que lhe faltaria competência. Ao estabelecer a autonomia da cláusula compromissória em relação ao contrato em que se insere ou ao qual se refere, a lei permite que o árbitro reconheça eventual nulidade do contrato, sem que reste comprometida, necessariamente, a sua própria competência. Evidentemente, se a nulidade que vier a atingir o contrato for capaz de também viciar a manifestação de vontade que deu origem à cláusula compromissória – como na hipótese de uma das partes ser incapaz para os atos da vida civil –, a sua autonomia não prevalecerá, ruindo, conjuntamente, a validade do contrato e a própria competência do tribunal arbitral.

O enquadramento da cláusula compromissória na categoria de negócio jurídico tem importância direta no estudo da extensão da convenção de arbitragem a não signatários, tendo em vista que todo um arcabouço dogmático, sobre ele construído e há muito consolidado e difundido no Brasil e alhures, apresenta-se à disposição do intérprete, na busca da real intenção das partes envolvidas em determinada avença.

5. CLÁUSULA COMPROMISSÓRIA POR ESCRITO: O DIREITO BRASILEIRO E A PRÁTICA ARBITRAL INTERNACIONAL

Um dos principais argumentos contrários à extensão da convenção arbitral a partes não signatárias consiste na exigência legal, prevista no ordenamento da maioria dos países que disciplinaram o instituto da arbitragem, assim

---

on International Trade Law) sobre Arbitragem Comercial Internacional de 1985 (revista em 2006), Art. 7, (1), contêm disposição clara nesse mesmo sentido.

[45] "Art. 8º A cláusula compromissória é autônoma em relação ao contrato em que estiver inserta, de tal sorte que a nulidade deste não implica, necessariamente, a nulidade da cláusula compromissória."

[46] No direito inglês e americano, trata-se da *separability doctrine*: "*Similarly, the fact that the main contract subsequently fails or is found to be invalid or never to have come into existence will not of itself mean that the arbitration agreement is necessarily undermined also*" (SUTTON, David St. John; GILL, Judith. *Russel on Arbitration*. 22. ed. London: Sweet & Maxwell Limited, 2003, p. 30).

como na própria Convenção de Nova York, de que ela seja pactuada por escrito. Esse argumento, outrora convincente e prestigiado por numerosos seguidores, tem perdido lugar rapidamente, em ambos os cenários nacional e internacional, dado o surgimento de novas modalidades de contratação à distância, envolvendo múltiplas partes, oriundas de diferentes países, a exigir flexibilização na formalização de operações comerciais.

5.1. O direito brasileiro

O art. 4°, § 1°, da Lei de Arbitragem estabelece que "a cláusula compromissória deve ser estipulada por escrito, podendo estar inserta no próprio contrato ou em documento apartado que a ele se refira". O § 2° estatui que, no âmbito dos contratos de adesão, "a cláusula compromissória só terá eficácia se o aderente tomar a iniciativa de instituir a arbitragem ou concordar expressamente com a sua instituição, desde que por escrito em documento anexo ou em negrito, com a assinatura ou visto especialmente para essa cláusula". O art. 37, inc. II, por sua vez, ao tratar dos requisitos para a homologação de sentença arbitral estrangeira, refere-se, dentre outros, à necessidade de se apresentar "o original da convenção de arbitragem ou cópia devidamente certificada, acompanhada de tradução oficial". Em três diferentes oportunidades, portanto, a Lei de Arbitragem refere-se à materialização da cláusula compromissória em documento escrito, e em apenas uma delas (§ 2° do art. 4°) faz menção à presença obrigatória de assinatura de uma das partes.

O Art. II, 1, da Convenção de Nova York,[47] por sua vez, estabelece que os Estados signatários deverão reconhecer, para os efeitos nela regulados, o "acordo escrito", consubstanciado na cláusula compromissória. O Art. II, 2,[48] ao expor detalhadamente o que se deve reputar por "acordo escrito", refere-se a contrato ou outro documento "firmado pelas partes ou contido em troca de cartas ou telegramas".

Diante desses dispositivos, doutrina e jurisprudência discutem se a exigência de documento escrito e assinado pelas partes seria da própria

---

[47] "Art. II – 1. Cada Estado signatário deverá reconhecer o *acordo escrito* pelo qual as partes se comprometem a submeter à arbitragem todas as divergências que tenham surgido ou que possam vir a surgir entre si no que diz respeito a um relacionamento jurídico definido, seja ele contratual ou não, com relação a uma matéria passível de solução mediante arbitragem." Tradução para o português disponível em [http://cbar. org.br/site/legislacao-internacional/convencao-de-nova-iorque]. Acesso em 28.10.12.

[48] "Artigo II – 2. Entender-se-á por '*acordo escrito*' uma cláusula arbitral inserida em contrato ou acordo de arbitragem, firmado pelas partes ou contido em troca de cartas ou telegramas." [http://cbar.org.br/site/legislacao-internacional/convencao-de-nova-iorque]. Acesso em 28.10.12.

substância do ato (*ad substantiam* ou *ad validitatem*), cuja inobservância resultaria em cláusula compromissória inválida, ou se consistiria em requisito meramente probatório (*ad probationem*).

Para José Eduardo Carreira Alvim, não é necessário que a cláusula compromissória apresente determinada forma, bastando que se possa demonstrar a aceitação da arbitragem pelas partes. Já o compromisso,[49] contudo, deve apresentar a forma escrita, além de observar as formalidades previstas nos §§ 1º e 2º do art. 9º da Lei de Arbitragem, por ser de sua própria substância:

> Diversamente do compromisso, que deve revestir-se de forma especial, confundindo-se a sua forma com a própria existência do ato (art. 9º, §§ 1º e 2º, LA), exigindo, portanto, prova *ad substantiam*, a cláusula compromissória, no direito brasileiro, não exige forma solene, contentando-se a lei em que seja estipulada por escrito (art. 4º, § 1º, LA), sendo a prova apenas *ad probationem*. Pode a cláusula ser convencionada mediante troca de correspondência epistolar entre as partes, telex, telegrama, *fac-símile*, desde que comprovada a proposta de uma das partes e a aceitação da outra.[50]

O Professor Carlos Alberto Carmona manifesta-se no sentido de que a lei estabeleceu forma rígida apenas para o compromisso, sem deixar claro, todavia, se a forma escrita da cláusula compromissória consistiria em requisito *ad probationem*:

> Em relação à forma, determina a Lei brasileira seja a cláusula celebrada por escrito. Tratando-se de contrato, sem formalidade específica, a não ser a utilização da escrita, submete-se a cláusula aos mecanismos gerais previstos na lei civil para a celebração dos contratos. Assim, a forma epistolar, com todos os seus inconvenientes, é válida para a pactuação da cláusula de arbitragem, já que o legislador fixou norma rígida apenas para o compromisso (art. 9º da Lei).[51]

Nelson Nery Júnior e Rosa Maria de Andrade Nery sustentam que "a cláusula compromissória deve ser pactuada dentro de outro contrato, sendo da essência do ato a forma escrita".[52] No mesmo sentido aponta Joel Dias

---

49 Para a definição de cláusula compromissória e compromissória, prevista na Lei de Arbitragem, confiram-se as notas de rodapé 17 e 18, acima.
50 *Direito Arbitral*. 2. ed. Rio de Janeiro: Forense, 2004, p. 179-180.
51 *Arbitragem e Processo:* Um Comentário à Lei n.º 9.307/96. 3. ed. São Paulo: Atlas, 2009. p. 105.
52 *Código de Processo Civil Comentado*. 7. ed. São Paulo: RT, 2003. p. 1.432.

Figueira Júnior, para quem "a cláusula compromissória não se presume jamais; deverá ser expressa".[53]

Como se vê, a doutrina brasileira divide-se quanto à obrigatoriedade da forma escrita para a cláusula compromissória, concordando, contudo, que o compromisso deve se dar por escrito e de acordo com as formalidades específicas previstas nos §§ 1º e 2º do art. 9º da Lei de Arbitragem.

5.2. A orientação adotada pelo STF e pelo STJ

O Supremo Tribunal Federal, em 13.06.2002, nos autos da Sentença Estrangeira Contestada n.º 6.753-7, julgou precedente em que se discutiu a validade de cláusula compromissória inserida em contrato de compra e venda não assinado pela parte compradora. Em síntese, a vendedora, surgido o litígio, deu início a processo arbitral em país estrangeiro, tendo sido a compradora devidamente notificada para integrar a arbitragem. Indicados os árbitros por ambas as partes, a compradora, desde a sua primeira manifestação no processo arbitral, questionou a competência do tribunal arbitral, ressaltando não ter renunciado à jurisdição estatal. Proferida sentença arbitral em favor da vendedora, dela interpôs recurso a compradora – cabível, no caso específico, de acordo com o regulamento de arbitragem aplicável –, ao qual foi negado provimento, em decisão transitada em julgado. Pedida, pela vendedora, a homologação dessa decisão perante o Supremo Tribunal Federal, a compradora arguiu a nulidade da cláusula compromissória porque esta não continha a sua assinatura, bem como a incompetência do tribunal arbitral estrangeiro. Em seu voto, o relator do processo, Ministro Maurício Corrêa, destacou que, conquanto a lei brasileira não exija "uma forma solene rígida para a cláusula compromissória, é essencial que o ajuste, além de escrito, surja de comunhão de vontades", razão pela qual não se admitiria convenção de arbitragem "tácita, implícita e remissiva". Dessa forma, o STF indeferiu o pedido de homologação apresentado pela vendedora. Pouco tempo depois, a vendedora, invocando o art. 40 da Lei n.º 9.307/96,[54] ajuizou, perante o Superior Tribunal de Justiça,[55] novo pedido de homologação

---

[53] *Arbitragem, Jurisdição e Execução*. São Paulo: RT, 1999, p. 184.

[54] "Art. 40. A denegação da homologação para reconhecimento ou execução de sentença arbitral estrangeira por vícios formais, não obsta que a parte interessada renove o pedido, uma vez sanados os vícios apresentados."

[55] Relembre-se que, após a entrada em vigor da Emenda Constitucional n.º 45, de 30 de dezembro de 2004, o Superior Tribunal de Justiça passou a ser competente, originária e exclusivamente, para apreciar os pedidos de homologação de sentenças e de laudos arbitrais estrangeiros.

Cap. 1 – AUTONOMIA DA VONTADE, CONSENSUALISMO E ARBITRAGEM

de sentença arbitral estrangeira (SEC 967/GB),[56] alegando, em síntese, que, por equívoco quando da consularização da respectiva documentação, não teriam sido juntados aos autos da referida SEC n.° 6.753-7, perante o STF, os versos das folhas do contrato, dos quais constariam as respectivas cláusulas compromissórias. O relator do novo processo de homologação, Ministro José Delgado, destacou em seu voto que, no caso específico, não teria havido aceitação tácita de juízo arbitral, dado que não houve qualquer manifestação da compradora nesse sentido. A homologação, assim, foi rejeitada.

No julgamento da Sentença Estrangeira Contestada n.° 856/GB,[57] a Corte Especial do STJ, fazendo referência expressa a dispositivos da Lei n.° 9.307/96 e da Convenção de Nova York, manifestou-se no sentido de que a apresentação da cláusula compromissória assinada não seria requisito de forma para a validade da arbitragem – consistindo, portanto, em mero requisito *ad probationem*. No caso específico, em que pese não tenha sido apresentado o contrato contendo cláusula arbitral devidamente assinada pela parte em face de quem se pretendia homologar laudo arbitral estrangeiro, restou demonstrado que houve a sua participação ativa no processo arbitral sem a apresentação da devida impugnação, em aquiescência tácita à convenção de arbitragem. Nesse precedente, o STJ deixou claro que, para a homologação de sentença arbitral estrangeira, não é impositiva a apresentação de via assinada da convenção arbitral, mas sim a comprovação de que a parte requerida concordou com a arbitragem de maneira inequívoca. Após o voto do relator, Ministro Carlos Alberto Direito, o Ministro Luiz Fux consignou que a questão versava sobre matéria de direito comercial, incompatível com o formalismo obstativo da homologação da cláusula compromissória tácita. Em seguida, o Ministro José Delgado afirmou que a doutrina da arbitragem vinha acolhendo a possibilidade de cláusula compromissória tácita, desde que a parte comparecesse ao processo arbitral e não impugnasse a sua validade.[58]

---

[56] Trata-se da Sentença Estrangeira Contestada n.° 967/GB, julgada pela Corte Especial do STJ em 15.02.2006 (DJU 20/03/06).

[57] Julgado em 18.05.2005, DJU 27.06.2005, p. 203.

[58] Em comentário específico sobre esse acórdão, publicado no capítulo de jurisprudência comentada da Revista de Arbitragem e Mediação, o Professor Arnoldo Wald e Valéria Galíndez destacam que esse precedente do STJ vai ao encontro da orientação acolhida por países com tradição na arbitragem, a exemplo da França, e citam, nesse sentido, passagem específica do respeitado livro de arbitragem comercial internacional dos Professores Fouchard, Gaillard e Goldman: "*Pour être recevable devant les jurisdictions françaises, le grief invoqué à l'égard de la sentence doit avoir été soulevé chaque fois que cela était possible, devant le tribunal arbitral lui-même. Ainsi, par exemple, le fait de ne pás contester la compétence du tribunal arbitral devant celui'ci s'analyserait en une ratification de cette compétence s'opposant à une contestation ultérieure devant les tribunaux français*" (Revista de Arbitragem e Mediação, n. 6, Ano 2, RT, jul.-set. 2005, p. 239).

A Corte Especial do STJ, nos autos da Sentença Estrangeira Contestada n.° 978/GB, de que foi relator o Ministro Hamilton Carvalhido, conferiu interpretação restritiva ao § 2° do art. 4° da Lei de Arbitragem,[59] exigindo como condição de eficácia à arbitragem a "expressa manifestação por escrito das partes acerca da opção pelo juízo arbitral [...] não se admitindo, pois, anuência tácita ou implícita".[60] Diferentemente da matéria fática contida no julgamento da acima exposta SEC n.° 856/GB, nesse novo precedente (SEC n.° 978/GB) a parte requerida, em que pese tenha sido regularmente citada para integrar o processo arbitral, não apresentou defesa nem participou da arbitragem. Por esse motivo, ao ser citada para integrar o processo de homologação da sentença arbitral estrangeira contra ela proferida, impugnou a validade da arbitragem, seja porque não havia assinado a cláusula compromissória, seja porque não havia participado de nenhum de seus atos procedimentais. O STJ, diante desse cenário fático específico, entendeu ter havido violação à norma contida no art. 4°, § 2°, da Lei de Arbitragem, que exige a forma escrita para a cláusula compromissória.

Nos autos da Sentença Estrangeira Contestada n.° 866/GB, relatada pelo Ministro Felix Fischer,[61] a situação fática envolveu a contratação, por sociedade empresária brasileira, de fornecimento de trigo argentino. Os respectivos contratos de compra e venda foram celebrados verbalmente, por meio de corretores escolhidos por ambas as partes, com posterior troca de minutas via telex, das quais teriam constado cláusulas compromissórias. Ocorre que, da análise da prova constante do processo, além de não existir assinatura da compradora nos contratos, não foi possível vislumbrar elementos seguros de que ela teria, efetivamente, pactuado cláusula compromissória com a vendedora. Adicionalmente, instaurada a arbitragem, a compradora, além de não ter indicado árbitro, questionou a competência do tribunal arbitral. Por esses fundamentos, a Corte Especial do STJ indeferiu o pedido de homologação de sentença arbitral estrangeira formulado pela vendedora.

Considerando-se os arestos acima indicados, pode-se concluir que o STJ não atribui natureza *ad substantiam* à exigência legal de que a

---

[59] "§ 2° Nos contratos de adesão, a cláusula compromissória só terá eficácia se o aderente tomar a iniciativa de instituir a arbitragem ou concordar, expressamente, com a sua instituição, desde que por escrito em documento anexo ou em negrito, com a assinatura ou visto especialmente para essa cláusula."

[60] Trecho do voto do Ministro Hamilton Carvalhido (cf. fls. 4), relator da Sentença Estrangeira Contestada n.° 978/GB, julgada pela Corte Especial do STJ em 18.12.2009 (DJE 05.03.09).

[61] Julgado pela Corte Especial do STJ em 17.05.2006 (DJU 16.10.06).

Cap. 1 – AUTONOMIA DA VONTADE, CONSENSUALISMO E ARBITRAGEM

cláusula compromissória seja apresentada por escrito.[62] Ao contrário, viu-se que, na hipótese em que não existia cláusula compromissória assinada, restando comprovado, contudo, que a parte requerida havia participado ativamente da arbitragem sem impugná-la (SEC n.° 856/GB), o STJ manifestou o entendimento de que a devida anuência à convenção arbitral fora preenchida. Em outro precedente, em que havia dúvida sobre a concordância da parte requerida com a arbitragem, o STJ protegeu o princípio da autonomia da vontade, sob a invocação do art. 4°, § 2°, da Lei de Arbitragem (SEC n.° 978/GB).

De acordo com os precedentes acima analisados, o STJ confere natureza *ad probationem* à convenção arbitral escrita ou escrita e assinada. E essa constatação possui impacto direto na validade de uma arbitragem na qual tenha ocorrido a extensão da cláusula compromissória a um não signatário, pois que, segundo se pode depreender do entendimento do STJ acima exposto, elementos de prova que não a própria cláusula compromissória escrita e assinada poderão fundamentar o aumento da abrangência subjetiva da disputa submetida ao tribunal arbitral, para nela se incluir partes não signatárias. Em outras palavras, para o STJ, o comportamento adotado pela parte no curso de determinada relação negocial, ou mesmo durante o próprio processo arbitral, poderá ser determinante para a validade de sentença arbitral contra ela proferida, ou na qual seja reputada pelo tribunal arbitral como vencedora.

Do exposto até aqui, é clara a existência de controvérsia acerca da necessidade de a cláusula compromissória ser apresentada na modalidade escrita, ou mesmo escrita e assinada, sob pena de se não reconhecer a competência dos árbitros para apreciar a disputa a eles submetida. Tem prevalecido, todavia, orientação menos formalista, consolidada na jurisprudência dominante do STJ, de que a cláusula compromissória escrita, ou escrita e assinada, possui mera natureza *ad probationem*.

---

[62] Foi essa a conclusão a que também chegou James A. Graham, no que tange ao direito mexicano: *"En resumen, no cabe duda que en el derecho mexicano la firma del acuerdo arbitral es* ad probationem *y no* ad validitem *(sic) y que consecuentemente, bajo este punto de vista, no existe obstáculo para atraer un no-firmante de la cláusula compromisoria en un procedimiento arbitral"* ("Terceros, No-Firmantes, y Acuerdos Arbitrales", in *Revistra Brasileira de Arbitragem*, Ano IV, n. 16, out.-dez. 2007, p. 101). Na Espanha, em 09.05.2003, o Tribunal Supremo, no julgamento do recurso n.° 433/03 (*Barconoya c. Lavinia Corporation SA*), confirmando orientação manifestada em decisão de poucos meses antes, ressaltou que a validade de uma convenção arbitral não se prende, necessariamente, a aspectos formais, e sim à constatação de que as partes, inequivocamente, optaram por submeter a controvérsia à arbitragem (*Les Cahiers de l'Arbitrage*, Alexis Mourre (Coord.), vol. II. Gazzette du Palais, Juillet 2004, p. 401).

5.3. A prática arbitral internacional

Conquanto existam leis e doutrinadores, no cenário internacional, que exigem a presença de cláusula compromissória por escrito, é consenso, hoje, entre os doutrinadores[63] de vanguarda e as legislações mais modernas,[64] que a arbitragem internacional marcha, rapidamente, rumo à flexibilização das formas, a privilegiar a vontade das partes, sem apego a formalismos, que se mostram incompatíveis com as práticas comerciais contemporâneas.

Os eminentes Professores Fouchard, Gaillard e Goldman, em seu célebre tratado de arbitragem comercial internacional, informam, exemplificativamente, que as leis de países como a Argélia e o Egito exigem a forma escrita da convenção de arbitragem, em requisito *ad validitatem*. Segundo os referidos tratadistas, na Bélgica, Espanha, Alemanha e Tunísia, em contrapartida, há leis que dispõem expressamente, *ou que poderiam ser assim interpretadas*, no sentido de que a existência de cláusula arbitral por escrito representa simples meio de prova[65] – consistindo em requisito *ad probationem*, portanto.

Nos últimos anos, setores organizados no âmbito internacional, ligados ao desenvolvimento do direito do comércio internacional, têm clamado

---

[63] Exemplificativamente, Neil Kaplan, em aprofundado artigo, conclui pela necessidade de revisão da Convenção de Nova York, e sugere que os tribunais dos países em que se pretende a homologação e a execução de um laudo arbitral estrangeiro adotem orientação mais "generosa" quanto à exigência e convenção arbitral por escrito: *"Given all these developments it is not unreasonable to propose that the time has come for another look at Article II(2). In my view, its emphasis on writing or exchange is outmoded. It would be helpful to see a general reconsideration of Article II(2) in the light of existing commercial practices and also in the light of the many developments which have occurred since 1958 in the field of international commercial arbitration. [...] In the meantime, it is hoped that enforcing courts will not be too astute to find non-compliance with Article II(2) in cases where the arbitration was conducted under a law which deems the writing requirements to be fulfilled in a more generous way than Article II(2) of the New York Convention"* ("Is the Need for Writing as Expressed in the New York Convention and the Model Law Out of Step with Commercial Practice?", in *Arbitration International*, Kluwer Law International, 1996).

[64] É o que dispõe o Decreto n.º 2011-48, de 13 de janeiro de 2011, por meio da nova redação atribuída ao art. 1507 do Código de Processo Civil da França: *"Art. 1507. – La convention d'arbitrage n'est soumise à aucune condition de forme"*. Ressalve-se que essa inovação, todavia, não se estende às arbitragens nacionais, no âmbito das quais a lei francesa continua a exigir a presença de documento escrito: *"Art. 1443. – A peine de nullité, la convention d'arbitrage est écrite. Elle peut résulter d'un échange d'écrits ou d'un document auquel il est fait référence dans la convention principale"*.

[65] FOUCHARD, Philippe; GAILLARD, Emmanuel; GOLDMAN, Berthold. *International Commercial Arbitration*. The Hague: Kluwer Law International, 1999, p. 369.

Cap. 1 – AUTONOMIA DA VONTADE, CONSENSUALISMO E ARBITRAGEM

por maior flexibilidade no âmbito das arbitragens internacionais, sobretudo no que tange às exigências de forma para as convenções arbitrais. Com efeito, a Assembleia-Geral das Nações Unidas, em dezembro de 2006, proferiu Resolução[66] acolhendo as recomendações feitas pela Comissão das Nações Unidas para o Direito Mercantil Internacional (UNCITRAL), no sentido de se interpretar as modalidades de forma da convenção arbitral, previstas no art. II, § 2º, da Convenção de Nova York, como não exaustivas,[67] com o claro objetivo de reduzir as formalidades envolvidas na prática arbitral internacional.

A França, como de hábito, foi um dos primeiros países a atender a esse chamado, aprovando, no início de 2011, na esteira de sua moderna jurisprudência,[68] alteração substancial à sua legislação, passando a dispor que, no âmbito das disputas internacionais, a convenção de arbitragem não se submete a nenhum requisito de forma.[69]

Como se vê, na prática arbitral internacional, os requisitos de forma são cada vez menos presentes, e a exigência de cláusula arbitral consiste, via de regra, em mero requisito *ad probationem*.

6. CONSENSUALISMO E ARBITRAGEM

A simples manifestação de vontade das partes, despida de qualquer formalidade, é apta a criar um contrato válido. É esse o conteúdo do

---

[66] Disponível em [http://www.uncitral.org/uncitral/en/uncitral_texts/arbitration/2006recommendation.html]. Acesso em 28.10.12.

[67] Os principais documentos produzidos no âmbito da UNCITRAL (*United Nations Commission on International Trade Law*") sobre arbitragem comercial internacional podem ser encontrados em [http://www.uncitral.org/uncitral/en/ uncitral_texts/arbitration.html]. Acesso em 28.10.12. Nesse mesmo *website* podem ser encontradas informações sobre as Comissões, os Grupos de Trabalho e os Colóquios tendo por objeto o desenvolvimento da arbitragem comercial internacional. Especificamente, a extensão da cláusula arbitral no âmbito de grupos de sociedades já foi objetivo de discussão em um desses Grupos de Trabalho, refletida, exemplificativamente, em relatório dirigido à Assembleia-Geral da ONU, datado de 26.01.2000, no qual não apenas foram apresentados os contornos do instituto, como também se sugeriu, dentre outros pontos, a necessidade de adaptação da Convenção de Nova York às novas exigências do comércio internacional (relatório disponível em [http://daccess-dds-ny.un.org/doc/UNDOC/LTD/V00/505/77/PDF/V0050577.pdf?OpenElement]. Acesso em 04.02.12).

[68] FOUCHARD, Philippe; GAILLARD, Emmanuel; GOLDMAN, Berthold. *International Commercial Arbitration*. The Hague: Kluwer Law International, 1999, itens 605 e segs.

[69] Confira-se a nota de rodapé 64.

princípio do consensualismo,[70] um dos pilares sobre os quais se funda o direito contratual brasileiro. Somente nas hipóteses de previsão legal expressa, o ato de contratar deverá ser acompanhado de determinada formalidade.

Viu-se, acima, que a cláusula compromissória, de acordo com a Lei de Arbitragem e a Convenção de Nova York, deve observar a forma escrita. Trata-se, portanto, de exceção legal ao princípio do consensualismo, a exigir determinada forma para que, na expressão de Clóvis Beviláqua, "a declaração da vontade tenha eficácia jurídica".[71] Todavia, como também acima demonstrado, doutrina e jurisprudência de vanguarda têm manifestado a orientação de que essa exigência de forma escrita consiste em mero requisito *ad probationem*, passível, portanto, de ser suprido por outra forma de comprovação da manifestação de vontade das partes convenentes.

Deflui do exposto que o estudo da extensão da convenção de arbitragem a parte não signatária, integrante do mesmo grupo empresarial a que pertença a parte signatária, insere-se no campo de interseção entre o formalismo jurídico e o princípio do consensualismo, objeto de constantes embates ao longo de toda a história do direito da civilização ocidental. Neste início do Século XXI, entretanto, o princípio do consensualismo volta a ganhar prestígio,[72] fortalecido pelo crescente e intenso comércio entre as nações, cujos traços marcantes são a informalidade e o dinamismo.

7. LEI DE REGÊNCIA DA VALIDADE – E DA EXTENSÃO – DA CLÁUSULA COMPROMISSÓRIA

No âmbito das arbitragens em que ambas as partes tenham domicílio ou sede no Brasil, com a aplicação, pelo tribunal arbitral, da lei brasileira

---

[70] Para uma síntese precisa do histórico do princípio do consensualismo, confira-se o § 185 do vol. III das *Instituições de Direito Civil* do Professor Caio Mário da Silva Pereira (14. ed. Rio de Janeiro: Forense, 2010, pp. 15-17).

[71] *Teoria Geral do Direito Civil*. 2. ed. Rio de Janeiro: Livraria Francisco Alves Editora, 1976, p. 242.

[72] "[...] deve-se prestigiar sempre o consensualismo, buscando-se, em cada caso, a vontade das sociedades alcançadas pela controvérsia na previsão da convenção de arbitragem, tornando-se nesta exata medida relevante e útil o concurso da teoria do grupo" (TEPEDINO, Gustavo. "Consensualismo na Arbitragem e Teoria do Grupo de Sociedades", in *Revista dos Tribunais*, vol. 903, jan. 2011, p. 25).

Cap. 1 – AUTONOMIA DA VONTADE, CONSENSUALISMO E ARBITRAGEM

para a solução do litígio e com o laudo arbitral sendo proferido em território nacional,[73] é mesmo intuitiva a incidência da lei brasileira para reger a validade e a extensão da cláusula compromissória a não signatários, salvo convenção das partes em sentido distinto.

No que tange às arbitragens internacionais, em que tenha aplicação a *lex mercatoria*, princípios gerais de direito, ou mesmo a lei de outros países, a questão pode se apresentar de forma bastante complexa. Com efeito, a prática arbitral internacional revela que a lei aplicável à solução do litígio, escolhida pelas partes ou mesmo determinada pelos árbitros, não se estende, necessariamente, às regras procedimentais, nem à regência da validade da cláusula compromissória.[74] O silêncio das partes, por sua vez, dá margem a diferentes soluções.[75]

---

[73] De acordo com o art. 34, parágrafo único, da Lei n.° 9.307/96, é estrangeira a sentença arbitral proferida fora do território nacional. Será brasileira, portanto, a sentença arbitral proferida no território brasileiro.

[74] Na Inglaterra, em 2004, no julgamento, pela Corte Comercial de Londres, do caso *Peterson Farms Inc v. C&M Farming Ltd*, exposto detalhadamente no item 10.4 do Capítulo 3, a Corte Comercial de Londres anulou parcialmente um laudo arbitral CCI por entender que a lei aplicável ao mérito do litígio também seria aplicável à interpretação da convenção arbitral, não existindo fundamento para se estabelecer tratamento diferenciado entre a lei aplicável ao contrato e a lei aplicável à cláusula compromissória – salvo convenção das partes de forma distinta. Em sentido contrário, a Corte de Cassação da França, em 1993, no caso *Municipalité de Khoms El Mergeb v. Société Dalico*, manifestou o entendimento de que a validade de uma convenção arbitral deve ser determinada de acordo com a intenção comum das partes, sem a necessidade de se referir a uma determina lei estatal. No precedente arbitral, a lei escolhida para a solução do mérito da controvérsia foi a do Líbano, desconsiderada pelos árbitros para reger a convenção de arbitragem, em decisão confirmada pelo Poder Judiciário francês. Essa mesma orientação foi mantida pela Corte de Cassação francesa em 09.07.2009, no caso *Société d'études et représentations navales et industrielles (SOERNI) et autres vs. Société Air Sea Broker limited (ASB)* – íntegra disponível no *website* Arbitration Database [http://www.arbitration.fr]. Acesso em 06.05.11. Mais recentemente, em 16.05.12, em caso envolvendo arbitragem sediada em Londres e partes brasileiras, o Tribunal de Apelação da Inglaterra e do País de Gales (caso *Sulamerica CIA Nacional De Seguros SA v Enesa Engenharia SA* [2012] EWCA Civ 638) entendeu que, conquanto a lei aplicável ao mérito da disputa fosse a brasileira, a lei aplicável à interpretação da cláusula compromissória era a inglesa, dada a sua maior proximidade com a lei da sede da arbitragem. Para maiores informações sobre esse precedente, confira-se: [http://kluwerarbitrationblog.com/ blog/2012/08/10/the-brazilian-dispute-with-the-%E2%80%98close%E2%80%99-connection-to-england-wales/]. Acesso em 29.10.12.

[75] Para uma explicação mais detalhada sobre as possíveis leis aplicáveis à arbitragem, confiram-se as páginas 64 a 74 do manual de arbitragem de David St. John Sutton e Judith Gill (*Russel on Arbitration*. 22nd ed. London: Sweet & Maxwell Limited, 2003).

Assim, mostra-se relevante, para a delimitação das regras de regência da extensão da cláusula compromissória a partes não signatárias, identificar a lei aplicável à validade e à interpretação da convenção arbitral – ou se a questão é disciplinada pelo respectivo regulamento de arbitragem.[76]

Ressalte-se, contudo, que os tribunais arbitrais e o Poder Judiciário de países com tradição arbitral têm dado muito pouca, ou mesmo nenhuma relevância a regras de direito para fundamentar a extensão da cláusula arbitral a não signatários. Como se verá, detidamente, no item 12 do Capítulo 3, trata-se de discussão de natureza eminentemente fática, na qual os elementos de prova são suficientes a justificar a inclusão de um não signatário na arbitragem, sem ser necessário o recurso a uma determinada lei ou regulamento de arbitragem.

De qualquer forma, poderá haver situações em que normas de ordem pública surtirão efeitos sobre a questão, de modo que a identificação da lei aplicável à validade da cláusula compromissória não pode ser ignorada.

7.1. A aplicação da lei brasileira

A práxis do comércio internacional, por meio de respeitadas instituições arbitrais – tendo como expoente a Corte Internacional de Arbitragem da Câmara de Comércio Internacional – e por reiteradas decisões arbitrais e judiciais de países como os Estados Unidos da América, a França e a Suíça, aponta no sentido de que a lei de regência da validade da cláusula compromissória e, consequentemente, da extensão da cláusula compromis-

---

[76] Essa questão é expressamente regulada no âmbito das arbitragens conduzidas conforme o Regulamento de Arbitragem da Câmara de Comércio Internacional, como ensinam os Professores Craig, Park e Paulsson: *"Even when a contract is expressly subject to a particular law, as by stipulation for example that `any difference arising hereunder shall be settled ... according to Belgian law', it is not certain that the validity, scope, and effects of the arbitration clause would be determined by reference to Belgian Law. This is so because of the autonomy of the arbitration clause, recognized by the ICC Rules [...]. By referring to ICC arbitration, the parties have accepted that the arbitrators are to decide upon challenges to their jurisdiction and to the validity of the main contract. In doing so, ICC arbitrators need not apply the law applicable to the merits of the dispute"* (CRAIG, W. Laurence; PARK, William W.; PAULSSON, Jan. *International Chamber of Commerce Arbitration*. 3rd edition. Dobbs Ferry (NY): Oceana Publications, 2000, p. 52).

Cap. 1 – AUTONOMIA DA VONTADE, CONSENSUALISMO E ARBITRAGEM

sória a parte não signatária poderá variar de acordo com as características de cada litígio.[77]

São tantas as possíveis leis aplicáveis à arbitragem, seja por escolha das partes, seja por escolha dos árbitros no silêncio das partes, seja por intervenção do Poder Judiciário da sede da arbitragem, que o respeitado arbitralista Lord Mustill redigiu artigo denominado *Too Many Laws* [?],[78] no qual destaca as inúmeras formas de interseção entre as regras de direito escolhidas pelas partes e a lei da sede da arbitragem, que podem, de diferentes maneiras, interferir na condução da arbitragem ou mesmo no seu resultado.

No Brasil, caso as partes nada disponham a respeito da lei aplicável à validade da cláusula compromissória, a lei adota critério supletivo. Especificamente, estabelecem o art. 38, II, da Lei de Arbitragem e o Art. V, 1, *a*, da Convenção de Nova Iorque que, no silêncio das partes, a lei do país onde a sentença arbitral for proferida – normalmente, a sede da arbitragem – será aplicada à validade da convenção de arbitragem.[79] Estabelecendo as partes, portanto, que a sentença será proferida em território nacional, será aplicável à interpretação da cláusula compromissória a lei brasileira – salvo estipulação específica em outro sentido.

Foge ao escopo deste livro a análise exaustiva das inúmeras hipóteses em que a lei brasileira poderá ser invocada para reger a validade da

---

[77] Nesse sentido, confira-se a lição dos Professores Jacob Dolinger e Carmen Tiburcio: "Assim, a lei aplicável ao contrato não rege necessariamente a cláusula arbitral" (*Direito Internacional Privado – Arbitragem Comercial Internacional*. Rio de Janeiro: Renovar, 2003, p. 75).

[78] MUSTILL, Michael. *The Goff Lecture 1996*. Hong Kong: 63 Arbitration 248.

[79] "Destarte, ausente declaração específica da lei que governará a validade, a eficácia e a existência da cláusula, outra poderá ser adotada em detrimento daquela que rege o contrato em que a cláusula estiver inserta. No entanto, a Lei de Arbitragem e a Convenção de Nova Iorque parecem afastar as discussões a respeito da lei aplicável à cláusula compromissória ao fixarem a escolha da lei do país onde a sentença foi proferida. Com essa medida, o legislador demonstra, novamente, a importância que confere ao local da arbitragem e afasta maiores debates sobre a definição da lei aplicável à convenção de arbitragem e evita o desgastante trabalho de aplicação da lei no espaço" (MARTINS, Pedro. A. Batista. *Apontamentos sobre a Lei de Arbitragem*. Rio de Janeiro: Forense, 2008. pp. 383-384). No mesmo sentido é a opinião do Professor Carlos Alberto Carmona: "As partes, ao elaborarem uma cláusula ou um compromisso, deverão ter em mira as disposições da lei que escolherem para reger suas obrigações (e que será aplicada, por força de sua própria vontade, à solução de suas controvérsias), ou, se nada tiverem estabelecido a tal respeito, deverão estar atentas às disposições previstas pela lei do lugar em que o laudo deverá ser proferido. Estabeleceu desde logo o legislador as regras aplicáveis para a verificação da validade da convenção de arbitragem, demonstrando a olhos vistos a conveniência de fixarem desde logo as partes o ordenamento jurídico a que se reportam" (*Arbitragem e Processo:* Um Comentário à Lei n.° 9.307/96. 3. ed. São Paulo: Atlas, 2009. p. 468).

cláusula compromissória no âmbito das arbitragens internacionais – e, consequentemente, a sua extensão a não signatários. Destaque-se, todavia, que este livro poderá ser de alguma valia em todas as situações em que a lei brasileira servir de fundamento à extensão da convenção arbitral a parte não signatária, pois nele se expõe de que forma a lei, a doutrina e a jurisprudência brasileiras lidam com os grupos de sociedades, a orientar o intérprete na discussão acerca da inclusão de um não signatário no processo arbitral.

Capítulo 2

OS GRUPOS DE SOCIEDADES
NO DIREITO BRASILEIRO

A demonstração da compatibilidade do ordenamento jurídico brasileiro com a prática arbitral CCI da extensão da cláusula compromissória a partes não signatárias, integrantes de grupos de sociedades, pressupõe a exata compreensão de como o direito do país, visto pela doutrina e pelo Superior Tribunal de Justiça, disciplina esses grupos.[1] Dessa forma, após breve abordagem histórica da formação dos grupos empresariais no mundo e no Brasil, serão expostos os seus principais contornos jurídicos, para em seguida se demonstrar de que maneira o STJ, guardião da legislação infraconstitucional, tem apreciado litígios envolvendo o tema.

A atenção especial à jurisprudência do STJ justifica-se por duas razões distintas. Em primeiro lugar, trata-se do tribunal com competência para decidir, em última instância, acerca da aplicação dos institutos de direito privado e de direito público que regulam os grupos de sociedades, disciplinados, na sua quase integralidade, por disposições contidas em leis federais. Além disso, é desse Tribunal Superior a competência originária e exclusiva para homologar sentenças arbitrais estrangeiras. Dessa forma, conhecer o posicionamento do STJ sobre os grupos de sociedades é de fundamental importância à análise comparativa realizada neste livro.

1. BREVE HISTÓRICO DOS GRUPOS DE SOCIEDADES

As sociedades comerciais de grande porte são uma criação do incipiente capitalismo mercantil do século XVII,[2] decorrente da necessidade de

---

[1] Neste livro, os termos "grupo de sociedades", "grupo empresarial" e "grupo econômico" serão empregados como equivalentes.

[2] "Foi, porém, através do desenvolvimento da política colonial dos séculos XVI e XVII que surgiram os grandes empreendimentos revestidos da forma característica de sociedades anônimas, pessoas jurídicas às quais se atribuíram relevantes funções públicas. Citam-se, a propósito, a *East India Company*, criada na Inglaterra, mediante

grandes quantidades de recursos para a exploração e dominação comercial de imensas áreas coloniais no Oriente e no Novo Mundo.[3] Dentre essas sociedades, merece destaque, por sua grande relevância na história do Brasil, a conhecida Companhia Holandesa das Índias Ocidentais, fundada em 1621 e responsável pelas invasões à Região Nordeste do Brasil, sobretudo à Capitania de Pernambuco, entre 1624 e 1654,[4] consistente em uma das primeiras sociedades por ações, de grande poderio econômico,[5] constituída com capital público e privado, à qual foi concedida, pelo governo da Holanda, a exclusividade de comércio com o Novo Mundo. Essas grandes companhias de exploração ultramarina inauguraram o modelo de divisão do capital social em ações e de limitação da responsabilidade dos sócios.[6]

Os séculos que se seguiram, marcados pela implantação de regime econômico capitalista e liberal, testemunharam o desenvolvimento contínuo das sociedades anônimas, que se tornaram, paulatinamente, segundo o Professor Tullio Ascarelli, "o instrumento típico da grande empresa capitalista e, com efeito, surgiu e se desenvolveu com este sistema econômico e em relação às suas exigências".[7] As grandes sociedades anônimas

---

carta real, em 1600, como um dos exemplos típicos de *Joint-Stock Company* (John P. Davis, *Corporations*, 1961, II, págs. 114 e segs.; André Tunc, *Le Droit Anglais des Sociétés Anonymes*, 1971, p. 6); a Companhia Holandesa das Índias Orientais (1602), a Companhia Inglesa das Índias Ocidentais (1612), a Companhia Holandesa das Índias Ocidentais (1621), a Companhia das Ilhas da América (1626), as Companhias Francesas das Índias Ocidentais e Orientais (1626), a nova Companhia das Índias (criada por Law em 1717) e a *Compagnie Gérérale pour lês Assurances et prêts à la grosse aventure* (1686)" (BATALHA, Wilson de Souza Campos. *Sociedades Anônimas e Mercado de Capitais*, vol. I. Rio de Janeiro: Forense, 1973, p. 15).

[3] Tullio Ascarelli descreve as principais características das companhias coloniais: "Cada companhia surge com individualidade própria. As companhias coloniais não estão sujeitas a uma disciplina geral, mas encontram, cada qual, seu funcionamento numa `carta´ da autoridade pública, pela qual se definem a constituição e a personalidade da companhia, as suas obrigações, os seus direitos, os seus privilégios; às suas obrigações correspondem privilégios e a concessão de monopólios e de direitos que simultaneamente abrangem aspectos comerciais e políticos; são, simultaneamente, instrumentos de conquista territorial e de comércio" (*Problemas das Sociedades Anônimas e Direito Comparado*. 1. ed. Campinas: Bookseller, 2001, p. 455).

[4] Em 1654, a Insurreição Pernambucana expulsou os holandeses do solo brasileiro.

[5] REQUIÃO, Rubens. *Curso de Direito Comercial*. 1º vol. 24. ed. São Paulo: Saraiva, 2000, p. 335.

[6] GALGANO, *apud* LORIA, Eli; OLIVEIRA MENDES, Hélio Rubens de. "A formação histórica da sociedade anônima e sua contribuição para o desenvolvimento econômico", in *Revista de Direito Bancário e do Mercado de Capitais*, vol. 56, abr.-jun. 2012, pp. 261/262.

[7] *Problemas das Sociedades Anônimas e Direito Comparado*. 1. ed. Campinas: Bookseller, 2001, p. 456.

Cap. 2 – OS GRUPOS DE SOCIEDADES NO DIREITO BRASILEIRO

desempenharam importante papel para o advento da Revolução Industrial, iniciada na Inglaterra em meados do século XVIII.

O século XIX, inaugurado pelas drásticas transformações sociais e econômicas decorrentes da Revolução Francesa,[8] representou o triunfo do liberalismo econômico, e com ele a ascensão da sociedade anônima como o grande veículo do capitalismo industrial – finalmente passível de livre constituição, não mais dependente, como dantes, de concessão de privilégios reais nem de autorização administrativa da autoridade pública competente[9] –, que se multiplica e espalha pelo Ocidente e, mais tardiamente, pelo Oriente. Os séculos XVIII e XIX, portanto, presenciaram "a passagem do *direito dos comerciantes* para o *direito das sociedades comerciais*".[10]

Se o século XIX é caracterizado pela disseminação das sociedades por ações, o século XX, principalmente após a Segunda Guerra Mundial,

---

[8] "Tal como se testemunhou, após a Revolução de 1789, a desagregação das desatualizadas estruturas jurídicas comerciais, próprias de economia artesanal, e a elaboração de uma nova dogmática afeiçoada ao capitalismo industrial, observa-se agora o desafio de combinações econômicas inéditas, próprias do capitalismo de concorrência imperfeita e de duplo setor, a exigir formas e normas jurídicas que lhes assegurem condições de funcionamento regular" (LEÃES, Luiz Gastão Paes de Barros. "Sociedades Coligadas e Consórcios", in *Revista de Direito Mercantil, Industrial, Econômico e Financeiro*, n.° 12, Ano XII, 1977, p. 137).

[9] "Identificam os autores três fases de evolução histórica, observada nos diversos países: privilégio, autorização e liberdade. Num primeiro momento, as companhias somente poderiam ser criadas por meio de lei especial, definindo suas características principais, forma de funcionamento e seu objeto, que correspondia sempre a um objetivo político específico, como a colonização de um território, a exploração de determinados recursos naturais etc. (fase do privilégio). [...] Nos séculos XVIII e XIX, porém, o ambiente econômico se transformou profundamente. Foi o período da Revolução Industrial, marcada por inventos como a maquia a vapor e a eletricidade, que propiciaram o sistema de produção em massa de bens e serviços. [...] Iniciou-se, assim, uma etapa de flexibilização das exigências para a criação das companhias. Aponta-se o *Code de Commerce* francês, de 1807, como o primeiro a reconhecer uma disciplina jurídica geral à sociedade anônima, que poderia ser constituída para negócios privados lícitos, desde que previamente autorizada pela autoridade pública. Passa-se, desse modo, do regime da carta individual de constituição para o da autorização administrativa (fase da autorização). [...] Os Estados norte-americanos foram pioneiros, ao admitir a criação de companhias independentemente de lei especial, ou de autorização administrativa (fase da liberdade). Em 1811, o Estado de Nova York promulgou lei admitindo a livre constituição de *corporations* nos principais setores da indústria [...] Na Inglaterra, o regime de liberdade para a criação das *corporations* se inicia em 1844, na França, em 1867 [...] No Brasil, o regime da liberdade na constituição das sociedades anônimas foi instituído com a Lei n. 3.150, de 1882" (MUNHOZ, Eduardo. *Empresa Contemporânea e o Direito Societário*: Poder de controle e grupos de Sociedades. São Paulo: Editora Juarez de Oliveira, 2002, p. 57-59).

[10] MUNHOZ, Eduardo. *Empresa Contemporânea e o Direito Societário*: Poder de controle e grupos de Sociedades. São Paulo: Editora Juarez de Oliveira, 2002, p. 84.

é marcado pela concentração empresarial[11] e pelo surgimento dos grandes grupos empresarias, as grandes multinacionais,[12] chegando-se à fase do "capitalismo de grupos".[13]

O Professor Fábio Konder Comparato, em apertada síntese, aponta as três fases históricas do direito empresarial, tomando por referência a unidade produtiva, desde o renascimento comercial na Idade Média até o momento atual, marcado pela atuação dos grandes grupos econômicos:

> A associação de empresas juridicamente independentes, atuando sob uma direção unitária, compõe a figura dos grupos econômicos, que são atualmente os grandes agentes empresariais. O direito empresarial entra, assim, na terceira fase histórica de seu desenvolvimento. A primeira corresponde ao surgimento do comerciante individual, como profissional dotado de um estatuto próprio, destacado do sujeito do direito comum. A segunda fase abre-se com a multiplicação das empresas societárias, notadamente com a vulgarização da sociedade anônima no curso do século passado [século XIX], como instrumento de captação do investimento popular. Agora, o universo das multinacionais, das *holdings, joint ventures* e consórcios indica que os atuais protagonistas da vida empresarial são associações de empresas, e não mais sociedades isoladas.[14]

No Brasil,[15] o processo de concentração econômica em grandes grupos empresariais teve início nas décadas de 1960 e 1970, favorecido por política

---

[11] "A evolução da economia capitalista, nos últimos quarenta anos, e notadamente a partir da segunda guerra mundial, tem sido comandada pelo fenômeno da *concentração empresarial.*" (LEÃES, Luiz Gastão P. de Barros. "A Estruturação de um Grupo Empresarial", in *Direito Comercial – Textos e Pretextos*. José Bushatsky, Editor: São Paulo, 1976, p. 122).

[12] "Embora já houvesse, na segunda metade do século XIX, uma tendência para a concentração, geralmente sob a forma de trustes ou cartéis, é somente no século XX que passamos a conhecer a institucionalização do grupo de sociedades e, após a última guerra mundial, a proliferação das multinacionais" (WALD, Arnoldo. "Algumas considerações sobre as sociedades coligadas e os grupos de sociedades na nova Lei das Sociedades Anônimas", in *Revista Forense*, vol. 260, ano 73, out.-dez. 1977, p. 55).

[13] "Se a sociedade por ações foi, na palavra de Georges Ripert, um instrumento essencial para o advento do capitalismo, os grupos de sociedades, os conglomerados e as multinacionais caracterizam a nova revolução industrial dos anos 1960/1970. Os economistas chegaram a afirmar que, após o capitalismo comercial e industrial, tínhamos alcançado a fase do 'capitalismo de grupos' (Georges Ripert, *Aspects Juridiques Du Capitalisme Moderne*, Paris, Librairie Générale de Droit et de Jurisprudence, 1946, p. 48 e segs.)." (WALD, Arnoldo. EIZIRIK, Nelson. "A designação 'grupo de sociedades' e a interpretação do art. 267 da Lei das S/A", in *Revista de Direito Mercantil, Industrial, Econômico e Financeiro*, n. 54, Ano XXIII, abr.-jun. 1984. p. 55).

[14] *Direito Empresarial: Estudos e Pareceres*. Saraiva: São Paulo, 1995, p. 275.

[15] Para mais informações sobre a evolução histórico-legislativa das sociedades anônimas no Brasil, confira-se "A formação histórica da sociedade anônima e sua contribuição

Cap. 2 – OS GRUPOS DE SOCIEDADES NO DIREITO BRASILEIRO

governamental francamente favorável à sua formação, a fim de que as sociedades empresárias brasileiras pudessem concorrer com as estrangeiras. As privatizações ocorridas na década de 1990 também possibilitaram a formação de grandes grupos empresariais, nos setores de telecomunicações, mineração, infraestrutura, petroquímica, cimento, metais, celulose e papel, dentre outros.[16]

O capitalismo contemporâneo é marcado, portanto, pela existência de grandes grupos empresariais, nacionais e multinacionais, com pronunciado poderio econômico e político, presentes em todo o mundo, cujas principais características jurídicas serão apontadas a seguir.

2. ELEMENTOS ESSENCIAIS: INDEPENDÊNCIA JURÍDICA E DIREÇÃO UNITÁRIA

No item anterior, viu-se que o último quartel do século XIX e todo o século XX foram testemunhas da concentração da atividade empresarial em grandes grupos econômicos, formados por duas ou mais sociedades, tendo por objeto a otimização de seu desempenho, na busca por crescentes lucros. A acentuada dinâmica do sistema capitalista implica constantes transformações na forma segundo a qual os grupos empresariais são estruturados e geridos, razão por que o direito, em todo o mundo, tem encontrado dificuldade para estabelecer os contornos fundamentais do instituto, bem como os seus efeitos.

No estudo dos grupos empresariais, deve-se partir das unidades que o integram, para então estender a análise à relação estabelecida entre elas.

A sociedade empresarial é a pessoa jurídica que advém de acordo de vontades de duas ou mais pessoas, físicas ou jurídicas,[17] que se obrigam

---

para o desenvolvimento econômico" (LORIA, Eli; OLIVEIRA MENDES, Hélio Rubens de, in *Revista de Direito Bancário e do Mercado de Capitais*, vol. 56, abr.-jun. 2012, pp. 247/275).

[16] Para um panorama sobre o processo de formação dos grandes grupos empresarias no Brasil, confira-se a obra *Empresa Contemporânea e o Direito Societário:* Poder de controle e grupos de Sociedades, de autoria de Eduardo Munhoz (São Paulo: Editora Juarez de Oliveira, 2002, pp. 96 e seg).

[17] A regra geral, no direito societário brasileiro, sempre foi a da pluralidade de sócios e acionistas, não sendo autorizada a constituição de sociedades unipessoais. Excepcionalmente, o art. 251 da Lei n.º 6.404/76 autoriza a operação de sociedade subsidiária integral, tendo como único acionista sociedade brasileira (REQUIÃO, Rubens. *Curso de Direito Comercial*. 1º vol. 24. ed. São Paulo: Saraiva, 2000, pp. 359 e 360). Mais recentemente, a Lei n.º 12.441, de 11 de julho de 2011, procedeu à alteração do Código Civil de 2002 para instituir, no direito brasileiro, a figura das empresas individuais de responsabilidade limitada.

a reunir bens e serviços, com o objetivo de realizar atividade própria de empresário sujeito a registro, visando ao lucro e à sua repartição.[18] A sociedade empresarial é dotada de personalidade jurídica, o seu patrimônio não se confunde com o de seus titulares, e os seus administradores, por força de lei,[19] devem preservar os interesses sociais, mesmo em detrimento dos interesses pessoais do sócio ou acionista controlador.

O grupo empresarial[20] nasce da união de duas ou mais sociedades empresárias, dotadas de personalidade jurídica própria, submetidas a direção unitária e a poder de controle comum,[21] tendo por objetivo a combinação de seus recursos ou esforços, para a consecução de resultados financeiros positivos. Dessa forma, por meio de direção unitária,[22] o controlador das sociedades integrantes de grupo econômico tem o poder de definir como se dará a gestão de cada uma delas, bem como os respectivos objetivos a serem alcançados.

---

[18] É o que dispõem, conjuntamente, os arts. 981 e 982 do Código Civil.

[19] Código Civil (Lei n.° 10.406, de 10 de janeiro de 2002), art. 1.011: "O administrador da sociedade deverá ter, no exercício de suas funções, o cuidado e a diligência que todo homem ativo e probo costuma empregar na administração de seus próprios negócios". Lei das Sociedades por Ações (Lei n.° 6.404/76), art. 153: "O administrador da companhia deve empregar, no exercício de suas funções, o cuidado e diligência que todo homem ativo e probo costuma empregar na administração dos seus próprios negócios".

[20] A doutrina faz distinção entre grupos empresariais de subordinação e de cooperação, nos termos da seguinte lição do Professor Fábio Konder Comparato: "Os grupos econômicos são de duas espécies: grupos de subordinação e de coordenação. Os primeiros apresentam uma estrutura hierárquica, em que uma empresa (individual ou societária, pública ou privada) exerce um poder de dominação, denominado poder de controle, sobre as demais. Nos grupos de coordenação, ao revés, não há empresas dominantes e dominadas, mas a coordenação de duas ou mais empresas sob a mesma direção unitária: são os consórcios" (*Direito Empresarial*. São Paulo: Saraiva, 1995, p. 275). Neste livro, serão somente estudados os grupos de subordinação, tendo em vista que os precedentes arbitrais, administrativos e judiciais estudados no Capítulo 3 tratam apenas dessa modalidade de grupos empresariais.

[21] "Os grupos gravitam entre os vetores *unidade empresarial* e *diversidade jurídica*. Sua finalidade econômica advém justamente da combinação desses dois fatores, permitindo a adoção de estruturas organizativas diversas, segundo as peculiaridades de cada empresa, bem como sua expansão para infinitas atividades, regiões e países. Nenhum desses fatores, portanto, pode ser suprimido na definição de soluções jurídicas às questões suscitadas pelo fenômeno grupal" (MUNHOZ, Eduardo. "Arbitragem e Grupos de Sociedades", in *Aspectos da Arbitragem Institucional – 12 anos da Lei 9.307/1996*, (org) Haroldo Malheiros Duclerc Verçosa. São Paulo: Malheiros, 2008, p. 174).

[22] "A doutrina atual parece convergir, de toda sorte, para o reconhecimento de que a *direção unitária* constitui o elemento central dos grupos societários" (MUNHOZ, Eduardo. "Arbitragem e Grupos de Sociedades", in *Aspectos da Arbitragem Institucional – 12 anos da Lei 9.307/1996*, (org) Haroldo Malheiros Duclerc Verçosa. São Paulo: Malheiros, 2008, p. 157).

Cap. 2 – OS GRUPOS DE SOCIEDADES NO DIREITO BRASILEIRO

Duas características fundamentais têm se mostrado constantes na disciplina jurídica dos grupos de sociedades, consistentes (a) na unidade econômica e de direção das atividades empresariais e (b) na independência jurídica das sociedades que os integram – assegurando-se, "como no Mistério da Santíssima Trindade, a unidade na diversidade", na feliz expressão do Professor Fábio Konder Comparato.[23]

O Professor Jorge Lobo, em aprofundado estudo sobre os grupos de sociedades, também ressalta a presença dessas duas características:

As sociedades componentes do grupo, *mantendo, cada uma, personalidade e patrimônio próprios e autônomos,* ao invés de constituírem uma nova entidade econômico-financeira, reúnem-se sob a direção única, para, somando esforços e valores de várias naturezas, alcançar objetivos comuns, o mais das vezes de difícil consecução pelas sociedades isoladas. Não obstante concentradas em grupo, preservam, em princípio, seu objeto social e seus órgãos diretivos.[24]

É na aparente contradição entre os conceitos de unidade econômica e de independência jurídica que reside a dificuldade de se estabelecer, com segurança, disciplina geral aplicável aos grupos empresariais – e, por consequência direta, ao assunto objeto deste livro.

A unidade econômica do grupo pressupõe o controle comum de todas as sociedades que o integram. Não há grupo empresarial sem a presença de poder de controle efetivamente exercido. Com efeito, a existência de participação acionária de uma sociedade sobre várias outras, sem a presença efetiva de poder de controle, não implica a existência de grupo empresarial.[25]

Nos termos da lei,[26] o controle é exercido por quem seja titular de direitos de sócio que lhe assegure, de modo permanente, a maioria de votos

---

[23] "Os Grupos Societários na Nova Lei de Sociedades por Ações", in *Revista de Direito Mercantil, Industrial, Econômico e Financeiro*, n. 23, Ano XV, 1976, p. 92.

[24] *Grupo de Sociedades.* Forense: Rio de Janeiro, 1978. pp. 31-32.

[25] "Pois o que interessa ao *grupo de sociedades* não é tanto o fato de que uma sociedade seja sócia de outra sociedade mas que seja sócia de outra sociedade na medida necessária para controlá-la, a fim de possibilitar a racionalização da produção, a direção unificada e uma política financeira unitária" (LEÃES, Luiz Gastão P. de Barros. "A Estruturação de um Grupo Empresarial", in *Direito Comercial – Textos e Pretextos.* José Bushatsky, Editor: São Paulo, 1976, p. 130).

[26] Trata-se da definição legal de poder de controle inserida no art. 116 da Lei das S.A., aplicável, *mutatis mutandi,* às sociedades não regidas por esse diploma legal: "Entende-se por acionista controlador a pessoa, natural ou jurídica, ou o grupo de pessoas vinculadas por acordo de voto, ou sob controle comum, que: a) é titular de direitos de sócio que lhe assegurem, de modo permanente, a maioria dos votos nas deliberações da

no órgão deliberativo da sociedade e o poder de eleger a maioria de seus administradores, e que, efetivamente, use seu poder para dirigir as atividades sociais e orientar o funcionamento de seus órgãos. O *controlador*,[27] por expressa determinação legal, deve conduzir os negócios de acordo com o seu objeto social e cumprir a função social da empresa, respondendo perante os demais acionistas ou quotistas, os seus empregados, a comunidade em que atua, e mesmo perante a própria sociedade controlada.[28]

A ideia-força subjacente à noção jurídica de poder de controle, portanto, é a dominação. É mesmo intuitivo que o controlador de grupo empresarial é aquele que exerce o domínio sobre as sociedades que o integram, fazendo prevalecer, na condução das respectivas atividades sociais, os seus próprios desígnios, consubstanciados na direção unitária do grupo.

O controle exercido no âmbito de grupos empresariais pode se apresentar em diferentes intensidades. Ora o poder de controle revela-se de forma acentuada nos órgãos de deliberação e de direção do grupo, ora sob a forma de controle menos intenso, com a consequente maior independência das sociedades que o integram. Dessa forma, o grau de independência dos órgãos deliberativos e diretivos das sociedades controladas variará de acordo com as características específicas do grupo empresarial a que pertençam.

3. OS GRUPOS DE SOCIEDADES NO DIREITO POSITIVO BRASILEIRO

Será apresentado a seguir um panorama das previsões legais que tratam dos grupos de sociedades no ordenamento jurídico brasileiro e os principais efeitos por eles produzidos. Note-se que nenhum dos dispositivos legais citados fornece ao intérprete elementos precisos para a identificação da existência de um grupo societário,[29] cingindo-se a estabelecer tão somente regras de atribuição de responsabilidade.

---

assembleia-geral e o poder de eleger a maioria dos administradores da companhia; e b) usa efetivamente seu poder para dirigir as atividades sociais e orientar o funcionamento dos órgãos da companhia. Parágrafo único. O acionista controlador deve usar o poder com o fim de fazer a companhia realizar o seu objeto e cumprir sua função social, e tem deveres e responsabilidades para com os demais acionistas da empresa, os que nela trabalham e para com a comunidade em que atua, cujos direitos e interesses deve lealmente respeitar e atender."

[27] Neste estudo, o termo "controlador" deve ser compreendido como todo e qualquer titular do poder de controle, seja pessoa física, seja pessoa jurídica, ou grupo de pessoas vinculadas por acordo, ou sob controle comum.

[28] Lei das S.A., art. 246.

[29] O Professor Charles Jarrosson destaca que, também no direito francês, a noção de grupo de sociedades não é unitária: "*La notion de groupe de sociétés, d'abord. Si elle est juridique,*

Cap. 2 – OS GRUPOS DE SOCIEDADES NO DIREITO BRASILEIRO

3.1. Direito Ambiental

A responsabilidade civil, administrativa e penal das pessoas físicas e jurídicas, por atos lesivos ao meio ambiente, é disciplinada pela Lei n.° 9.605, de 12 de fevereiro de 1998. Em que pese não haja previsão normativa para as hipóteses de ilícitos cometidos por sociedades integrantes de grupo empresarial, a interpretação sistemática do ordenamento jurídico brasileiro autoriza a sua responsabilização conjunta.

Com efeito, o art. 4° da Lei n.° 9.605/98 estatui a possibilidade de ser desconsiderada a personalidade da pessoa jurídica, sempre que ela consistir em obstáculo ao ressarcimento de prejuízos causados ao meio ambiente.[30]

---

ce qui reste discuté bien qu'elle constitue le fondement d'un certain nombre de solutions juridiques, elle n'est cependant pas unitaire" ("Conventions d'arbitrage et groupes de sociétés", in *Groupes de sociétés: contrats et responsabilités*. Paris: LGDJ, 1994, p. 53).

[30] Trata-se de hipótese de aplicação da teoria menor da desconsideração da personalidade jurídica – acolhida, no ordenamento jurídico brasileiro, apenas no art. 4° da Lei n.° 9.605/98 e no art. 28, § 5°, da Lei n.° 8.078, de 11 de setembro de 1990 (Código de Defesa do Consumidor) –, em que a mera insolvência da pessoa jurídica permite a investida do credor da sociedade contra o patrimônio de seus sócios, não se mostrando necessária a comprovação de qualquer manifestação de fraude ou de má-fé do devedor. Confira-se, nesse sentido, precedente do STJ em que se discute a aplicação da teoria menor no âmbito de relação de consumo: "RESPONSABILIDADE CIVIL E DIREITO DO CONSUMIDOR. RECURSO ESPECIAL. SHOPPING CENTER DE OSASCO-SP. EXPLOSÃO. CONSUMIDORES. DANOS MATERIAIS E MORAIS. MINISTÉRIO PÚBLICO. LEGITIMIDADE ATIVA. PESSOA JURÍDICA. DESCONSIDERAÇÃO. TEORIA MAIOR E TEORIA MENOR. LIMITE DE RESPONSABILIZAÇÃO DOS SÓCIOS. CÓDIGO DE DEFESA DO CONSUMIDOR. REQUISITOS. OBSTÁCULO AO RESSARCIMENTO DE PREJUÍZOS CAUSADOS AOS CONSUMIDORES. ART. 28, § 5°. [...] - A teoria maior da desconsideração, regra geral no sistema jurídico brasileiro, não pode ser aplicada com a mera demonstração de estar a pessoa jurídica insolvente para o cumprimento de suas obrigações. Exige-se, aqui, para além da prova de insolvência, ou a demonstração de desvio de finalidade (teoria subjetiva da desconsideração), ou a demonstração de confusão patrimonial (teoria objetiva da desconsideração). *A teoria menor da desconsideração, acolhida em nosso ordenamento jurídico excepcionalmente no Direito do Consumidor e no Direito Ambiental, incide com a mera prova de insolvência da pessoa jurídica para o pagamento de suas obrigações, independentemente da existência de desvio de finalidade ou de confusão patrimonial.* Para a teoria menor, o risco empresarial normal às atividades econômicas não pode ser suportado pelo terceiro que contratou com a pessoa jurídica, mas pelos sócios e/ou administradores desta, ainda que estes demonstrem conduta administrativa proba, isto é, mesmo que não exista qualquer prova capaz de identificar conduta culposa ou dolosa por parte dos sócios e/ou administradores da pessoa jurídica. A aplicação da teoria menor da desconsideração às relações de consumo está calcada na exegese autônoma do § 5° do art. 28, do CDC, porquanto a incidência desse dispositivo não se subordina à demonstração dos requisitos previstos no caput do artigo indicado, mas apenas à prova de causar, a mera existência da pessoa jurídica, obstáculo ao ressarcimento de prejuízos causados aos consumidores.[...]" (REsp 279.273/SP, Relator Ministro Ari Pargendler, Rel. p/ Acórdão Ministra Nancy Andrighi, 3ª Turma, julgado em 04/12/2003, DJ 29/03/2004 p. 230 – grifou-se).

A lei não restringe a desconsideração apenas ao controlador, razão pela qual, em interpretação sistemática da lei,[31] e também com apoio na previsão constitucional de ampla proteção ao meio ambiente,[32] é possível defender a extensão da responsabilidade civil a todas as sociedades integrantes do mesmo grupo empresarial a que pertença a pessoa jurídica efetivamente responsável pelo dano causado.

3.2. Direito do Consumidor

A Lei n.° 8.078, de 11 de setembro de 1990, instituiu o Código de Defesa do Consumidor, e com ele um amplo sistema de proteção aos destinatários finais de produtos ou serviços postos no mercado pelas pessoas que indica. O art. 28 e seus parágrafos disciplinam o instituto da desconsideração da personalidade jurídica no âmbito das relações de consumo, bem como a responsabilidade subsidiária de sociedades integrantes de um mesmo grupo empresarial e de sociedades controladas, a responsabilidade solidária de sociedades consorciadas e a responsabilidade subjetiva das sociedades coligadas. Para a clareza da exposição, transcreva-se o § 2° do referido art. 28:

> § 2° As sociedades integrantes dos grupos societários e as sociedades controladas são subsidiariamente responsáveis pelas obrigações decorrentes deste código.

Note-se que a lei não estabelece responsabilidade solidária, mas subsidiária, de modo que somente após ser esgotado o patrimônio da devedora principal é que o consumidor poderá investir contra as demais sociedades do respectivo grupo empresarial. Destaque-se que essa regra de responsabilização não afasta aquela prevista no § 5° do art. 28 do Código de Defesa do Consumidor, que autoriza a investida do credor da sociedade contra o

---

[31] "A Lei 9.605/98, sobre crimes ambientais, não menciona a expressão grupo, mas após afirmar a responsabilidade de pessoas jurídicas no âmbito administrativo, penal e civil, determina a desconsideração da personalidade jurídica sempre que esta `for obstáculo ao ressarcimento de prejuízo à qualidade do meio ambiente´, possibilitando tratamento unitário de uma empresa plurissocietária no que tange à responsabilidade" (PRADO, Viviane Muller; TRONCOSO, Maria Clara. "Análise do fenômeno dos grupos de empresas na jurisprudência do STJ", in *Revista de Direito Bancário*, vol. 40, 2008, p. 103).

[32] Constituição Federal, art. 225, § 3°: "Art. 225. Todos têm direito ao meio ambiente ecologicamente equilibrado, bem de uso comum do povo e essencial à sadia qualidade de vida, impondo-se ao Poder Público e à coletividade o dever de defendê-lo e preservá-lo para as presentes e futuras gerações. [...] § 3° As condutas e atividades consideradas lesivas ao meio ambiente sujeitarão os infratores, pessoas físicas ou jurídicas, a sanções penais e administrativas, independentemente da obrigação de reparar os danos causados".

Cap. 2 – OS GRUPOS DE SOCIEDADES NO DIREITO BRASILEIRO

patrimônio de seus sócios, bastando tão somente que a devedora principal não possua recursos para adimplir a obrigação perante o consumidor – por meio da aplicação da chamada teoria menor da desconsideração da personalidade jurídica.[33]

3.3. Direito Econômico

A Lei n.° 12.529, de 30 de novembro de 2011, estrutura o Sistema Brasileiro de Defesa da Concorrência e, dentre outros pontos, dispõe sobre a prevenção e repressão às infrações contra a ordem econômica. Trata-se, portanto, da lei que disciplina e regula o direito concorrencial no país.

A Lei n.° 6.404, de 15 de dezembro de 1976, conforme exposto adiante, preocupa-se com o aspecto formal dos grupos empresariais, o que se reflete na disciplina distinta entre os grupos de fato e os grupos de direito. A Lei n.° 12.529/11, por sua vez, dá pouca relevância à estrutura formal dos grupos, mas sim ao efetivo impacto que eles possam causar em um determinado mercado.[34] Essa a razão, portanto, para a regra de responsabilidade solidária estabelecida no art. 33 desse diploma legal:

> Art. 33. Serão solidariamente responsáveis as empresas ou entidades integrantes de grupo econômico, de fato ou de direito, quando pelo menos uma delas praticar infração à ordem econômica.

Dessa forma, a infração à ordem econômica, cometida por qualquer uma das sociedades que o integram, implicará a responsabilidade solidária de todas as sociedades do grupo.

3.4. Direito Previdenciário

A Lei n.° 8.212, de 24 de julho de 1991, estabelece as normas gerais sobre a organização e o custeio da Seguridade Social. O art. 30, IX, dispõe

---

[33] Sobre a aplicação da teoria menor da desconsideração da personalidade jurídica no âmbito do direito do consumidor, confira-se a nota de rodapé 30, acima.

[34] "Para o direito concorrencial é relevante a característica da unidade da decisão e a sua consequência para o mercado da atuação do grupo empresarial como sendo um único agente econômico. Assim, para o controle das concentrações econômicas, não se considera a realidade das formas do direito societário, mas o modo como o controle é exercido no plano fático" (PRADO, Viviane Muller. "Noção de Grupo de Empresas para o Direito Societário e para o Direito Concorrencial", in *Revista do Direito Bancário e do Mercado de Capitais*, n. 2, Ano 1, RT, maio-ago. 1998, p. 155).

que as sociedades integrantes de grupo empresarial respondem entre si, solidariamente, pelas obrigações previdenciárias:

> Art. 30. A arrecadação e o recolhimento das contribuições ou de outras importâncias devidas à Seguridade Social obedecem às seguintes normas:
> [...]
> IX - as empresas que integram grupo econômico de qualquer natureza respondem entre si, solidariamente, pelas obrigações decorrentes desta Lei.

De acordo com a Lei n.° 8.212/1991, portanto, as dívidas previdenciárias de sociedade que seja parte de grupo econômico podem ser cobradas de toda e qualquer outra sociedade que o integre.

3.5. Direito Societário

Os grupos empresariais são tutelados pela Lei n.° 6.404, de 15 de dezembro de 1976, e podem se apresentar sob as modalidades de grupo de direito e grupo de fato.

A Lei das S.A. dedicou o Capítulo XXI à disciplina dos grupos societários de direito, instituto jurídico de raríssima existência na prática societária brasileira,[35] considerado por alguns como letra morta.[36] Trata-se

---

[35] *"Não utilização do tipo legal* - Desde a entrada em vigor da LSA, poucos grupos de sociedades de direito foram criados e o instituto continua, por diversas razões, letra morta. A principal delas foi a revogação, antes do início da vigência, das normas do Decreto-lei n.° 1.598/77 que, ao adaptar a legislação do imposto de renda das pessoas jurídicas à nova lei societária, criou, no artigo 30, o instituto da tributação em conjunto das pessoas jurídicas integrantes de grupo de sociedades, adotando como base de cálculo do imposto o resultado consolidado das sociedades do grupo, o que implicava a compensação dos lucros de uma com os prejuízos de outras. O Decreto-lei n.° 1.648/78, que revogou esse regime de tributação, foi à época justificado com a alegação de que os agentes tributários não estavam habilitados a fiscalizar as demonstrações financeiras consolidadas que serviriam de base à determinação do imposto. [...] Eliminada a vantagem fiscal da organização do grupo de direito, não restou nenhuma razão prática para que os grupos de fato se transformassem em de direito" (VARGAS, Manoel. "Capítulo II – Grupo de Sociedades", in *Direito das Companhias*, vol II. Alfredo Lamy Filho e José Luiz Bulhões Pedreira (Coord.). Forense: Rio de Janeiro, 2009, pp. 2057 e 2058).

[36] "Os grupos de direito, no entanto, constituem letra morta na prática empresarial brasileira. A facultatividade da criação – aliás às vantagens pouco consideráveis que sua adoção traria para os empresários – tornou tais grupos um absoluto insucesso na realidade empresarial" (MUNHOZ, Eduardo. "Arbitragem e Grupos de Sociedades", publicado na obra coletiva *Aspectos da Arbitragem Institucional – 12 anos da Lei 9.307/1996*, coordenada por Haroldo Malheiros Duclerc Verçosa. São Paulo: Malheiros, 2008,

Cap. 2 – OS GRUPOS DE SOCIEDADES NO DIREITO BRASILEIRO

de grupo empresarial formalizado por meio de convenção, aprovada por todas as sociedades que o integram, na qual são estabelecidas as atividades a serem realizadas, bem como as regras de gestão. A convenção não confere personalidade jurídica ao grupo. Cada sociedade preserva a sua personalidade jurídica e o seu patrimônio,[37] mas o grupo, se assim for pactuado na convenção, poderá ser representado por mandatário perante terceiros.[38] Em exceção à regra geral de que os administradores devem zelar pelos interesses da sociedade que administram, a lei lhes autoriza, no âmbito de grupos empresariais criados por força de convenção, a privilegiar determinada sociedade, em detrimento de uma ou de todas as demais que o integram.[39]

Os grupos empresariais de fato, por sua vez, não se fundam em convenção, mas na existência de um conjunto de sociedades sob controle comum, nos termos do art. 243, §§ 1º e 2º, da Lei das S.A.[40] Nos grupos de fato, as sociedades que os integram conservam sua personalidade jurídica e seu patrimônio, não se admitindo, na sua gestão, que os administradores deixem de observar seus deveres fiduciários em benefício de alguma outra sociedade do grupo ou da sociedade controladora – diferentemente, como se viu, do que poderá ocorrer em meio aos grupos de direito.

---

p. 174). Confirmou-se, assim, o prognóstico do Professor Fábio Konder Comparato, em artigo escrito meses após a promulgação da Lei das S/A, nos idos de 1976, ao tecer comentários sobre os grupos de direito: "Tem-se, assim, a impressão de que os grupos de direito do Cap. XXI serão raramente constituídos [...]" ("Os Grupos Societários na Nova Lei de Sociedades por Ações", in *Revista de Direito Mercantil, Industrial, Econômico e Financeiro*, n. 23, Ano XV, 1976, p. 106).

37   Lei das S.A., art. 266, parte final.

38   Lei das S.A., art. 272, parágrafo único.

39   Em comentário específico sobre o tema, invoque-se a lição dos Professores Fábio Konder Comparato e Calixto Salomão Filho: "Tratando dos grupos societários de direito, isto é, os que se constituem mediante convenção escrita, regularmente registrada, a Lei admite que os administradores das sociedades filiadas observem 'a orientação geral estabelecida e as instruções expedidas pelos administradores do grupo que não importem violação da lei ou da convenção do grupo' (art. 273); admite, igualmente, 'a subordinação dos interesses de uma sociedade aos de outra, ou do grupo, e a participação em custos, receitas ou resultados de atividades ou empreendimentos' (art. 276)" *O Poder de Controle na Sociedade Anônima*. 5. ed. Rio de Janeiro: Forense, 2008, p. 500).

40   "A importância de se identificar os grupos societários, disciplinados no capítulo XXI da Lei das Sociedades Anônimas como sendo 'grupos de direito' decorre da necessidade de se fazer uma distinção entre estes e os 'grupos de fato', reconhecidos consensualmente pela doutrina, como sendo aqueles previstos pelos §§ 1º e 2º do art. 243 da Lei 6.404/76." (WALD, Arnoldo; EIZIRIK, Nelson. "A designação 'grupo de sociedades' e a interpretação do art. 267 da Lei das S/A", in *Revista de Direito Mercantil, Industrial, Econômico e Financeiro*, n.º 54, Ano XXIII, abr.-jun. 1984, p. 58).

No âmbito de ambos os grupos de fato e de direito, cada sociedade responde apenas por suas próprias obrigações,[41] não prevendo a Lei das S/A a responsabilidade solidária, nem subsidiária, entre as sociedades que os integram – o que tem sido objeto de severa crítica pela doutrina.[42]

3.6. Direito Trabalhista

A Consolidação das Leis do Trabalho[43] estabelece, no art. 2º, § 2º, que toda e qualquer sociedade empresária, dotada de personalidade jurídica própria e integrante de grupo econômico, responde solidariamente por toda e qualquer obrigação trabalhista contraída por qualquer uma das sociedades controladas conjuntamente. Para a clareza da exposição, transcreva-se a referida norma:

> Art. 2º Considera-se empregador a empresa, individual ou coletiva, que, assumindo os riscos da atividade econômica, admite, assalaria e dirige a prestação pessoal de serviço. [...]
>
> § 2º Sempre que uma ou mais empresas, tendo, embora, cada uma delas, personalidade jurídica própria, estiverem sob a direção, controle ou administração de outra, constituindo grupo industrial, comercial ou de qualquer outra atividade econômica, serão, para os efeitos da relação de emprego, solidariamente responsáveis a empresa principal e cada uma das subordinadas.

---

[41] Nesse sentido, veja-se a afirmação taxativa de Jorge Lobo: "Hoje, como há trinta anos, após ler e reler as obras e estudos de CL. CHAMPAUD, G. KEUTEN, R. RODIERE, P. SANDERS, RAFAEL M. MANÓVIC e JOSÉ ENGRÁCIA ANTUNES, estou convencido de que as *sociedades grupadas,* quer pertençam a grupos de fato, quer a grupos de direito, *se mantêm, sob o aspecto jurídico, independentes e autônomas umas das outras, por força do instituto da personificação,* extraordinária conquista da Ciência Jurídica[...]" ("Extensão da Falência e o Grupo de Sociedades", in *Revista da EMERJ*, vol. 12, n. 45, 2009, p. 80).

[42] Os Professores Fábio Konder Comparato e Calixto Salomão Filho, na obra *O Poder de Controle na Sociedade Anônima* (5. ed. Rio de Janeiro: Forense, 2008), tecem longa crítica sobre a sistemática legal prevista na Lei das S.A. no que tange à responsabilização de sociedades no âmbito de grupos empresarias, concluindo, em síntese, que "a irresponsabilidade da sociedade de comando grupal, pelas dívidas da controlada, é insustentável na fase hodierna da evolução jurídica" (cf. p. 501).

[43] Decreto-lei n.º 5.452, de 1º de maio de 1943.

Cap. 2 – OS GRUPOS DE SOCIEDADES NO DIREITO BRASILEIRO

A doutrina ressalta que, na apuração da existência de grupo econômico, é importante constatar a presença de direção uniforme e centralizada[44] das sociedades que o integram, para então, se necessário, fazer incidir a solidariedade passiva sobre todas as demais.

4. OS GRUPOS DE SOCIEDADES SEGUNDO O SUPERIOR TRIBUNAL DE JUSTIÇA

A análise da jurisprudência do Superior Tribunal de Justiça sobre grupos de sociedades também demonstra a ausência de tratamento homogêneo ao instituto no ordenamento jurídico brasileiro.[45] É possível, todavia, identificar, nos precedentes do STJ, blocos de reiteradas decisões em determinado sentido, e deles extrair a essência de como esse tribunal vislumbra a existência de grupos econômicos, bem como os principais efeitos decorrentes de seu reconhecimento.[46]

---

[44] MORAES FILHO, Evaristo de; MORAES, Antonio Carlos Flores de. *Introdução ao Direito do Trabalho*. 8. ed. São Paulo: LTr, 2000, p. 261.

[45] A Professora Viviane Muller Prado e Maria Clara Troncoso escreveram artigo intitulado "Análise do fenômeno dos grupos de empresas na jurisprudência do STJ", em que procederam a uma análise bastante detalhada da jurisprudência do STJ acerca dos grupos econômicos. As interessantes conclusões apontadas no artigo são a seguir transcritas na íntegra: "a) Não há uniformidade dos termos utilizados. As expressões que apareceram com maior frequência foram `grupos econômicos´, simplesmente `grupos´ e grupos financeiros, termos estes que não são utilizados na legislação vigente referente às matérias tratadas. b) Em 30 dos casos analisados, que representam 28,38% da amostra, a matéria analisada era de natureza processual, principalmente discutindo a legitimidade de empresa do mesmo grupo para figurar no polo passivo da relação jurídica processual. c) Em apenas 35 das 106 decisões analisadas encontramos elementos que apontam o entendimento do julgador do que considera grupo societário. Nestes casos, todavia, não há uniformidade nem rigor na análise dos elementos que constituem o conceito de grupos. d) Em somente 22 das 106 decisões levou-se em consideração para a caracterização do grupo a existência de relação de controle societário. Entretanto, apenas uma destas decisões faz referência à legislação societária para fundamentar a existência do poder empresarial. Constatou-se que a discussão doutrinária sobre se o elemento para caracterizar o grupo é o controle ou a direção unitária não aparece na jurisprudência. Ademais, outra constatação é o entendimento negativo da existência da direção unitária, em especial para o efeito de responsabilização. e) Quanto aos efeitos jurídicos que advêm da existência de grupo, importante fazer as seguintes constatações: – A responsabilidade de empresa do mesmo grupo foi o tema mais recorrente (43 dos acórdãos), seguido de casos que envolvem a nulidade de mandato cambial e/ou de título de crédito em operação de mútuo entre empresas do mesmo grupo (20 dos acórdãos); – foram apenas encontrados 4 casos envolvendo relações de consumo, nas quais o CDC prevê expressamente responsabilidade de empresas do mesmo grupo; e – aparecerem apenas 10 casos de responsabilidade de empresas do mesmo grupo com fundamento na desconsideração da personalidade jurídica ou fraude" (in *Revista de Direito Bancário*, vol. 40, 2008, pp. 118-119).

[46] A análise da jurisprudência do STJ foi feita por amostragem.

4.1. Diversidade de pessoas jurídicas e unidade de direção

Conforme acima exposto, o art. 30, IX, da Lei n.º 8.212/91, determina que as sociedades integrantes de um mesmo grupo econômico são solidariamente responsáveis pelas dívidas previdenciárias. No Agravo Regimental no Recurso Especial n.º 1.097.173/RS,[47] a 2ª Turma do STJ analisou hipótese em que uma sociedade, que não figurava, de início, no polo passivo de execução de débitos previdenciários, teve bens de sua propriedade penhorados, com fundamento no referido art. 30, IX, da Lei n.º 8.212/91. Ocorre que o Tribunal de Justiça do Rio Grande do Sul, ao apreciar a questão, cingiu-se a afirmar que não teria havido confusão patrimonial a justificar a desconsideração da personalidade jurídica da sociedade que figurava inicialmente no polo passivo da execução, sem, contudo, enfrentar o ponto específico da existência ou não de grupo econômico. Considerando o teor da Súmula 7, que impede o STJ de analisar a matéria fática do caso concreto, a 2ª Turma negou provimento ao agravo regimental, mantendo íntegro o provimento monocrático ao recurso especial, a fim de que o Tribunal de Justiça do Rio de Grande do Sul julgasse novamente o recurso de apelação de origem, manifestando-se expressamente sobre a possível existência de grupo de empresas no caso específico – pois somente a partir desse quadro fático é que o STJ poderia analisar a incidência do art. 30, IX, da Lei n.º 8.212/91. Merecem destaque, na fundamentação e na ementa desse julgado, as seguintes afirmações, tendo por objeto as características fundamentais do grupo empresarial na visão do STJ:

> *Trecho da fundamentação*:
>
> Ademais, o fato de as empresas do agravante possuírem personalidade jurídica diferente não quer dizer que elas não pertençam ao mesmo grupo econômico. Na verdade, conforme doutrina que se transcreve abaixo, a *diversidade de pessoas jurídicas é justamente uma das principais características do grupo econômico*. Portanto, a assertiva de que a personalidade das empresas eram diferentes (sic), em nada, sequer implicitamente, teve o êxito de adentrar na análise da existência ou não do grupo empresarial.
>
> *Ao contrário da fusão e da incorporação, que constituem a concentração, na unidade, o grupo exterioriza a concentração na pluralidade. Particulariza-se, entre os demais de sua espécie, por ser composto de entidades autônomas, submetido o conjunto à unidade de direção. Define-se o grupo como conjunto ou sociedades juridicamente independentes, submetidas à unidade de direção* (MAGANO, Octávio Bueno. *Os Grupos de Empresas no Direito do Trabalho*. São Paulo: Revista dos Tribunais, 1979. p. 305).

---

[47] Relator o Ministro Humberto Martins, julgado em 23.04.2009, DJE 08.05.2009.

Cap. 2 – OS GRUPOS DE SOCIEDADES NO DIREITO BRASILEIRO

No mesmo sentido, ao se importar o conceito fixado na legislação traba-lhista, tem-se que *o grupo econômico ficará caracterizado sempre que uma ou mais empresas, tendo, embora, cada uma delas personalidade jurídica própria, estiverem sob a direção, controle ou administração de outra, constituindo grupo industrial, comercial ou de outra atividade econômica* (CLT, art. 2º, § 2º).

Trecho da ementa:

A fundamentação do acórdão, de que as empresas do agravante possuem personalidade jurídica distintas, em nada, nem implicitamente, enfrentou a questão da existência, ou não existência, de grupo econômico entre elas, principalmente quando se sabe que *uma das principais características do grupo é justamente a existência de entidades autônomas, com personalidades jurídicas distintas, sob o comando de uma única direção.* (grifou-se)

Os trechos grifados ressaltam as duas principais características dos grupos empresariais, de acordo com a 2ª Turma do STJ: (a) a diversidade de pessoas jurídicas, consistente em entidades autônomas, dotadas de per-sonalidades jurídicas distintas, e (b) a existência de direção, controle ou administração única. Para a 2ª Turma do STJ, portanto, a simples existên-cia de grupo econômico não implica, necessariamente, a solidariedade das sociedades que o integram.

4.2. Grupos de sociedades e dívidas tributárias

O art. 124, I, do Código Tributário Nacional estabelece que "são solidariamente obrigadas [...] as pessoas que tenham *interesse comum* na situação que constitua o fato gerador da obrigação principal". Indaga-se, diante dessa norma, se a expressão *interesse comum* teria o condão de es-tabelecer a solidariedade passiva entre as sociedades integrantes de grupo do qual faça parte a devedora principal.

A 1ª Seção do STJ, seguindo orientação pacífica de suas turmas, afir-mou que "[o] entendimento prevalente no âmbito das Turmas que integram a Primeira Seção desta Corte é no sentido de que o fato de haver pessoas jurídicas que pertençam ao mesmo grupo econômico, por si só, não enseja a responsabilidade solidária, na forma prevista no art. 124 do CTN".[48] É preciso, conforme disposto em outro precedente, "[p]ara se caracterizar

---

[48] EREsp 834.044/RS, Relator o Ministro Mauro Campbell Marques, julgado em 08.09.2010, DJe 29.09.2010.

responsabilidade solidária em matéria tributária entre duas empresas pertencentes ao mesmo conglomerado financeiro [...] que ambas realizem conjuntamente a situação configuradora do fato gerador, sendo irrelevante a mera participação no resultado dos eventuais lucros auferidos pela outra empresa coligada ou do mesmo grupo econômico".[49]

Para o STJ, portanto, não basta, para a extensão da responsabilidade tributária de uma sociedade a outra pessoa jurídica, que se demonstre que elas integram um mesmo grupo econômico. Mostra-se impositiva a comprovação, pelo Fisco, de que tanto a devedora principal quanto outra sociedade do mesmo grupo possuem *interesse comum* no respectivo fato gerador. O elemento fático, como se vê, é determinante ao reconhecimento da responsabilidade tributária entre sociedades integrantes de um mesmo grupo empresarial.

4.3. Desconsideração da personalidade jurídica: situações excepcionais

Em reiterados precedentes, o STJ tem se manifestado no sentido de que, no âmbito de grupos de sociedades, a desconsideração da personalidade jurídica somente deve ocorrer em situações excepcionais, vinculadas à atuação ilícita de uma das sociedades que o integram.

No julgamento do Recurso Especial n.º 968.564/RS,[50] a 5ª Tuma do STJ enfrentou hipótese em que se discutia se os fatos delimitados no acórdão de origem, proferido pelo Tribunal de Justiça do Rio Grande do Sul, justificariam a aplicação da teoria da desconsideração da personalidade jurídica. Destaque-se pequeno trecho da fundamentação do voto do relator[51] desse precedente, Ministro Arnaldo Esteves Lima:

> Com efeito, a desconsideração da pessoa jurídica, mesmo no caso de grupos econômicos, deve ser reconhecida em situações excepcionais, quando verificado que a empresa devedora pertence a grupo de sociedades sob o mesmo controle e com estrutura meramente formal, o que ocorre quando

---

[49] REsp 834.044/RS, Relatora a Ministra Denise Arruda, 1ª TURMA, julgado em 11/11/2008, DJe 15/12/2008.

[50] Relator o Ministro Arnaldo Esteves Lima, 5ª Turma, julgado em 18/12/2008, DJE 02/03/2009.

[51] Acompanhando o voto do Ministro Relator, o Ministro Napoleão Nunes Maia Filho proferiu voto-vista, em que procedeu a minucioso estudo do instituto da desconsideração da personalidade jurídica no direito brasileiro, sem abordar, todavia, os aspectos relativos aos grupos empresarias.

Cap. 2 – OS GRUPOS DE SOCIEDADES NO DIREITO BRASILEIRO

diversas pessoas jurídicas do grupo exercem suas atividades sob unidade gerencial, laboral e patrimonial, e, ainda, se visualizar a confusão de patrimônio, fraudes, abuso de direito e má-fé com prejuízo a credores. Da mesma forma, nos termos dos arts. 116, 117 e 246 da Lei das Sociedades Anônimas, somente imputa-se à empresa controladora a obrigação de arcar com as dívidas contraídas pela empresa controlada quando decorrentes de danos causados por atos praticados com abuso de poder.

O acórdão destaca, essencialmente, dois pontos principais acerca dos grupos de empresas.

O primeiro consiste na afirmação de que, *mesmo no âmbito de grupos econômicos*, a desconsideração da personalidade jurídica deve ser admitida excepcionalmente. Essa assertiva da 5ª Turma do STJ procura enfatizar a autonomia das sociedades integrantes de grupo empresarial, dotadas, portanto, de personalidade jurídica própria, apenas passível de desconsideração em hipóteses bastante restritas, sempre ligadas a comportamentos fraudulentos, abuso de direito e má-fé, dando causa a prejuízo a credores. A vinculação da desconsideração da personalidade jurídica a atos ilícitos por parte de sociedade integrante de grupo econômico foi também ressaltada pela 4ª Turma do STJ, no julgamento do Recurso Especial n.º 744.107/SP, cuja ementa destaca, dentre outros pontos, que

a desconsideração da personalidade jurídica da empresa devedora, imputando-se ao grupo controlador a responsabilidade pela dívida, pressupõe – ainda que em juízo de superficialidade – a indicação comprovada de atos fraudulentos, a confusão patrimonial ou o desvio de finalidade.[52]

O segundo ponto a ser destacado no referido Recurso Especial n.º 968.564/RS consiste na afirmação de que o grupo de empresas é marcado pelo controle comum das sociedades, pela unidade gerencial, laboral e patrimonial.

Destaque-se que há farta jurisprudência do STJ no sentido de que, nas hipóteses em que as diferentes sociedades integrantes de grupo econômico configuram mera estrutura formal, engendrada com o objetivo de se prati-

---

[52] Relator o Ministro Fernando Gonçalves, julgado em 20/05/2008, DJE 12/08/2008. Confira-se também a ementa do Recurso Especial n.º 689.653/AM, relatado pelo Ministro Ari Pargendler: "CIVIL. RESPONSABILIDADE CIVIL. GRUPO ECONÔMICO. A responsabilidade do grupo econômico pelo ato de uma das sociedades que controla supõe que o ato desta seja ilícito" (3ª Turma, julgado em 10/06/2008, DJE 15/08/2008).

car atos lesivos aos interesses de credores, poderá haver a incidência do instituto da desconsideração da personalidade jurídica.[53]

Para o STJ, portanto, a desconsideração da personalidade jurídica, para atingir empresas integrantes de um mesmo grupo empresarial, não incide automaticamente. É preciso que se demonstre ter havido a prática de ilícito, a justificar a extensão da responsabilidade de determinada sociedade a outra, que integre o mesmo grupo.

4.4. Teoria da aparência e princípio da boa-fé

Numerosos são os precedentes do STJ que invocam o princípio da boa-fé e a teoria da aparência como fundamento para responsabilizar uma sociedade por dívidas contraídas por outra pessoa jurídica integrante do mesmo grupo empresarial.

A 3ª Turma, no julgamento do Recurso Especial n.º 879.113/DF,[54] apreciou hipótese em que um consumidor contratou, na agência do banco controlador de grupo empresarial, mútuo feneratício, tendo por cocontratante outra instituição financeira do mesmo grupo econômico. Ao ajuizar demanda revisional de cláusula do referido contrato, o consumidor inseriu no polo passivo o banco líder do conglomerado financeiro, e não a sociedade que figurou no contrato como cocontratante. Pela clareza de seus termos, transcreva-se pequeno trecho do voto da Ministra Nancy Andrighi:

> A situação descrita perfaz verdadeira intermediação do banco-recorrido na consumação dos contratos estabelecidos em sua agência, não apenas por dar suporte físico para as operações – instalações e pessoal –, mas, principalmente, ao referendar, perante o consumidor, a transação

---

[53] Confira-se, exemplificativamente, trecho da ementa de acórdão da 4ª Turma do STJ, no julgamento do Recurso Especial n.º 1.071.643/DF: "[...] Esta Corte se manifestou em diversas ocasiões no sentido de ser possível atingir, com a desconsideração da personalidade jurídica, empresa pertencente ao mesmo grupo econômico, quando evidente que a estrutura deste é meramente formal. [...]" (Relator Ministro Luis Felipe Salomão, julgado em 02/04/2009, DJE 13/04/2009). No mesmo sentido, confiram-se os seguintes precedentes: RMS nº 12872/SP, Relatora Ministra Nancy Andrighi, 3ª Turma, DJ de 16/12/2002; REsp 767.021/RJ, Relator Ministro José Delgado, 1ª Turma, julgado em 16/08/2005, DJ 12/09/2005 p. 258; REsp 332.763/SP, Relatora Ministra Nancy Andrighi, 3ª Turma, julgado em 30/04/2002, DJ 24/06/2002 p. 297; RMS 14.168/SP, Relatora Ministra Nancy Andrighi, 3ª Turma, julgado em 30/04/2002, DJ 05/08/2002, p. 323.

[54] Julgado em 01/09/2009, DJE 11/09/2009.

Cap. 2 – OS GRUPOS DE SOCIEDADES NO DIREITO BRASILEIRO

financeira, vale dizer, avalizar e estimular a realização do contrato com fatores imateriais: como a sua solidez, a existência de prévio relacionamento comercial com o consumidor, ou ainda, por meio da publicidade do conglomerado.

Assim, embora do ponto de vista técnico-jurídico a instituição contratante – BRB – Crédito, Financiamento e Investimento S/A – e o banco-recorrido, sejam pessoas jurídicas diversas, na visão dos consumidores que realizam diversas operações financeiras no mesmo local – agência do banco recorrido –, existe apenas uma instituição financeira com a qual celebram todos os contratos.

Sob esse prisma, inafastável é a apreciação da questão à luz dos princípios que regem as relações de consumo, notadamente a Teoria da Aparência, tradução aplicada da boa-fé contratual, pela qual se busca valorizar o estado de fato e o reconhecimento das circunstâncias efetivamente presentes na relação contratual. (grifou-se)

Nos autos do Recurso Especial n.º 434.865/RO,[55] a 3ª Turma decidiu que determinado banco, líder de grupo econômico a que pertencia uma companhia seguradora, podia ser responsabilizado pelas obrigações securitárias de que não tinha sido parte direta, tendo em vista que o negócio apenas se concretizou em virtude do prestígio do grupo, de suas instalações físicas e de seus próprios empregados.[56]

Semelhante orientação tem sido seguida pelo STJ nas hipóteses em que a instituição financeira, que não a sociedade captadora de depósito junto aos poupadores, mas integrante de um mesmo grupo empresarial, é considerada parte legítima para figurar no polo passivo de ação em que se pede a indenização ao poupador por correção monetária não efetuada pelo banco depositário, relativa a perdas monetárias decorrentes de planos governamentais.[57]

---

[55] Relator o Ministro Castro Filho, julgado em 13/09/2005, DJ 10/10/2005, p. 355.

[56] No mesmo sentido, confira-se o Agravo Regimental no Recurso Especial n.º 858.896/MG, Relator o Ministro Fernando Gonçalves, 4ª Turma, julgado em 12/05/2009, DJE 25/05/2009.

[57] Exemplificativamente, veja-se pequeno trecho da ementa do Recurso Especial n.º 205.961: "[...] Pertencendo a empresa captadora dos depósitos em poupança ao mesmo conglomerado econômico do banco réu, tem este legitimidade passiva ad causam para responder por dano causado ao contratante. [...]" (Relator o Ministro Aldir Passarinho Junior, 4ª Turma, julgado em 12/03/2002, DJ 03/06/2002 p. 210). No mesmo sentido, confira-se o Recurso Especial n.º 128.998/RS, Relator o Ministro Carlos Alberto Menezes Direito, 3ª Turma, julgado em 03/03/1998, DJ 04/05/1998, p. 155.

4.5. Síntese da jurisprudência do STJ sobre os grupos de sociedades

Na caracterização dos grupos de sociedades, o STJ reconhece a presença de entidades jurídicas autônomas, dotadas de personalidade jurídica própria, dirigidas de forma unitária, por meio de ordens emanadas do mesmo polo de tomada de decisões.

Os precedentes acima analisados revelam que a personalidade jurídica das sociedades integrantes de grupo empresarial somente é desconsiderada em circunstâncias excepcionais, consistentes na sua utilização como instrumento para a prática de atos abusivos ou fraudulentos, com o objetivo de lesar credores. O STJ tem também entendido que, em algumas situações específicas, ligadas a relações de consumo, a personalidade jurídica de sociedade integrante de grupo empresarial pode ser desconsiderada, a fim de que outra sociedade do grupo passe a integrar o polo passivo da demanda. No âmbito do direito tributário, segundo o STJ, a responsabilidade solidária entre sociedades integrantes de um mesmo grupo somente ocorrerá nas hipóteses em que o Fisco for capaz de demonstrar haver interesse comum no respectivo fato gerador.

Conclui-se, portanto, que, *não por força do instituto da desconsideração da personalidade jurídica, mas em decorrência de expressa previsão legal*, estabelecendo a solidariedade passiva entre as sociedades integrantes de um mesmo grupo econômico – como nas hipóteses de dívidas trabalhistas e previdenciárias, nos termos acima expostos –, o STJ tem também autorizado a condenação de sociedade que não a responsável direta pela respectiva obrigação.

O STJ permite, portanto, em ambas as hipóteses de desconsideração da personalidade jurídica e de solidariedade passiva por força de lei, que, no âmbito de grupo empresarial, uma sociedade que não a responsável direta pela obrigação tenha seu patrimônio atingido. É preciso, contudo, que se esteja diante de expressa autorização legal ou de evidente prática de fraude. Caso contrário, a simples existência de grupo econômico jamais servirá de fundamento, por si só, a que obrigações pactuadas por somente uma das sociedades do grupo se estendam às suas demais integrantes. Como se verá no capítulo seguinte, é essa a essência da orientação predominante adotada pelos precedentes arbitrais e judiciais que tratam da extensão da cláusula compromissória a não signatários e grupos de sociedades.

Capítulo 3

A EXTENSÃO DA CLÁUSULA COMPROMISSÓRIA A PARTES NÃO SIGNATÁRIAS E GRUPOS DE SOCIEDADES: PRECEDENTES CCI, DECISÕES *PRIMA FACIE* DA CORTE CCI E DECISÕES JUDICIAIS ESTRANGEIRAS

1. A EXTENSÃO DA CLÁUSULA COMPROMISSÓRIA A PARTES NÃO SIGNATÁRIAS

Em determinadas circunstâncias, há muito identificadas pela prática arbitral CCI e objeto de enfrentamento pela doutrina mais autorizada, parte não signatária de cláusula compromissória poderá ser chamada a integrar o respectivo processo arbitral, ou mesmo poderá invocá-la em seu favor. Este fenômeno é conhecido como extensão da cláusula compromissória a parte não signatária.

Confira-se exemplo de *extensão requerida contra parte não signatária*: a sociedade A celebra com a sociedade B contrato de prestação de serviços. A sociedade C, integrante do mesmo grupo empresarial de que faz parte B, responsabiliza-se por executar algumas das obrigações assumidas por B no contrato. A sociedade A, alegando inadimplemento parcial do contrato, inicia arbitragem contra B (signatária) e C (não signatária). Nesta hipótese, a parte requerida C não assinou a convenção arbitral em que se funda a arbitragem, e poderá, portanto, questionar a competência do tribunal arbitral para apreciar o pedido contra ela formulado por A.

Mantido o mesmo esquema fático, confira-se exemplo de *extensão pleiteada pela própria parte não signatária*: as sociedades B e C, alegando o não pagamento de parcelas devidas por força do contrato de prestação de serviços, iniciam arbitragem contra A, na qual formulam, em nome próprio, diversos pedidos indenizatórios. Neste cenário, A poderá questionar a competência do tribunal arbitral para apreciar pedidos formulados pela sociedade C, não signatária da convenção arbitral subjacente.

Em ambas as hipóteses acima apresentadas, será sempre necessário, para a validade da arbitragem, que a parte interessada na extensão subjetiva da cláusula compromissória demonstre ter havido, por todas as partes envolvidas na disputa, vontade inequívoca de aderir à relação jurídica subjacente e à convenção arbitral[1] – conforme detalhadamente exposto ao longo deste Capítulo.

1.1. A extensão é incompatível com o compromisso arbitral

A cláusula compromissória, conforme disposto no art. 4º da Lei de Arbitragem, "é a convenção através da qual as partes em um contrato comprometem-se a submeter à arbitragem os litígios que possam *vir a surgir*, relativamente a tal contrato" (destacou-se). Trata-se, portanto, de disposição contratual condicional, cujos efeitos somente operarão se, no futuro, surgir litígio decorrente desse mesmo contrato, com a consequente constituição de tribunal arbitral para decidir a lide. O compromisso, por sua vez, nos termos do art. 9º, "é a convenção através da qual as partes submetem um litígio à arbitragem de uma ou mais pessoas, podendo ser judicial ou extrajudicial". Os efeitos no compromisso, portanto, são imediatos, pois se referem a litígio concreto e já instaurado – não se sujeitando, portanto, a nenhuma disposição condicional de natureza suspensiva.

Enquanto os convenentes, por meio de cláusula compromissória, obrigam-se a, na eventualidade de litígio futuro, oriundo da relação contratual de que são partes, submetê-lo à arbitragem, o compromisso se celebra diante de disputa concreta, já existente e com os seus contornos objetivos e subjetivos devidamente delineados. Os arts. 9º, 10 e 11 da Lei de Arbitragem estabelecem regime formalista rígido para a celebração do compromisso, impondo-se que dele conste, expressamente, dentre outros requisitos, o nome das partes e a matéria objeto da arbitragem. Dessa forma, o rigor formal exigido por lei, com a necessária indicação de todos os envolvidos e da lide que será decidida na arbitragem, torna impossível a extensão do compromisso arbitral a parte que nele não esteja

---

[1] A semelhante conclusão também chegou John Townsend, após analisar a diferença entre a extensão pleiteada pela parte autora e aquela solicitada em face de um dos réus: "*Absent one form of consent or another, however, it would seem to be bad law and bad policy to compel an unwilling non-signatory to participate in an arbitration, whether as a claimant or as a defendant*" ("Extending an Arbitration Clause to a non-Signatory Claimant or non-Signatory defendant: does it make a difference?", in *Multiparty Arbitration* (editado por Bernard Hanotiau e Eric Shwartz). Dossiers, ICC Institute of World Business Law: Paris, 2010, p. 117).

indicada expressamente. O compromisso arbitral, portanto, não é passível de extensão a não signatários.[2]

Não por outro motivo, em todos os precedentes arbitrais, judiciais e administrativos (Corte CCI) analisados no presente Capítulo, a extensão foi fundamentada em cláusulas compromissórias, jamais em compromissos arbitrais.

2. A EXTENSÃO DA CLÁUSULA COMPROMISSÓRIA COM FUNDAMENTO NA DENOMINADA *TEORIA DOS GRUPOS DE SOCIEDADES*

No âmbito das relações comerciais nacionais e internacionais, é comum que uma determinada sociedade assine contrato do qual conste cláusula compromissória, enquanto outra sociedade do mesmo grupo empresarial, embora não signatária, seja a efetiva participante da relação contratual, tanto na fase das tratativas quanto no seu efetivo cumprimento, ou mesmo concorrendo para a sua extinção. E isso ocorre, muitas vezes, por desorganização do grupo, ou, contrariamente, para a sua própria conveniência, considerados aspectos logísticos e tributários. Dessa forma, surgido um litígio, é do interesse da outra parte trazer para a arbitragem a sociedade que, efetivamente, tenha participado da relação comercial subjacente, como também é comum o não signatário invocar para si a cláusula arbitral e dar início à arbitragem.

As arbitragens comerciais internacionais também têm demonstrado que, nas hipóteses em que sociedade signatária não possui ativos suficientes a honrar a sua possível condenação – ou mesmo para se alcançar posição negocial mais vantajosa na disputa –, a extensão é pleiteada para atrair para o processo arbitral sociedade solvente do mesmo grupo.[3]

---

[2] Confira-se, no mesmo sentido, a opinião de Cristina Saiz Jabardo, em dissertação de mestrado apresentada à Faculdade de Direito da USP e orientada pelo Professor Luiz Olavo Baptista denominada "Extensão da Cláusula Compromissória na Arbitragem Comercial Internacional: o caso dos grupos societários". São Paulo: Biblioteca de Direito Internacional da FDUSP, 2009. pp. 10 e 11. O resumo dessa dissertação pode ser consultado em [http://www.teses.usp.br/]. Acesso em 18.09.12.

[3] *"One should also consider the motive for wanting to join non-signatory companies as additional claimants or respondents. The reason are various and often strategic: for example, where the real party of interest is not the company that signed the relevant agreement, but a subsidiary or the parent company of the group; or where the company that has signed the arbitration clause is insolvent but the others subsidiaries of the group or the parent company are not; or where the victim of the damage resulting from a breach of contract or a tort committed by the respondent is not the company that signed the contract containing the arbitration clause with the respondent, but other companies of the group"* (HANOTIAU, Bernard. "Multiple Parties and Multiple Contracts

Diversos são os fundamentos jurídicos invocados pelas partes, árbitros e decisões judiciais para justificar a participação, na arbitragem, de parte não signatária, destacando-se a teoria do *alter ego, estoppel, equitable estoppel*, o contrato de agência, a sucessão empresarial, o fato de um terceiro não signatário ser beneficiário do contrato, a existência de contratos coligados, dentre outros,[4] além da denominada *teoria dos grupos de sociedades*. Neste livro, será apenas estudada a aplicação da *teoria dos grupos de sociedades* para justificar a extensão subjetiva da cláusula compromissória a não signatários.

No âmbito das arbitragens conforme o Regulamento CCI, há muito se discute se o simples fato de o não signatário integrar o grupo empresarial do qual faz parte o signatário tem o condão de torná-lo parte da arbitragem, por meio da aplicação do que se convencionou chamar de *teoria dos grupos de sociedades*. Alguns desses importantes precedentes arbitrais serão analisados neste capítulo detalhadamente, bem assim as decisões judiciais que se seguiram a algumas dessas arbitragens. Também serão analisadas decisões *prima facie* tomadas pela Corte CCI ao enfrentar o tema objeto deste livro.

A extensão também poderá atingir pessoas físicas ligadas a grupos de sociedades.

Em alguns precedentes arbitrais e judiciais adiante apontados, não apenas pessoas jurídicas foram atingidas pela extensão da cláusula compromissória a parte não signatária.[5] Há casos em que pessoas físicas, diretamente vinculadas a pessoas jurídicas integrantes de grupos de sociedades, tais como seus executivos ou acionistas controladores, foram convocadas a participar de arbitragens, dada a sua participação direta em determinada relação negocial.[6]

---

in International Arbitration", in *Multiple Party Actions and International Arbitration*. New York: Oxford University Press, 2009, p. 43).

[4]   VIDAL, Dominique. "L'extension de l'engagement compromissoire dans un groupe de société: application arbitrale et judiciaire de la théorie de l'*alter ego*", in *Bulletin de Cour Internationale d'arbitrage de la CCI*, vol. 16, n. 2, 2º semestre de 2005; TOWNSEND, John M. "Agency, Alter Ego and other Identity Issues – Nonsignatories and Arbitration", in *ADR – The Newsletter of Dispute Resolution Law and Practice*, publicação divulgada pelo escritório de advocacia HUGHES HUBBARD & REED LLP (reprinted with permission from ADR Currents – September 1998, Volume 3, Number 3); TYLER, Timothy. KOVARSKY, Lee. STEWART, Rebecca. "Beyond Consent: Applying Alter Ego and Arbitration Doctrines to Bind Sovereign Parents", in *Multiple Party Actions and International Arbitration*. New York: Oxford University Press, 2009, pp. 149-188.

[5]   MANTILLA-SERRANO, Fernando. "Multiple Parties and Multiple Contracts: Divergent or Comparable Issues?", in *Multiparty Arbitration* (editado por Bernard Hanotiau e Eric Shwartz). Dossiers, ICC Institute of World Business Law: Paris, 2010, p. 13.

[6]   Por todos, confira-se o Caso CCI 5730/1988, posteriormente levado à apreciação do Poder Judiciário da França (*Orri vs. Société des Lubrifiants Elf Aquitain*), adiante analisado.

Cap. 3 – A EXTENSÃO DA CLÁUSULA COMPROMISSÓRIA

3. DISTINÇÃO ENTRE A EXTENSÃO COM FUNDAMENTO NA TEORIA DOS GRUPOS DE SOCIEDADES E A EXTENSÃO COM BASE NA TEORIA DOS GRUPOS DE CONTRATOS

Sob o gênero *extensão da convenção arbitral a não signatários* encontram-se duas principais teorias, amplamente invocadas na prática arbitral contemporânea. A primeira delas consiste na *teoria dos grupos de sociedades*, cujos principais contornos foram acima delineados e cuja aplicação, em importantes precedentes arbitrais e judiciais, será estudada neste livro. A outra, conhecida por *teoria dos grupos de contratos*, abarca as inúmeras hipóteses de contratos que, conquanto sejam diretamente relacionados, não se encontram expressamente vinculados à mesma convenção arbitral. Tome-se como exemplo um contrato de empreitada, do qual consta cláusula compromissória. Em paralelo a este contrato, o empreiteiro celebrou contrato de fiança com instituição financeira, do qual não constou a opção das partes pela arbitragem. Surgida a disputa entre o dono da obra e o empreiteiro, dá-se início a uma arbitragem. No caso específico, a teoria dos grupos de contratos poderia ser invocada para justificar a extensão da convenção arbitral à referida instituição financeira, dada a íntima relação mantida entre os referidos contratos de empreitada e fiança.

As hipóteses de aplicação da teoria dos grupos de contratos são bastante numerosas, dada a complexidade crescente das relações contratuais contemporâneas, das quais participam inúmeras partes, de diferentes nacionalidades, ligadas por complexa teia contratual, todas em torno de uma mesma operação negocial.

Feita a distinção entre essas duas teorias,[7] reitere-se que este livro abordará apenas a aplicação da referida *teoria dos grupos de sociedades* para fundamentar a extensão da cláusula arbitral a parte não signatária no âmbito de grupos empresariais.

4. A EXTENSÃO DA CONVENÇÃO ARBITRAL NÃO SE CONFUNDE COM O INSTITUTO DA DESCONSIDERAÇÃO DA PERSONALIDADE JURÍDICA

Estabeleça-se distinção fundamental à exata compreensão do que se discute neste estudo: a extensão subjetiva da cláusula compromissória não

---

[7] Fernando Mantilla-Serrano analisa em detalhes a distinção entre essas duas teorias no artigo "Multiple Parties and Multiple Contracts: Divergent or Comparable Issues?" (in *Multiparty Arbitration* (editado por Bernard Hanotiau e Eric Shwartz). Dossiers, ICC Institute of World Business Law: Paris, 2010, pp. 11/33).

se confunde com o instituto da desconsideração da personalidade jurídica (*disregard doctrine*). Trata-se de institutos jurídicos distintos, com fundamentos e efeitos diversos.[8]

Enquanto a desconsideração da personalidade jurídica consiste em instituto cujo principal objetivo é evitar situações fraudulentas e de abuso, perpetradas por meio do uso irregular da personalidade jurídica de determinada sociedade, a extensão da convenção arbitral a não signatários se funda na devida identificação da vontade por eles manifestada de se vincularem ao contrato e à cláusula compromissória subjacentes, com a aquiescência das partes signatárias.

A etiologia de ambos os institutos também revela a marcante diferença que os distingue, tendo em vista que, enquanto a desconsideração da personalidade decorre da lei ou do princípio geral que veda a prática de ato contrário ao direito, a extensão da convenção arbitral deflui da própria vontade das partes signatária e não signatária, identificada por elementos de prova apresentados na arbitragem.

Renomado arbitralista, autor da mais profunda obra sobre a extensão da cláusula compromissória a não signatários,[9] o Professor Bernard Hanotiau chama a atenção para o risco de serem confundidas as hipóteses de incidência da desconsideração da personalidade jurídica e da extensão da convenção arbitral a partes não signatárias. Segundo o autor, é comum, em arbitragens, que as teorias sejam invocadas equivocadamente:

> A aplicação da teoria da desconsideração da personalidade jurídica é geralmente considerada limitada a casos de fraude, abuso de direito e violação de regras imperativas. Deve-se ressaltar, ainda, que esta teoria é muitas vezes apresentada e aplicada equivocadamente por advogados. Eles invocam a teoria para estender a cláusula de arbitragem para além da sociedade cuja personalidade jurídica deve, alegadamente, ser levantada, ou seja, aos seus titulares. Em muitos sistemas jurídicos, isso não é correto: levantar o véu da sociedade significa que a sua personalidade jurídica é

---

[8] Para uma análise mais detalhada sobre as diferenças entre as teorias do grupo de sociedades e a da desconsideração da personalidade jurídica, confira-se Sébastien Besson, no artigo intitulado "Piercing the Corporate Veil: back on the right track" (Multiparty *Arbitration* (editado por Bernard Hanotiau e Eric Shwartz). Dossiers, ICC Institute of World Business Law: Paris, 2010, pp. 147/159) e Pietro Ferrario, no artigo denominado "The Group of Companies Doctrine in International Commercial Arbitration: Is There any Reason for this Doctrine to Exist?" (in *Journal of International Arbitration*, Kluwer Law International 2009, vol. 26, Issue 5, pp. 647-673).

[9] *Complex Arbitration – Multiparty, Multicontract, Multi-issue and Class Actions*. The Hague: Kluwer Law International, 2005.

objeto de disputa e que deve ser desconsiderada, de modo que a ação deve ser ajuizada somente contra os seus titulares, os que se encontram "atrás do véu corporativo". Em outras palavras, muitas vezes são "os acionistas em vez da sociedade", e não "a sociedade mais os acionistas". Antes de suscitar a incidência dessa teoria, deve-se, primeiramente, ter uma boa compreensão dos princípios básicos do direito empresarial, o que nem sempre é o caso.[10]

Na feliz síntese dos Professores Fouchard, Gaillard e Goldman, invocando a fundamentação contida no Caso CCI 5721/1990, "a abrangência da convenção arbitral não deve ser estendida para punir o comportamento de terceiros. Essa medida somente deveria ser tomada por cortes, perante as quais uma parte sempre poderá pleitear a desconsideração da personalidade jurídica".[11]

5. APRECIAÇÃO *AB INITIO* OU JUNTO AO MÉRITO DA ARBITRAGEM?

A extensão da cláusula compromissória a não signatário, na sua expressão mais simples, pressupõe a análise de sua extensão subjetiva, a saber quem serão, efetivamente, as pessoas obrigadas, ou autorizadas, a participar de determinada arbitragem. Trata-se, portanto, de questão jurisdicional (*rectius*, de competência), e não de mérito, e que deveria, em tese, ser decidida no início de todo e qualquer processo arbitral. Na prática arbitral, contudo, o

---

[10] No original, em tradução livre do autor: "*The application of the theory of lifting the corporate veil is generally considered to be limited to cases of fraud, abuse of rights, and violation of mandatory rules. It should moreover be pointed out that this theory is very often wrongly presented and applied by advocates. They invoke the theory to extend the arbitration clause beyond the company whose corporate veil allegedly has to be lifted, to the owners of the company. In many legal systems, this is not correct: lifting the corporate veil means that the legal personality of the company is disputed and has to be lifted and that therefore the action should be directed only to its owners , those who stand `behind the corporate veil'. In other words, it is often `the shareholders instead of the company' and not `the company plus the shareholders'. Before raising such a theory one should therefore have in the first place a good understanding of basic principles of corporate law, which is not always the case*" (HANOTIAU, Bernard. *Complex Arbitration – Multiparty, Multicontract, Multi-issue and Class Actions*. The Hague: Kluwer Law International, 2005, p. 98).

[11] No original, traduzido livremente pelo autor: "*[T]he scope of the arbitration agreement should not be extended to punish the behavior of a third party. Such measures should only be taken by the courts, before which a party will always be able to argue that the corporate veil should be lifted*" (*International Commercial Arbitration*. The Hague: Kluwer Law International, 1999, item 501).

momento processual para a sua apreciação dependerá das particularidades do caso concreto.

Como visto anteriormente, o instituto da arbitragem é intimamente ligado ao princípio da autonomia da vontade, conferindo-se ampla liberdade às partes para estabelecer de que forma a disputa será decidida. Dessa forma, elas poderão convencionar que a alegação de extensão da cláusula arbitral a não signatário será apreciada por meio de sentença parcial, a ser proferida no início do procedimento, antes de se passar à fase de julgamento do mérito, objeto de uma segunda sentença arbitral. Nada impede, por outro lado, que as partes também optem pela apreciação conjunta da preliminar de incompetência e do próprio mérito da arbitragem.

No silêncio das partes, poderão os árbitros, se assim lhes facultar a lei aplicável ao procedimento – seja ela emanada do Poder Legislativo, seja ela o regulamento de arbitragem de determinada instituição arbitral, a exemplo da CCI, seja resultado da conjugação de ambas –, decidir a questão por meio de sentenças distintas, ou apreciá-las conjuntamente em laudo arbitral único, ao fim do procedimento. As diferentes soluções apontadas deverão levar em conta, evidentemente, as peculiaridades do caso concreto, tendo em vista que nem sempre será possível dividir o procedimento em fases distintas.[12] Com efeito, nas arbitragens em que a extensão da cláusula compromissória pressuponha a análise de farta documentação, com possível sobreposição à matéria de fundo discutida, a preliminar será apreciada, muito provavelmente, juntamente ao mérito da disputa.

O momento procedimental oportuno para se decidir acerca da extensão da convenção arbitral a não signatários, portanto, deverá ser definido caso a caso, conforme a conveniência das partes ou as peculiaridades da disputa submetida à apreciação dos árbitros, conforme refletido nos precedentes CCI a seguir expostos.

---

[12] *"From a strictly procedural point of view, the issue of whether the arbitration clause signed by a company of the group should be extended to other companies of the same group – non-signatories – is an issue of jurisdiction that the parties sometimes ask the arbitral tribunal to decide in a partial award, in a preliminary phase of the arbitration. This is not always the possible. The decision on jurisdiction often depends upon facts of the case and therefore on the evidence that will be submitted by the parties on the merits"* (HANOTIAU, Bernard. *Complex Arbitration – Multiparty, Multicontract, Multi-issue and Class Actions*. The Hague: Kluwer Law International, 2005, p. 51).

6. O *LEADING CASE* CCI 4131/1982: *DOW CHEMICAL VS. ISOVER SAINT GOBAIN*

A prática arbitral CCI sobre a extensão da cláusula compromissória a parte não signatárias e grupos de sociedades tem seu principal marco em 1982,[13] com o *leading case Dow Chemical vs. Isover Saint-Gobain*. Considerando-se que parte substancial dos precedentes arbitrais supervenientes toma por referência essa decisão, ora para confirmá-la, ora para rejeitá-la, ora para nela se apoiar parcialmente, permita-se uma exposição detalhada de suas características fáticas e jurídicas.

6.1. Síntese dos fatos

A relação jurídica estabelecida entre as partes fundou-se em dois contratos de distribuição, celebrados em 1965 e 1968, dos quais constaram cláusulas compromissórias invocando o Regulamento CCI. Os contratos originários foram objeto de sucessivas cessões, resultando, finalmente, na seguinte estrutura negocial: de um lado, como fornecedores de equipamentos de isolamento, as sociedades suíças *Dow Chemical A.G.* e *Dow Chemical Europe*, ambas integrantes do grupo empresarial americano *Dow Chemical*, e do outro, como adquirente desses equipamentos, a sociedade francesa *Isover Saint-Gobain*. Restou estabelecido em ambos os contratos que a sociedade francesa *Dow Chemical France* ou qualquer outra subsidiária do *Grupo Dow Chemical* – ressalte-se, não signatárias dos dois contratos de distribuição acima apontados, mas integrantes do *Grupo Dow Chemical* – poderiam realizar as entregas dos produtos adquiridos pela *Isover Saint-Gobain*. No caso específico, foi a *Dow Chemical France* que sempre realizou essas entregas.

Algumas medidas judiciais foram ajuizadas pela *Isover Saint-Gobain* contra sociedades integrantes do *Grupo Dow Chemical*, nas quais se discutiam irregularidades em um produto *Dow Chemical* denominado *Roofmate*.

---

[13] Como se verá em seguida, o próprio *leading case Dow Chemical vs. Isover Saint-Gobain* faz referência a três precedentes arbitrais (um de 1974 e dois de 1975) em que se discutiu a extensão da cláusula compromissória a um não signatário com fundamento da teoria dos grupos de sociedades. Todavia, foi somente após o seu julgamento (em 1982) que a orientação aqui analisada se consagrou na prática arbitral internacional, e é por esse motivo que ele consiste no ponto de partida deste estudo. Para uma análise aprofundada dos precedentes arbitrais que antecederam ao *leading case Dow Chemical vs. Isover Saint-Gobain*, confira-se o Capítulo 3.1 da já mencionada dissertação de mestrado de Cristina Saiz Jabardo, denominada "Extensão da Cláusula Compromissória na Arbitragem Comercial Internacional: o caso dos grupos societários". São Paulo: Biblioteca de Direito Internacional da FDUSP, 2009, pp. 33 e segs. O resumo dessa dissertação pode ser consultado em [http://www.teses.usp.br/]. Acesso em 18.09.12.

Com fundamento nas cláusulas compromissórias inseridas nos contratos de 1965 e 1968, as sociedades *Dow Chemical A.G.* e *Dow Chemical Europe*, partes nessas avenças, bem como as partes não signatárias *Dow Chemical France* e *The Dow Chemical Company*, deram início a uma arbitragem contra a *Isover Saint-Gobain*, sustentando, em síntese, que a requerida era a única responsável pelas alegadas irregularidades com o produto *Roofmate*. Em sede de objeções preliminares, estabelecidas no termo de arbitragem, a *Isover Saint-Gobain* arguiu a incompetência do tribunal arbitral para apreciar os pedidos formulados pelas sociedades *Dow Chemical France* e *The Dow Chemical Company*, por não integrarem os contratos de fornecimento nem as respectivas cláusulas compromissórias. Em reunião preparatória da arbitragem, as partes concordaram que os árbitros, antes de enfrentar o mérito da disputa, apreciariam a objeção suscitada pela *Isover Saint-Gobain*.

6.2. A lei aplicável à interpretação da cláusula compromissória

Em 23 de setembro de 1982, o tribunal arbitral proferiu sentença parcial, apreciando a preliminar de incompetência levantada pela *Isover Saint-Gobain*. O primeiro ponto enfrentado consistiu na definição da lei aplicável à interpretação de quem seriam os integrantes do processo arbitral. A lei escolhida pelas partes para a solução do litígio, de acordo com os dois contratos de fornecimento, foi a da França. Diante disso, a *Isover Saint-Gobain* alegou que a lei escolhida pelas partes seria aplicável tanto ao mérito da disputa quanto à interpretação do alcance e dos efeitos das cláusulas compromissórias. De acordo com os árbitros, todavia, a lei aplicável ao mérito da disputa não coincidia, necessariamente, com a lei aplicável à interpretação da convenção arbitral. Adicionalmente, o Regulamento CCI então vigente (de 1975), tal como o Regulamento que o antecedeu (de 1955), afirmava a autonomia da cláusula compromissória em relação ao contrato, além de conferir aos árbitros poder para decidir sobre a sua própria competência, sem vinculação com a lei nacional.

Dessa forma, levando-se em consideração a intenção comum das partes, e observadas as peculiaridades na celebração, execução e extinção do contrato, os árbitros invocaram, para reger a interpretação da convenção de arbitragem, as regras do comércio internacional (*lex mercatoria*), com destaque para aquelas aplicáveis aos grupos de sociedades.

6.3. A negociação dos contratos

Os elementos de prova constantes do processo arbitral revelaram que, durante as tratativas mantidas com as sociedades posteriormente sucedidas

Cap. 3 – A EXTENSÃO DA CLÁUSULA COMPROMISSÓRIA

pela *Isover Saint-Gobain*, das quais resultou a assinatura dos contratos de fornecimento de 1965 e de 1968, a *Dow Chemical France*, embora não figurando como signatária, esteve no centro das negociações. Além disso, segundo os árbitros, os contratos não poderiam ter sido celebrados sem a aprovação da *The Dow Chemical Company*, titular das marcas dos produtos que seriam comercializados na França. Por essa razão, era irrelevante, para ambas as partes nos contratos, qual seria a sociedade integrante do Grupo *Dow Chemical* a figurar como efetiva signatária (razão pela qual não havia nenhum indício de discussão nesse sentido).

De acordo com o tribunal arbitral, portanto, as sociedades posteriormente sucedidas pela *Isover Saint-Gobain* tinham a convicção de estar celebrando contratos de distribuição com o conjunto de sociedades integrantes do Grupo *Dow Chemical*.[14]

6.4. A execução dos contratos

Ambos os contratos de 1965 e de 1968 indicaram a *Dow Chemical France* como a principal responsável pela entrega dos produtos à *Isover Saint-Gobain*. Em que pese existisse previsão de que qualquer outra empresa do Grupo *Dow Chemical* poderia efetuar as entregas, foi somente a *Dow Chemical France* que as realizou ao longo de todo o período de vigência dos contratos. Constatou-se, assim, que a *Dow Chemical France* desempenhou papel preponderante, tanto na celebração do contrato quanto na sua execução. No que tange à sociedade *The Dow Chemical Company*, as marcas dos produtos distribuídos pela *Isover Saint-Gobain* eram de sua titularidade, de modo que, mesmo na ausência de licença específica nesse sentido, foi manifesta a sua participação na fase de execução

---

[14] Karim Youssef defende a tese de que, nesse precedente, os árbitros não apenas aplicaram a teoria dos grupos de sociedades, como também a teoria da aparência. Confira-se: "*One aspect of the award has passed largely unnoticed. Specifically, the théorie de l'apparence is not only implicit in the rationale of the award (the reference to the existence of a single economic group that acts as such via-à-vis third parties) but also explicit in its language. The arbitration agreement signed by the members of a corporate group should bind other companies of the group `which by virtue of their role in the conclusion, performance, or termination of the contracts containing said clauses, and in accordance with the mutual intention of all parties to the proceedings, appear to have been veritable parties to these contracts [...]'. One is tempted to think that the fact that the non-signatory entities appeared to have been parties is the true basis for including them in the arbitral circle, rather than the systematic analysis of their consent. All the other elements that the Dow tribunal took into account, namely the specific context of a group, the parties' intentions and the involvement in the transaction, are indices that contributed to creating such an appearance*" ("The Limits of Consent: the right or obligation to arbitrate of non-signatories in group of companies", in *Multiparty Arbitration* (editado por Bernard Hanotiau e Eric Shwartz). Dossiers, ICC Institute of World Business Law: Paris, 2010, p. 80).

dos contratos. Além disso, ambos os instrumentos contratuais permitiam que as entregas dos produtos pudessem ser realizadas por qualquer subsidiária da *The Dow Chemical Company*, o que demonstra a ligação estabelecida entre a companhia-mãe americana e a cocontratante *Isover Saint-Gobain*.

6.5. A extinção dos contratos

A leitura, pelo tribunal arbitral, de diversas cartas trocadas entre as partes demonstrou que a *Dow Chemical France* desempenhou papel fundamental também na fase de extinção dos contratos, revelando, dessa forma, que ela era parte dessas avenças, bem como das respectivas cláusulas compromissórias. Chegou-se à mesma conclusão no que tange à sociedade *The Dow Chemical Company*, seja porque era dela a titularidade das marcas dos produtos entregues à *Isover Saint-Gobain*, seja porque ela detinha controle absoluto sobre todas as suas subsidiárias que possuíam relação direta com o negócio, nas respectivas fases de celebração, execução e extinção do contrato. Além disso, os árbitros ressaltaram que a *Isover Saint-Gobain*, nas acima referidas demandas judiciais ajuizadas contra sociedades do Grupo *Dow Chemical* – antes do início da arbitragem, relembre-se –, havia afirmado que a sociedade *The Dow Chemical Company* era a titular das patentes e a responsável pela organização da produção do *Roofmate*, razão pela qual teria responsabilidade direta sobre eventuais irregularidades desse produto.

6.6. A aplicação da denominada teoria dos grupos de sociedades

Era fato incontroverso na arbitragem que a *Dow Chemical Company* detinha o efetivo controle sobre as suas subsidiárias que figuraram como signatárias dos contratos e sobre as suas subsidiárias que, tal como a *Dow Chemical France*, participaram da negociação, execução ou extinção do contrato. Dessa forma, entenderam os julgadores que, independentemente de cada uma dessas sociedades possuir personalidade jurídica própria, o grupo *Dow Chemical* consiste em realidade econômica única, a ser considerada pelo tribunal arbitral na análise de sua competência para dirimir o conflito a ele submetido.

Segundo os árbitros, o fato de as cláusulas compromissórias terem sido expressamente aceitas por algumas das sociedades do Grupo *Dow Chemical* implicou a vinculação das demais sociedades do grupo, dada a sua participação na celebração, execução ou extinção dos contratos – nos quais estavam inseridas as convenções arbitrais. Por essa razão, foram consideradas partes dos contratos não apenas as sociedades signatárias, mas também aquelas

Cap. 3 – A EXTENSÃO DA CLÁUSULA COMPROMISSÓRIA

que deles participaram e que neles possuíam interesse direto, bem como nos eventuais litígios decorrentes dessas avenças.

Os árbitros destacaram que a posição por eles tomada ia ao encontro de precedentes arbitrais[15] da própria CCI – n.ºs 2.375/1975 e 1.434/1975 –, segundo os quais se atribuiu importância à efetiva realidade econômica discutida, restando observadas as necessidades do comércio internacional. O tribunal arbitral referiu-se, também, ao precedente CCI n.º 2.138/1974, no qual foi rejeitada a extensão da cláusula compromissória, tendo em vista que não havia sido demonstrada a efetiva participação da parte não signatária no contrato. Todavia, segundo os julgadores, o caso *Dow Chemical vs. Isover Saint-Gobain* englobava elementos suficientes a fazer prova da efetiva vontade das partes, signatárias e não signatárias, de escolherem a via arbitral.

Foi apontado pelos árbitros, adicionalmente, que a referida demanda judicial, ajuizada, antes do início da arbitragem, pela *Isover Saint-Gobain* contra a *The Dow Chemical Company* e a *Dow Chemical Europe*, havia sido rechaçada pela Corte de Apelação de Paris, tendo em vista que a matéria litigiosa nela debatida decorria diretamente dos contratos de 1965 e 1968, dos quais, como se viu, constava convenção arbitral. Destacaram os árbitros, ainda, que, por meio dessa mesma decisão judicial, a Corte de Apelação de Paris havia apreciado o mérito relativo a uma outra disputa entre a *Isover Saint-Gobain* e a *Dow Chemical France*, ressaltando, todavia, que a demanda fundava-se em responsabilidade extracontratual, e que a ré não havia invocado a existência de cláusula compromissória – não tendo questionado, portanto, a competência do Poder Judiciário francês para julgar esse pedido específico.

6.7. A decisão dos árbitros

Com fundamento nos argumentos acima expostos, o tribunal arbitral considerou-se competente para apreciar os pedidos formulados contra a *Isover Saint-Gobain* pelas sociedades signatárias *Dow Chemical A.G.* e *Dow Chemical Europe*, e pelas sociedades não signatárias *The Dow Chemical Company* e *Dow Chemical France*. Os árbitros destacaram que a decisão não violava a ordem pública internacional e ressaltaram o fato de que o ordenamento jurídico francês não continha nenhuma norma que proibisse a extensão da cláusula compromissória a parte não signatária, integrante

---

[15] Sobre a crescente importância dos precedentes na prática arbitral internacional, confira--se o artigo "Arbitral Precedent: Dream, Necessity or Excuse?", de autoria de Gabrielle Kaufmann-Kohler (in *Arbitration International*, Kluwer Law International 2007, vol. 23, Issue 3, pp. 357-378).

de um mesmo grupo empresarial. A decisão, segundo os árbitros, ia ao encontro das necessidades do comércio internacional, com relação às quais as regras de arbitragens internacionais deveriam estar atentas.

Questão submetida ao Poder Judiciário da França

Inconformada com a sentença parcial, a *Isover Saint-Gobain* recorreu ao Poder Judiciário francês, visando à declaração de sua nulidade. A Corte de Apelação de Paris, em 21.10.1983, rechaçou a pretensão da *Isover Saint-Gobain*, cujos fundamentos serão expostos no item 10.1 deste Capítulo, junto aos demais precedentes judiciais franceses que se debruçaram sobre a extensão subjetiva da convenção arbitral no âmbito de grupos de sociedades.

7. PRECEDENTES CCI EM QUE SE PERMITIU A EXTENSÃO DA CONVENÇÃO ARBITRAL A PARTES NÃO SIGNATÁRIAS NO ÂMBITO DE GRUPOS DE SOCIEDADES

Os casos a seguir expostos não representam a integralidade dos precedentes CCI em que houve manifestação favorável dos árbitros à extensão da cláusula compromissória no âmbito de grupos de sociedades. Trata-se de uma seleção de seis sentenças arbitrais nas quais a questão foi expressamente discutida.

Nas arbitragens analisadas nesta seção, a extensão da cláusula compromissória não consistiu em sanção declarada a comportamento abusivo ou fraudulento de uma das partes contratantes – conquanto seja possível constatar, em alguns deles, a presença de elementos autorizadores da aplicação da teoria da desconsideração da personalidade jurídica –, tendo os árbitros verificado a presença de provas concretas de que a parte não signatária havia participado ativamente de pelo menos uma das fases contratuais, manifestando, dessa forma, inequívoco consentimento à respectiva convenção arbitral.

7.1. Caso CCI 6519/1991[16]

Extensão fundamentada em aceitação implícita, mas inequívoca, da convenção de arbitragem pela parte não signatária.

---

[16] ARNALDEZ, Jean-Jacques; DERAINS, Yves; HASCHER, Dominique (org.). *Collection of ICC Arbitral Awards*, 1991-1995. Paris: Kluwer Law International, 1997, pp. 420-428.

Cap. 3 – A EXTENSÃO DA CLÁUSULA COMPROMISSÓRIA

Foi estabelecido o *Protocolo de Acordo* ("Protocolo") entre o Sr. M. XA, controlador do grupo francês X, e a sociedade YA, integrante do grupo empresarial inglês Y, com o objetivo de se constituir, conjuntamente, uma *holding*, por sua vez responsável por controlar uma sociedade denominada XB. De acordo com o Protocolo, as partes obrigaram-se a aportar na sociedade XB uma determinada quantidade de ações, representativas de participações diversas mantidas em seus respectivos grupos de sociedades. Constava do Protocolo cláusula compromissória invocando o Regulamento CCI.

Em virtude de alegado comportamento culposo da sociedade YA, a operação comercial não foi adiante, razão pela qual o Sr. M. XA, signatário do Protoloco, junto às sociedades XB, XC e XD, todas integrantes do grupo X e não signatárias do Protocolo, iniciaram arbitragem contra YA.

YA suscitou a incompetência do tribunal arbitral no que tange às sociedades XB, XC e XD, tendo em visto não serem signatárias da respectiva cláusula arbitral. Os árbitros entenderam que, efetivamente, XC e XD não poderiam figurar no polo ativo do processo arbitral, pois, além de não signatárias da convenção arbitral, não haviam assumido obrigações em nome próprio no Protocolo. Com relação à sociedade XB, contudo, entenderam os árbitros que ela estava no "coração das negociações", era peça fundamental ao sucesso do Protocolo e, principalmente, adotou medidas para alterar seu próprio estatuto social, observando, portanto, os objetivos do Protocolo. Em virtude desse comportamento da sociedade XB, ela teria ratificado implicitamente os termos estipulados em seu favor, inclusive a cláusula compromissória, razão pela qual entendeu o tribunal arbitral ser competente para julgar a arbitragem iniciada pelo Sr. M. XA e pela sociedade XB.

7.2. Casos CCI 7604 e 7610/1995[17]

Extensão fundamentada em declaração expressa, pela parte não signatária, nos autos de ação judicial que corria em paralelo à arbitragem, de que toda demanda decorrente do contrato deveria ser levada à arbitragem, manifestando, dessa forma, sua inequívoca aquiescência à cláusula compromissória.

A sociedade A contratou a sociedade B para o desenvolvimento de um *software*, por meio de instrumento do qual constou convenção arbitral

---
[17] ARNALDEZ, Jean-Jacques; DERAINS, Yves; HASCHER, Dominique (org.). *Collection of ICC Arbitral Awards*, 1996-2000. Paris: Kluwer Law International, 2003, pp. 511-516.

invocando o Regulamento CCI. A sociedade A extinguiu o contrato, dando início, ato contínuo, a processo arbitral contra B e contra C, sua controladora, formulando pedido de reembolso de quantias já pagas. A requerente alegou que a sociedade B não era autônoma e que a sociedade C havia participado da negociação, celebração, execução e extinção do contrato. Também alegou a demandante que a sociedade C havia formulado proposta, anteriormente, de submeter a disputa a arbitragem. Preliminarmente, o tribunal arbitral apreciou a sua própria competência para julgar demanda proposta em face de parte não signatária da convenção arbitral.

Segundo os árbitros, os documentos apresentados pelas partes demonstraram que a intervenção da sociedade C na fase das tratativas, por meio da emissão de carta de garantia, deu-se de forma incidente, o que não justificava a sua qualificação como parte do contrato.

No que tange à execução da avença, o exame minucioso dos fatos revelou, em síntese, que: (a) ambas as sociedades requeridas tinham funcionários em comum; (b) em diferentes ocasiões, B e C utilizaram o papel timbrado uma da outra, nas relações mantidas com terceiros; (c) que a sociedade B chegou a sugerir que a requerente fizesse contato com a sociedade C, a fim de resolver problemas técnicos no *software* encomendado por meio do contrato; (d) que a sociedade B convidou a sociedade A para participar de seminários nos quais foram instruídos os representantes da sociedade C; e (e) que houve confusão criada em A. Ainda assim, os documentos não demonstraram que a requerente se teria dirigido à sociedade C para regular aspectos relativos à execução do contrato, na convicção de que ela também seria parte no contrato, ao lado de B. Adicionalmente, era a sociedade B que dispunha do *know-how* necessário à completa execução do serviço para o qual fora contratada, e foi a ela que a requerente pagou o preço ajustado. Finalmente, a sociedade A não conseguiu demonstrar que a sociedade C seria pessoalmente interessada na realização do negócio ou nos litígios que dele pudessem decorrer, salvo indiretamente, dada a sua participação no capital social de sua filial B, o que se não mostrava suficiente a permitir a extensão da convenção arbitral à parte não signatária.

A demandante também não foi capaz de demonstrar aos árbitros a participação de C na extinção do contrato. Dessa forma, mesmo que, para os administradores da sociedade A e a sociedade C, o contrato pudesse ser inserido em contexto mais amplo de aliança entre grupos, isso também não seria suficiente a estender a convenção de arbitragem à sociedade C.

Por fim, os árbitros procederam à análise de documentos trocados pelas partes nos autos de demandas judiciais mantidas entre elas em paralelo à arbitragem. Com efeito, em uma determinada ação judicial ajuizada perante o Poder Judiciário da Argélia, a sociedade C reconheceu expressamente

Cap. 3 – A EXTENSÃO DA CLÁUSULA COMPROMISSÓRIA

que o fundamento do litígio travado entre as partes não poderia ser ali discutido, mas sim em arbitragem conforme o Regulamento CCI. Dessa forma, a sociedade C teria manifestado a sua aquiescência ao contrato e à convenção arbitral.[18]

Com esses fundamentos, o tribunal arbitral reconheceu a sua competência para julgar o litígio contra a sociedade C, não signatária da convenção arbitral.

7.3. Caso CCI 10510/2000[19]

Extensão fundamentada na adoção, pela parte não signatária, de papel ativo na celebração, execução e extinção do contrato, e no fato de que ela era interessada direta na avença, bem como nos litígios dela decorrentes. Além disso, as partes signatária e não signatária atuaram como se fossem um verdadeiro grupo empresarial.

A sociedade B-França celebrou com a sociedade japonesa S contrato de distribuição, por meio do qual S foi autorizada a distribuir, em todo o território do Japão, os produtos de luxo fabricados por sua cocontratante. Constou desse instrumento uma cláusula compromissória invocando o Regulamento CCI. Posteriormente, o contrato foi encerrado, tendo as sociedades B-França e sua subsidiária integral B-Japão dado início a arbitragem contra S, na qual formularam pedido indenizatório. A sociedade S, preliminarmente, suscitou a incompetência dos árbitros para apreciar demanda formulada por B-Japão, não signatária da convenção arbitral.

O tribunal arbitral considerou que a sociedade B-Japão havia desempenhado, com o conhecimento da sociedade S, papel ativo na celebração, execução e extinção do contrato de distribuição, e que ela era diretamente interessada no negócio e nas disputas que dele decorreram. Ressaltou-se que o Sr. Z, principal executivo da sociedade B-Japão, também se apresentava como representante da sociedade B-França, tendo enviado correspondências à sociedade S ora com papel timbrado da B-Japão, ora com papel timbrado da

---

[18] O Professor Arnoldo Wald vislumbra nesse precedente a aplicação da regra que veda o comportamento contraditório: "Aplicou-se, assim, em última análise, a regra que proíbe o *venire contra factum proprium*, decorrente do princípio da boa-fé" ("A Arbitragem, os Grupos Societários e os Conjuntos de Contratos Conexos", in *Revista de Arbitragem e Mediação*, n. 2, Ano 1, RT, 2004, p. 37).

[19] HANOTIAU, Bernard. *Complex Arbitration – Multiparty, Multicontract, Multi-issue and Class Actions*. The Hague: Kluwer Law International, 2005, p. 94.

B-França. De forma semelhante, o Sr. X, presidente da sociedade B-França, havia enviado cartas à sociedade S com papel timbrado da B-Japão. Além disso, foi o Sr. Z que (a) havia apresentado o Grupo B à sociedade S, (b) celebrado a primeira minuta do contrato de distribuição contendo a cláusula compromissória, (c) constituído a sociedade B-Japão e (d) contribuído intensamente para a conclusão do contrato de distribuição. Adicionalmente, durante a execução do contrato, os contatos mantidos com B-França ocorreram por meio da sociedade B-Japão e a decisão de se encerrar o contrato foi tomada em sua sede, razão pela qual ela foi considerada intimamente ligada a esse ato e às suas consequências.

Concluiu o tribunal arbitral, dessa forma, que era evidente que as sociedades B-França e B-Japão haviam atuado como verdadeiro grupo, seja na celebração do contrato, seja na sua execução, seja na sua extinção. Por essa razão, a cláusula compromissória foi estendida à sociedade B-Japão (não signatária).

7.4. Caso CCI 5103/1988[20]

Extensão fundamentada no argumento de que, durante todas as fases da relação contratual, as sociedades integrantes do grupo empresarial atuaram como se fossem uma só entidade, em manifesta confusão entre elas, e que no negócio como um todo prevaleceu o interesse do grupo.

Três sociedades europeias, A, B e C, todas integrantes do Grupo X, com atuação no ramo de produtos fosfatados, iniciaram arbitragem contra quatro sociedades tunisianas, D, E, F e G, produtoras desses mesmos produtos. O litígio decorreu de impasses nas relações comerciais e financeiras entre as partes.

As requeridas suscitaram a caducidade das cláusulas compromissórias invocadas pelas requerentes. As requeridas também apresentaram, subsidiariamente, demanda reconvencional em face das requerentes. Alegaram as sociedades D, E, F e G a existência de ações judiciais já em curso entre as partes, tanto na França quanto na Tunísia, razão pela qual o tribunal arbitral teria competência para apreciar apenas os pedidos reconvencionais, e não os pedidos inseridos no requerimento de

---

[20] A arbitragem foi sediada em Paris, França. JARVIN, Sigvard; DERAINS, Yves; ARNALDEZ, Jean-Jacques. *Collection of ICC Arbitral Awards*, 1986-1990. Paris: Kluwer Law International, 1994, pp. 361-370.

Cap. 3 – A EXTENSÃO DA CLÁUSULA COMPROMISSÓRIA

arbitragem. Em nova manifestação, as requerentes suscitaram preliminar de litispendência à demanda reconvencional. Após decidir outras questões, estranhas ao objeto deste estudo, os árbitros passaram a apreciar a sua competência para julgar o litígio.

Autorizado a julgar por equidade, o tribunal arbitral acolheu, parcialmente, ambas as demandas principal e reconvencional, determinando a compensação entre dívidas recíprocas decorrentes da sentença. Para a condenação solidária das sociedades A, B e C, os árbitros invocaram a teoria do grupo de sociedades. Com efeito, os julgadores entenderam que as requerentes, durante a conclusão do contrato, a sua execução, o inadimplemento e a sua renegociação, comportaram-se, perante os cocontratantes, como as verdadeiras partes dos contratos em questão, e citaram diversos precedentes arbitrais que haviam sido decididos no mesmo sentido, a exemplo do *Caso Dow Chemical vs. Isover Saint-Gobain.* Na hipótese específica, o tribunal encontrou provas suficientes da existência de unidade econômica dentro do grupo a que pertenciam as requerentes, caracterizada pela confusão entre elas, a indicar que o interesse do grupo tinha prevalência sobre o de cada uma de suas sociedades integrantes. Para a segurança das relações comerciais internacionais, impôs-se, segundo o tribunal arbitral, o reconhecimento dessa unidade econômica, pois que as sociedades se beneficiaram direta ou indiretamente do negócio, razão pela qual foram condenadas solidariamente.

7.5. Caso CCI 5730/1988[21]

Caso Orri vs. Société des Lubrifiants Elf Aquitaine: Extensão fundamentada na existência de confusão entre as sociedades do grupo empresarial e o seu acionista controlador.

A sociedade A celebrou com o Sr. Z e um de seus empregados, o Sr. E, o *Memorandum,* do qual não constava cláusula compromissória e no qual se estabeleceu cronograma de pagamento de faturas pendentes. Esse documento foi impresso no timbre da sociedade X S.A. No mesmo dia, foi celebrado o "Contrato de Fornecimento", impresso na forma padrão dos contratos utilizados pela sociedade A. Nesse documento,

---

[21] ARNALDEZ, Jean-Jacques; DERAINS, Yves; HASCHER, Dominique (org.). *Collection of ICC Arbitral Awards,* 1986-1990. Paris: Kluwer Law International, 1994, pp. 410 e segs.; HANOTIAU, Bernard. *Complex Arbitration – Multiparty, Multicontract, Multi-issue and Class Actions.* The Hague: Kluwer Law International, 2005, pp. 44-45.

figurou como compradora a sociedade X, também representada pelo Sr. Z. Seu nome foi posteriormente excluído do contrato, sendo substituído pelo já mencionado Sr. E. Esse contrato continha cláusula de arbitragem invocando o Regulamento CCI, e nele foram definidas as condições por meio das quais a sociedade X poderia comercializar óleos lubrificantes nos principais portos do mundo, necessários à operação de navios indicados naquele instrumento.

As partes se desentenderam, e a sociedade A iniciou arbitragem contra o Sr. Z, a sociedade X S.A. e a sociedade X, sob o fundamento de que os réus não pagaram várias faturas pendentes. Em que pese não tenha sido signatária do Contrato de Fornecimento, a sociedade X S.A. não questionou a competência do tribunal arbitral, além de ter afirmado que ela e a sociedade X seriam a mesma pessoa. O Sr. Z, todavia, questionou a competência dos árbitros, alegando não ter assinado o Contrato de Fornecimento.

Após se debruçar sobre os fatos apresentados pelas partes, o tribunal arbitral chegou à conclusão de que o Sr. Z era, efetivamente, parte de ambos os contratos, estando vinculado, consequentemente, à convenção arbitral prevista em um deles. Segundo os árbitros, perante terceiros, todas as sociedades de que era acionista controlador o Sr. Z formavam, inequivocamente, um grupo empresarial dele dependente, conforme já havia sido reconhecido em diversas decisões judiciais. Ainda, afirmou-se que, também perante terceiros, o Sr. Z havia criado grande confusão entre as suas sociedades, sobretudo sob o aspecto gerencial. Após essas considerações, o tribunal arbitral concluiu que, desde o início das negociações, a sociedade A havia negociado com a sociedade X e, portanto, com o Sr. Z. Dessa forma, os expedientes irregulares engendrados pelo Sr. Z para evitar a sua responsabilização pessoal não poderiam ser opostos à sociedade A.[22]

---

[22]   O Professor Bernard Hanotiau informa que, dois anos após esse julgamento, o Sr. Z foi réu no caso CCI n.° 5721/1990, no qual os árbitros concluíram que a ele não poderia ser estendida convenção arbitral assinada pela sociedade X. Os árbitros entenderam que, diante das circunstâncias do caso concreto, não era possível identificar indícios de que a sociedade X teria sido indevidamente utilizada para a realização de negócios pessoais do Sr. Z. Transcreva-se pequeno trecho da parte conclusiva desse precedente: *"An arbitration body must be very circumspect in matters of extending the effect of a clause to a director or manager who has acted strictly in an official capacity. Any such extension presupposes that the artificial person has been no more than the business implement of the natural person, so that one can ascribe to the natural person the contracts and undertakings signed by the artificial person. In the present case the presumptions listed above do not afford complete certainty in this regard"* (Complex Arbitration – Multiparty, Multicontract, Multi-issue and Class Actions. The Hague: Kluwer Law International, 2005, pp. 45/46).

Cap. 3 - A EXTENSÃO DA CLÁUSULA COMPROMISSÓRIA

Contra essa sentença arbitral, o Sr. Z ajuizou demanda declaratória de nulidade, julgada, em penúltima e última instância, respectivamente, pela Corte de Apelação de Paris e pela Corte de Cassação. Ambas as decisões serão expostas adiante, no item 10.1. deste Capítulo.

7.6. Caso CCI 11160/2002[23]

Extensão fundamentada nos seguintes argumentos: (a) existência de confusão entre as sociedades do mesmo grupo que contrataram com a parte requerente; (b) assunção, pela parte não signatária, das obrigações contratuais da parte signatária; (c) presença de administradores comuns às sociedades signatária e não signatária; (d) as correspondências relativas ao contrato eram enviadas à parte não signatária; (e) o beneficiário final do contrato era a parte não signatária; e (f) a parte não signatária participou de todas as etapas contratuais.

A sociedade A, filial de companhia de engenharia latino-americana (sociedade C), celebrou com a sociedade B, subsidiária integral de companhia europeia de engenharia (sociedade D), contrato para a consecução de serviços ligados a projeto de desenvolvimento sob a responsabilidade de consórcio de companhias internacionais, dentre elas a sociedade D. Constou do contrato cláusula compromissória invocando o Regulamento CCI.

Surgido o litígio, a sociedade latino-americana C (não signatária) iniciou arbitragem contra a subsidiária B (signatária) e sua controladora europeia D (não signatária). Preliminarmente, as requeridas alegaram que a sociedade C não era parte do contrato, mas sim sua filial A, e que a sociedade D também não era parte na avença.

No que tange à sociedade requerente C (não signatária), o árbitro único afirmou que, de acordo com o Código Comercial venezuelano, companhias constituídas fora do país, mas com filiais na Venezuela, devem manter a sua nacionalidade e devem ser reputadas domiciliadas naquele país. Ainda de acordo com o Código Comercial venezuelano, as filiais dessas sociedades são consideradas mera extensão de sua controladora. Por esse motivo, a sociedade C pôde figurar na arbitragem como requerente.

---

[23] A arbitragem foi sediada em Caracas, Venezuela. *ICC International Court of Arbitration Bulletin*, vol. 16, n. 2, 2005, pp. 99-101.

Com relação às partes requeridas B e sua controladora europeia D, o julgador ressaltou que a regra geral sempre foi a de que as sociedades integrantes do mesmo grupo empresarial possuem personalidade jurídica própria, razão pela qual a convenção de arbitragem produz efeito apenas entre as partes do respectivo contrato. Todavia, a realidade comercial contemporânea levou ao reconhecimento de várias exceções a essa regra, na maioria das vezes com o objetivo de reprimir fraudes contra terceiros e comportamento de má-fé.

As provas apresentadas pelas partes indicaram a existência de relação íntima e inseparável entre a sociedade subsidiária B e sua controladora europeia D. Durante as tratativas, as conversas de conteúdo operacional e legal sempre ocorreram entre as sociedades C e D, e os pagamentos realizados na fase inicial do contrato foram todos feitos por D. Os executivos de D e B responsáveis pelo projeto eram as mesmas pessoas. A maior parte das reuniões relativas ao projeto não ocorreu em Caracas, mas na Inglaterra, onde a controladora europeia D mantinha a sede do projeto. Explicou-se, ainda, que a sociedade B fora constituída com o objetivo legítimo de lançar mão de determinada isenção tributária concedida pela Venezuela. Os documentos também indicaram que a controladora europeia D tinha a rédea do projeto, e era a seus executivos que a parte requerente enviava as respectivas correspondências. Paralelamente ao contrato em discussão, estabeleceu-se, no âmbito do referido consórcio internacional, que as sociedades que o integravam, bem como B e D, seriam solidariamente responsáveis no que tange a determinadas obrigações. Adicionalmente, concluiu-se que o beneficiário final do projeto era a sociedade D. Inferiu-se, portanto, desse conjunto probatório, a participação ativa de D na negociação, preparação e execução do contrato, bem como a intenção das partes de estender-lhe a cláusula compromissória.

Fundado nesses argumentos, o árbitro declarou-se competente para julgar a demanda da sociedade C em face de ambas as sociedades requeridas B (signatária) e D (não signatária).

8. PRECEDENTES CCI EM QUE NÃO SE PERMITIU A EXTENSÃO DA CONVENÇÃO ARBITRAL A PARTES NÃO SIGNATÁRIAS NO ÂMBITO DE GRUPOS DE SOCIEDADES

Os casos a seguir apresentados consistem em seleção de seis precedentes CCI contrários à extensão da cláusula compromissória a parte não signatária integrante de grupo de sociedades. Em todos eles, os árbitros não vislumbraram a presença de elementos comprobatórios de que a parte não

Cap. 3 – A EXTENSÃO DA CLÁUSULA COMPROMISSÓRIA

signatária teria concordado, inequivocamente, em aderir a uma convenção arbitral – defluindo de sua leitura a constatação de que, para os julgadores, a mera existência de grupo empresarial não implica a necessária extensão da cláusula arbitral a outras sociedades que o integram.

8.1. Caso CCI 4504/1985[24]

Extensão negada porque não foi apresentada pela requerente prova suficiente de que a parte não signatária, controlada pela parte signatária, teria manifestado sua concordância à cláusula arbitral. Além disso, em que pese a parte signatária e a não signatária tivessem um representante legal em comum, todas as manifestações desse representante foram feitas apenas em nome da parte signatária.

A sociedade A comprometeu-se a entregar à sociedade B uma determinada quantidade de compensados, em contrato do qual constou cláusula compromissória invocando o Regulamento CCI. Denunciado o contrato por B, a sociedade A instaurou arbitragem contra ela e contra a sociedade C, subsidiária integral de B, requerendo o pagamento de saldo em aberto. Em demanda reconvencional, B formulou pedido indenizatório contra A, com fundamento em outros dois contratos anteriormente celebrados entre elas. Preliminarmente, os árbitros analisaram a sua competência para julgar a demanda em face de C, não signatária do contrato nem da convenção arbitral.

Invocando a lei suíça, o tribunal arbitral afirmou que, para a validade da arbitragem, era preciso demonstrar a existência de cláusula compromissória por escrito e assinada pelas partes. Dessa forma, em tese, um terceiro não signatário não poderia ser obrigado a participar de processo arbitral.[25] Em que pese a requerente tenha reconhecido essa exigência do

---

[24] A arbitragem foi sediada em Genebra, Suíça. JARVIN, Sigvard; DERAINS, Yves; ARNALDEZ, Jean-Jacques. *Collection of ICC Arbitral Awards*, 1986-1990. Paris: Kluwer Law International, 1994, pp. 279-292.

[25] Em comentário específico a esse precedente, Sigvard Jarvin afirma que a escolha da sede da arbitragem interfere na extensão da cláusula compromissória, tendo vista que a exigência, pela lei da Suíça, de cláusula compromissória escrita, concede àquele país uma vantagem quanto à previsibilidade: "Ne doit-on pas constater que le choix du lieu d'arbitrage ne manque toujours pas d'intérêt pour déterminer la portée de la clause compromissoire. Dans ce contexte la Suisse offre, grâce à l'exigence dans son Concordat de la forme écrite, un avantage de prévisibilité" (*Collection of ICC Arbitral Awards*, 1986-1990. Paris: Kluwer Law International, 1994, p. 291).

direito suíço, ela afirmou que a sociedade C (não signatária), ainda assim, poderia ser obrigada a participar da arbitragem, tendo em vista a alegada existência de relações institucionais unindo-a à sociedade B. Com efeito, segundo a requerente, as sociedades B e C integrariam o mesmo grupo empresarial, sendo C integralmente controlada por B. A sociedade B teria dois representantes legais, sendo um deles também representante legal de C. Refutando esses argumentos, B e C alegaram que as duas sociedades seriam entes jurídicos distintos.

Os árbitros entenderam que B e C eram duas sociedades distintas, dotadas de personalidades jurídicas autônomas, capazes, portanto, de contratar separadamente, sem que as obrigações de uma se estendessem à outra.

A requerente alegou, ainda, que a sociedade C, após a assinatura do contrato apenas por B, teria se comportado como verdadeira parte da avença, ratificando seus termos, o que foi veementemente negado pelas requeridas. Ainda segundo a requerente, o Sr. X, presidente de C, teria tido participação bastante destacada por ocasião da primeira alteração do contrato firmado entre A e B.

Para o tribunal arbitral, o Sr. X seria o legítimo representante legal de B, tendo assinado a alteração contratual, inequivocamente, em nome dessa sociedade, razão pela qual não se poderia alegar ter ocorrido, naquele momento, qualquer confusão entre B e C. Dessa forma, a assinatura do Sr. X não poderia ter vinculado a sociedade C. Além disso, a própria redação do primeiro aditivo ao contrato deixou claro que apenas A e B eram partes na avença.

No que tange à intervenção do Sr. X na execução do contrato, os telex e as cartas por ele assinados revelaram a sua atuação tão somente em nome da sociedade B. Isso não bastasse, os documentos demonstraram que a única sociedade diretamente interessada no resultado das negociações levadas a efeito pelo Sr. X era B. Por esse motivo, o Sr. X, ao utilizar nessas missivas as expressões "nossa sociedade", "nosso contrato" e "nossas pretensões", referiu-se apenas à sociedade B, bem como ao contrato celebrado entre ela e a requerente.

A participação da sociedade C na execução do contrato não implicou a sua ratificação nem a concordância com a cláusula compromissória, e a atuação do Sr. X, em nome apenas de B, era claramente reconhecível pela sociedade A.

Especificamente quanto à resolução do contrato, restou claro que as correspondências assinadas pelo Sr. X demonstravam a sua atuação como representante da sociedade B, e não de C.

Em apoio às suas alegações, a requerente invocou precedentes de sentenças arbitrais da CCI – n.ºs 1434/1975, 2375/1975 e 4131/1982 (*caso Dow Chemical vs. Isover Saint-Gobain*). Enfrentando os fatos

Cap. 3 – A EXTENSÃO DA CLÁUSULA COMPROMISSÓRIA

subjacentes a essas decisões, as requeridas demonstraram a sua inaplicabilidade ao caso específico.

O tribunal arbitral, após fazer referência a diversos precedentes arbitrais e judiciais, segundo os quais apenas em hipóteses excepcionais seria possível estender a cláusula compromissória a parte não signatária, concluiu que a requerente não foi capaz de apresentar elementos dos quais se pudesse inferir nem mesmo um começo de prova de que a sociedade C teria aceitado a sua qualidade de parte na arbitragem, razão pela qual entenderam-se incompetentes para julgar demanda arbitral contra a sociedade C (não signatária).

8.2. Caso CCI 9873/1999[26]

Extensão negada sob o argumento de que a parte requerente da extensão não foi capaz de comprovar que a filial não signatária teria manifestado, sequer implicitamente, vontade de integrar a convenção arbitral. A mera existência de grupo empresarial não implica a extensão da cláusula arbitral a outras sociedades que o integram.

Em 01.01.1985, foi firmado contrato de representação entre sociedade tunisiana A e sociedade alemã B, no qual se estabeleceu cláusula de arbitragem invocando o Regulamento CCI. Em 04.06.1992, a sociedade A celebrou com uma subsidiária integral de B na Turquia, a sociedade C, contrato de cooperação técnico-comercial e de representação exclusiva, do qual não constou convenção arbitral.

As sociedades B e C formavam um grupo empresarial, com direção econômica única, o que se revelava por meio de ações de coordenação, recomendação, repartição de comandos, ou seja, de influência coercitiva de B sobre a sua filial C.

Os árbitros fizeram referência a lições doutrinárias e a precedentes arbitrais reiterados no sentido de que o simples fato de uma sociedade ser controlada por outra, no âmbito de grupo empresarial, não é suficiente a justificar a desconsideração de sua personalidade jurídica, a fim de se atingir a sociedade que a controla, e que uma convenção arbitral somente é apta a vincular as partes que a ela tenham aderido.

Os documentos apresentados pelas partes foram incapazes de revelar elementos incontestáveis e suficientes a comprovar que a filial C teria

---

[26] A arbitragem foi sediada em Paris, França. *ICC International Court of Arbitration Bulletin*, vol. 16, n. 2, 2005, pp. 85-87.

manifestado, mesmo que implicitamente, vontade de aderir à convenção arbitral firmada entre as sociedades A e B. Na troca de correspondência realizada ao fim da relação contratual, A afirmou à sociedade B "que a relação negocial que nos liga é independente, jurídica e economicamente, da nossa relação com [a filial C]", e que o "fato de [a filial C] ser sua filial em 100% não impede que ela constitua uma entidade jurídica à parte".[27] Adicionalmente, a sociedade A afirmou à sociedade B, por escrito, que os dois contratos jamais poderiam ser considerados como uma só realidade. Além disso, em outra troca de correspondências analisada pelos árbitros, constatou-se que a sociedade B teria indicado à sociedade A que eventuais reclamações acerca de obrigações contratuais relativas à filial C deveriam ser direcionadas à própria filial, e não à sua controladora B – reforçando--se, assim, a demonstração da autonomia de C.

Com esses fundamentos, o tribunal arbitral rechaçou a pretensão da de-mandante de estender à sociedade C (não signatária) a convenção arbitral.

8.3. Caso CCI 9839/1999[28]

Extensão negada sob o fundamento de que um terceiro não signatário somente pode ser considerado beneficiário do contrato e parte na arbi-tragem se isso decorrer da efetiva intenção das partes signatárias.

O escritório de advocacia Q, com filiais em vários países – todas contendo o nome de Q –, era especializado em operações internacionais de fusões e aquisições. Q-Espanha era a filial espanhola de Q. Q-Z era uma filial de Q nos Estados Unidos. Depois de demitir o diretor da filial americana (Q-Z) em virtude de desempenho abaixo do padrão esperado, o Sr. S, presidente de Q, recrutou o Sr. YY como o novo representante nos Estados Unidos. Q e Q-Z celebraram um acordo por meio do qual Q-Z se tornou o representante exclusivo de Q nos Estados Unidos, por um período inicial de vinte e quatro meses. Desde o início do acordo, Q e Q-Z tiveram desentendimentos, do que resultou a extinção do contrato alguns meses de-pois. Antes do fim da relação contratual, Q-Z esteve envolvida na aquisição de U, uma companhia espanhola, pelo Grupo MM, com sede nos EUA. Por esse serviço, Q-Z recebeu da companhia americana honorários de êxito. De acordo com o que havia sido pactuado com Q, Q-Z havia se obrigado a lhe

---

[27]   *ICC International Court of Arbitration Bulletin*, vol. 16, n. 2, 2005, p. 86.
[28]   HANOTIAU, Bernard. *Complex Arbitration – Multiparty, Multicontract, Multi-issue and Class Actions*. The Hague: Kluwer Law International, 2005, pp. 91-92.

Cap. 3 – A EXTENSÃO DA CLÁUSULA COMPROMISSÓRIA

pagar uma porcentagem dos honorários de êxito. Q, por sua vez, obrigava-se a pagar à sociedade Q-Espanha parte do que recebesse, dada a sua presença no país em que se encontrava sediada a companhia objeto da negociação. Q-Z deixou de honrar a obrigação de repassar parte dos honorários a Q, não tendo sido possível às partes chegar a um acordo.

Q e Q-Espanha iniciaram arbitragem contra Q-Z. Preliminarmente, Q-Z suscitou a incompetência dos árbitros para julgar demanda formulada por Q-Espanha, dada que esta sociedade não era signatária do contrato. Além disso, Q-Z afirmou que a participação de qualquer outra filial em honorários seria decorrência de acordo direto com a própria Q, não existindo acordo específico entre Q-Z e Q-Espanha. Em resposta, Q-Espanha alegou que era parte legítima na demanda, pois era beneficiária do acordo entre Q e Q-Z.

O tribunal entendeu que Q-Espanha não poderia figurar no polo ativo da demanda, tendo em vista a inexistência de convenção arbitral entre ela e Q-Z. Para os árbitros, um terceiro somente pode ser considerado beneficiário do contrato se isso decorrer da efetiva intenção das partes signatárias, e o contrato em análise não revelou a existência dessa vontade. Com efeito, o contrato não fez nenhuma referência à Q-Espanha.

Com relação à negociação entre o Grupo MM e a companhia espanhola U, existia a previsão de que parte dos honorários seria paga a outra filial de Q. Todavia, o pagamento se daria diretamente a Q, que então repassaria parte desse valor a uma de suas filiais. Efetivamente, os direitos e obrigações decorrentes do contrato somente poderiam ser exigidos de Q e de Q-Z, sem qualquer previsão relativa à sociedade Q-Espanha.

Com esses fundamentos, o tribunal entendeu-se incompetente para julgar demanda iniciada por Q-Espanha (não signatária).

8.4. Caso CCI 9517/2000[29]

Extensão negada sob o fundamento de que sociedades não signatárias, integrantes de um mesmo grupo empresarial de parte signatária, somente podem ser atraídas para a arbitragem se tiverem participado efetivamente das fases de negociação e de execução do contrato. Adicionalmente, a pessoa física controladora do grupo empresarial integrado por uma das partes signatárias, por mera questão de conveniência, não pode pleitear a extensão da cláusula arbitral em seu favor.

---

[29] A arbitragem foi sediada em Dubai, Emirados Árabes Unidos. *ICC International Court of Arbitration Bulletin*, vol. 16, n. 2, 2005, pp. 80-83.

O Sr. P e as sociedades A e X celebraram o *Management Agreement* ("contrato"), do qual constou cláusula compromissória invocando o Regulamento CCI. Surgido o litígio, a sociedade A (signatária) e as sociedades B e C (não signatárias), bem como o Sr. M (não signatário), iniciaram procedimento arbitral contra o Sr. P (signatário). Os documentos apresentados pelas partes revelaram que o Sr. M era controlador de todas as sociedades demandantes, na seguinte disposição em cascata: o Sr. M controlava a sociedade C, por sua vez controladora da sociedade B, que tinha por subsidiária integral a sociedade A.

Examinadas as petições das partes e os documentos apresentados, os árbitros iniciaram a sentença arbitral relatando que as sociedade B e C e o Sr. M não figuraram como parte no contrato, cujo objetivo era que a sociedade A prestasse à sociedade X os serviços necessários ao *Concession Agreement*. As obrigações previstas no contrato eram restritas aos aspectos relativos à promoção, gestão e operação de um complexo imobiliário.

Os julgadores ressalvaram que a hipótese concreta levada à sua apreciação não era usual, e que eles não conheciam nenhum outro precedente arbitral em que uma pessoa física não signatária, em vez de uma sociedade, tivesse pleiteado a extensão da cláusula compromissória em seu favor. Invocando os critérios utilizados no precedente *Dow Chemical vs. Isover Saint-Gobain*, os árbitros afirmaram que, caso não restasse comprovada a intenção de ambas as partes signatárias e não signatárias de se submeterem à arbitragem, não seria autorizada a extensão da convenção arbitral.

Com relação às sociedades B e C, não houve a sua participação na fase de negociação do contrato, nem a sua concorrência na fase de execução. O único envolvimento dessas duas requerentes com a sociedade A após a celebração do contrato ocorreu em virtude de operação societária, por meio da qual A passou a ser subsidiária integral de B, por sua vez controlada integralmente por C. Dessa forma, não era possível estender a cláusula compromissória a essas duas sociedades.

No que tange ao controlador do grupo, o Sr. M, ele, efetivamente, participou das tratativas e da celebração do contrato, bem como esteve intensamente envolvido com as atividades da sociedade A. Todavia, segundo o tribunal arbitral, o conjunto fático analisado não permitiu concluir que o Sr. M teria direitos e obrigações decorrentes do contrato. Se fosse de seu real interesse figurar como parte no contrato, ele certamente teria se manifestado nesse sentido, bem como a sua participação teria sido aceita naturalmente. Ao optar por manter distância, desempenhando um papel de supervisão, não pode o Sr. M, durante a arbitragem, alegar o contrário, apenas porque é de seu interesse ser parte no processo arbitral.

Cap. 3 – A EXTENSÃO DA CLÁUSULA COMPROMISSÓRIA

Forte nesses fundamentos, o tribunal arbitral declarou-se incompetente para apreciar a demanda arbitral ajuizada pelo Sr. M e pelas sociedades B e C (todos não signatários) contra o Sr. P.

8.5. Caso CCI 10758/2000[30]

Crítica à teoria do grupo de sociedades, principalmente no âmbito do direito francês, que seria muito amplo quanto a esse instituto. Deve-se atentar à participação efetiva do não signatário nas fases de negociação, celebração e execução do contrato. No caso, a alegada operação societária fraudulenta foi regular e de boa-fé, tendo sido negada, portanto, a extensão.

A sociedade francesa A e a sociedade egípcia C, filial da empresa pública egípcia B, celebraram contrato para a construção de usina de amoníaco no Egito, do qual constava convenção de arbitragem invocando o Regulamento CCI. Em 1993, após a construção do empreendimento, as partes se desentenderam, e a sociedade C requereu a instituição de arbitragem contra a sociedade A. Iniciado o procedimento, A apresentou demanda reconvencional em face de C.

Logo em seguida, estando em curso a arbitragem, A iniciou, em paralelo, um segundo procedimento arbitral, inserindo no polo passivo do feito a empresa pública B, não signatária do contrato de construção da usina de amoníaco, mas única acionista de sua filial C. A afirmou que B havia excluído do capital social de C determinados ativos, reduzindo, dessa forma, as chances de A ser indenizada integralmente pelos danos que sustentava ter sofrido. Alegada a incompetência dos árbitros para julgar arbitragem entre B e A, tendo em vista que B não era signatária de nenhum contrato com A, o tribunal arbitral se manifestou sobre a questão.

Os árbitros iniciaram a análise por meio de crítica à teoria do grupo de sociedades e da realidade econômica única, afirmando que se trata de conceitos muito utilizados em inúmeros precedentes arbitrais, mas cuja utilidade analítica se mostra questionável. Isso porque, segundo os julgadores, a extensão de convenção de arbitragem a parte não signatária não seria simples questão de estrutura societária,

---

[30] A arbitragem foi sediada em Genebra, Suíça. ARNALDEZ, Jean-Jacques; DERAINS, Yves; HASCHER, Dominique (org.). *Collection of ICC Arbitral Awards*, 2001-2007. Paris: Kluwer Law International, 2009, pp. 537-543.

mas sim de uma questão de participação do não signatário nas negociações, na conclusão ou na execução do contrato, ou de sua atitude (inclusive as declarações expressas ou implícitas ou a má-fé) com relação à parte que busca introduzir o não signatário na arbitragem (ou excluí-lo da mesma). É dessa participação no contrato ou de sua atitude com relação à outra parte que o Tribunal Arbitral pode deduzir <<a intenção comum das partes>> que foi reconhecida em diversas sentenças (inclusive no caso *Dow Chemical*) como justificativa da extensão da cláusula compromissória a um não signatário.[31]

Avançando na análise dos fatos, o tribunal arbitral passou a enfrentar os aspectos da operação de transferência de parte substancial de ativos feita pela empresa pública B em sua filial C, reputada irregular pela sociedade A. Segundo os árbitros, a operação teria ocorrido de boa-fé, com a transferência de ativos e também de passivos, respeitadas as formalidades legais e as personalidades jurídicas de ambas as sociedades, de forma que nem a estrutura social do grupo, nem as operações societárias realizadas pela empresa pública B em sua filial C justificariam a extensão da cláusula compromissória à empresa pública B. No que tange ao papel desempenhado por B nas negociações do contrato ou na sua execução, não havia, conforme exige o Art. II da Convenção de Nova York, prova escrita de que ela teria manifestado sua intenção de ser parte na convenção de arbitragem, razão pela qual, também por esse motivo, os árbitros reconheceram a sua incompetência para julgar a demanda entre A (signatária) e a empresa pública B (não signatária).

8.6. Caso CCI 10818/2001[32]

> *Extensão negada sob o argumento de que a parte contratante A, ao travar diferentes relações jurídicas com as sociedades B e C, ambas integrantes de um mesmo grupo econômico, tinha ciência de que se relacionava com sociedades distintas, e não com o grupo como um todo. Após demonstrar,*

---

[31] No original, traduzido livremente pelo autor: *"[...] mais plutôt une question de participation du non-signataire aux négotiations, à la conclusion ou à l'exécution du contrat ou de son attitude (y compris des déclarations expresses ou implicites ou la mauvaise foi) envers la partie qui cherche à introduire le non-signataire dans l'arbitrage (ou à l'en exclure). C'est de cette participation au contrat ou de son attitude enverse l'autre partie que le Tribunal arbitral peut déduire <<la commune intention des parties...>> qui a été reconnue dans de nombreuses sentences (y compris l'affaire Dow Chemical) comme justifiant l'extension de la clause compromissoire à un non-signataire"* (AR-NALDEZ, Jean-Jacques; DERAINS, Yves; HASCHER, Dominique (org.). *Collection of ICC Arbitral Awards*, 2001-2007. Paris: Kluwer Law International, 1997, p. 538).

[32] A arbitragem foi sediada em Zurique, Suíça. *ICC International Court of Arbitration Bulletin*, vol. 16, n. 2, 2005, pp. 94-98.

Cap. 3 – A EXTENSÃO DA CLÁUSULA COMPROMISSÓRIA

> *detalhadamente, a diferença entre os fatos subjacentes ao caso Dow-Chemical vs. Isover Saint-Gobain e ao caso específico, a decisão tece crítica severa à teoria dos grupos de sociedades.*

Celebrou-se contrato de distribuição com exclusividade entre as sociedades A e B, por meio do qual a sociedade A foi autorizada a distribuir os produtos de B em determinado território. No ano seguinte, a sociedade B informou à sociedade A que outra sociedade do mesmo grupo, a sociedade C, lhe forneceria suporte de marketing e operacional. A partir desse momento, a relação contratual manteve-se ativa apenas entre as sociedades A e C, tendo C, inclusive, passado a lhe vender diretamente os produtos objeto do contrato de distribuição.

Um pouco antes do término do período de validade estabelecido no contrato de distribuição, a sociedade C propôs à sociedade A a celebração de novo contrato de distribuição, sem exclusividade ("Draft Agreement"), considerado inaceitável por A. Ato contínuo, a sociedade B notificou a sociedade A acerca da extinção do contrato original de distribuição.

A sociedade A, então, passou a alegar que o desempenho de suas vendas havia sido afetado por outros distribuidores no mercado e que a sociedade B estaria desviando seus clientes. Por esse motivo, iniciou arbitragem contra as sociedades B e C, na qual formulou pedido de indenização por prejuízos decorrentes da extinção do contrato, concorrência desleal e lucros cessantes. Preliminarmente, a sociedade C questionou a competência do árbitro para apreciar a demanda contra ela, tendo em vista não ser signatária do contrato de distribuição. Essa controvérsia foi objeto de sentença parcial pelo árbitro único.

Após apresentar, em apertada síntese, os contornos do caso *Dow Chemical vs. Isover Saint-Gobain*, o julgador concluiu que os fatos subjacentes à demanda por ele analisada eram diferentes dos que haviam sido discutidos no referido precedente. Primeiramente, as sociedades B e C não se portaram de modo a criar em A a convicção de que as duas seriam a mesma pessoa, tendo cada uma desempenhado papéis distintos. Além disso, o contrato foi negociado, concluído e, inicialmente, executado apenas pela sociedade B. Após vários meses, a sociedade C passou a contribuir para a execução do contrato. Contrariamente, portanto, ao ocorrido no caso *Dow Chemical*, as partes não tiveram a intenção de que o contrato fosse assinado entre a sociedade A e, como um todo, o grupo empresarial a que pertenciam B e C. O julgador afirmou que o caso *Dow Chemical* baseou-se na denominada teoria dos grupos de companhias, segundo a qual a convenção arbitral subscrita por uma das sociedades do grupo vincularia as demais, e que essa teoria seria amplamente criticada pela doutrina. Isso porque, segundo o árbitro, ela desconsideraria princípios básicos de direito, a exemplo da relatividade dos contratos e da proibição de interpretação extensiva aplicada a convenções arbitrais, e a noção de que cada sociedade integrante de grupo empresarial é dotada de personalidade jurídica própria, pedra angular do direito comercial.

Por esses fundamentos, o árbitro único entendeu ser inaplicável ao caso específico a teoria do grupo de sociedades, reputando-se, portanto, incompetente para julgar a disputa em face da sociedade C (não signatária).

9. A EXTENSÃO DA CONVENÇÃO ARBITRAL A PARTES NÃO SIGNATÁRIAS E GRUPOS DE SOCIEDADES NAS DECISÕES *PRIMA FACIE* DA CORTE CCI. NOVIDADES ADVINDAS DO NOVO REGULAMENTO CCI-2012

9.1. A Corte Internacional de Arbitragem da Câmara de Comércio Internacional: papel-chave nas arbitragens CCI

A Câmara de Comércio Internacional criou, em 1923, a Corte Internacional de Arbitragem ("Corte"), responsável pela administração de procedimentos arbitrais conduzidos de acordo com o Regulamento CCI. Trata-se de *órgão administrativo*, atualmente integrado por cento e vinte e cinco membros, oriundos de mais de noventa países,[33] e que desempenha importantes atividades de auxílio na condução das arbitragens – sem, contudo, julgar o mérito das disputas,[34] tarefa que compete unicamente aos árbitros. Todos aqueles que se submetem a arbitragens CCI estão sujeitos às decisões da Corte.[35]

Dentre as diversas e importantíssimas funções desempenhadas pela Corte, estabelecidas no Regulamento CCI-2012,[36] destaquem-se as seguintes:

---

[33] FRY, Jason; GREENBERG, Simon; MAZZA, Francesca. *The Secretariat's Guide to ICC Arbitration – A Practical Commentary on the 2012 ICC Rules of Arbitration from the Secretariat of the ICC International Court of Arbitration*. Paris: ICC Publication, 2012, p. 17.

[34] Regulamento CCI-2012, Artigo 1° (2): "A Corte não soluciona ela própria os litígios. Compete-lhe administrar a resolução de litígios por tribunais arbitrais, de acordo com o Regulamento de Arbitragem da CCI".

[35] Art. 6 (2) do Regulamento CCI-2012: "Ao convencionarem uma arbitragem de acordo com o Regulamento, as partes aceitam que a arbitragem seja administrada pela Corte".

[36] A primeira versão do Regulamento CCI entrou em vigor em 1922, tendo sido revisada em 1927 (em emendas subsequentes em 1931, 1933, 1939 e 1947), 1955, 1975, 1988 e 1998 (FRY, Jason; GREENBERG, Simon; MAZZA, Francesca. *The Secretariat's Guide*

Cap. 3 – A EXTENSÃO DA CLÁUSULA COMPROMISSÓRIA

(a) no início do procedimento arbitral, caso haja impugnação, de qualquer das partes, quanto à existência, validade ou escopo de uma cláusula compromissória, ou quanto à sua extensão a parte que não a tenha subscrito, a questão será decidida pelos próprios árbitros, salvo se o Secretário-Geral determinar, a seu exclusivo critério, que a questão deva ser apreciada pela Corte, antes de os autos serem enviados para o tribunal arbitral;[37] (b) definir a sede da arbitragem, na hipótese de não haver consenso entre as partes;[38] (c) decidir as impugnações aos árbitros;[39] (d) apreciar pedidos de consolidação de procedimentos arbitrais distintos já em curso;[40] e (e) no fim do processo arbitral, antes de enviar a sentença às partes, a Corte procede à sua obrigatória revisão, sugerindo correções de forma e aclaramentos, inclusive quanto ao mérito da disputa, sem que a liberdade de julgamento, pelos árbitros, reste comprometida.[41]

---

to ICC Arbitration – A Practical Commentary on the 2012 ICC Rules of Arbitration from the Secretariat of the ICC International *Court of Arbitration*. Paris: ICC Publication, 2012, p. 1).

[37] Esta função desempenhada pela Corte será exposta em detalhes no próximo item deste Capítulo.

[38] Art. 18 (1) do Regulamento CCI-2012: "A sede da arbitragem será fixada pela Corte, salvo se já convencionada entre as partes".

[39] Art. 14 (3) do Regulamento CCI-2012: "Compete à Corte pronunciar-se sobre a admissibilidade e, se necessário, sobre os fundamentos da impugnação, após a Secretaria ter dado a oportunidade, ao árbitro impugnado, à outra ou às outras partes e a quaisquer outros membros do tribunal arbitral de se manifestarem, por escrito, em prazo adequado. Estas manifestações devem ser comunicadas às partes e aos árbitros".

[40] Art. 10º do Regulamento CCI-2012: "A Corte poderá, diante do requerimento de uma parte, consolidar duas ou mais arbitragens pendentes, submetidas ao Regulamento, em uma única arbitragem, quando: a) as partes tenham concordado com a consolidação; ou b) todas as demandas sejam formuladas com base na mesma convenção de arbitragem; ou c) caso as demandas sejam formuladas com base em mais de uma convenção de arbitragem, as arbitragens envolvam as mesmas partes, as disputas nas arbitragens sejam relacionadas à mesma relação jurídica, e a Corte entenda que as convenções de arbitragem são compatíveis. Ao decidir sobre a consolidação, a Corte deverá levar em conta quaisquer circunstâncias que considerar relevantes, inclusive se um ou mais árbitros tenham sido confirmados ou nomeados em mais de uma das arbitragens e, neste caso, se foram confirmadas ou nomeadas as mesmas pessoas ou pessoas diferentes. Quando arbitragens forem consolidadas, estas devem sê-lo na arbitragem que foi iniciada em primeiro lugar, salvo acordo das partes em sentido contrário".

[41] Art. 33 do Regulamento CCI-2012: "Antes de assinar qualquer sentença arbitral, o tribunal arbitral deverá apresentá-la sob a forma de minuta à Corte. A Corte poderá prescrever modificações quanto aos aspectos formais da sentença e, sem afetar a liberdade de decisão do tribunal arbitral, também poderá chamar a atenção para pontos relacionados com o mérito do litígio. Nenhuma sentença arbitral poderá ser proferida pelo tribunal arbitral antes de ter sido aprovada quanto à sua forma pela Corte".

9.2. Análise *prima facie*, pela Corte CCI, acerca da existência, validade ou escopo de convenção arbitral. O novo procedimento previsto no Regulamento CCI-2012[42]

A primeira das importantes funções desempenhadas pela Corte, acima apresentadas, prevista no art. 6° do Novo Regulamento CCI-2012, é de fundamental importância quanto ao tema discutido neste livro. Com efeito, trata-se, na feliz síntese de Anne Marie Whitesell, ex-Secretária-Geral da Corte, de primeira e importante barreira procedimental a evitar que parte não signatária se veja obrigada a participar de arbitragem, ou mesmo para evitar que árbitros entendam-se competentes para julgar disputas que se revelam, em análise *prima facie*, não passíveis de solução pela via arbitral.[43] É também função dessa análise prévia feita pela Corte, refletida expressamente no Regulamento CCI-2012, evitar dispêndio de tempo e de dinheiro das partes envolvidas na arbitragem.[44]

Serão apresentados a seguir a sistemática estabelecida pelo art. 6°(3), (4), (5) e (6) do Regulamento CCI-2012 e um breve histórico de como a Corte lidou, na vigência do Regulamento CCI de 1998, com requerimentos de arbitragem envolvendo não signatários e os grupos de sociedades.[45] Para a clareza da exposição, transcreva-se o inteiro teor desses dispositivos do Regulamento CCI-2012:

> *Artigo 6° (3)*
>
> Caso alguma das partes contra a qual uma demanda é formulada não apresente uma resposta, ou formule uma ou mais objeções quanto à existência, validade ou escopo da convenção de arbitragem ou quanto à possibilidade de todas as demandas apresentadas serem decididas em uma única arbitragem, a arbitragem deverá prosseguir e toda e qualquer questão relativa à jurisdição ou à possibilidade de as demandas serem

---

[42] A versão do Regulamento CCI-2012 em língua portuguesa encontra-se disponível em <http://www.iccwbo.org/Products-and-Services/Arbitration-and-ADR/Arbitration/Rules-of-arbitration/Download-ICC-Rules-of-Arbitration/ICC-Rules-of-Arbitration-in-several-languages/>. Acesso em 07.09.2012.

[43] WHITESELL, Anne Marie. "Non-signatories in ICC Arbitration", in Albert Jan Van den Berg (ed), *International Arbitration 2006: Back to Basics?*, ICCA Congress Series, 2006, Montreal, Volume 13 (Kluwer Law International 2007), p. 372.

[44] FRY, Jason; GREENBERG, Simon; MAZZA, Francesca. *The Secretariat's Guide to ICC Arbitration – A Practical Commentary on the 2012 ICC Rules of Arbitration from the Secretariat of the ICC International Court of Arbitration*. Paris: ICC Publication, 2012, p. 67.

[45] Até a data da publicação deste livro, e até onde o autor teve conhecimento, não foram disponibilizadas informações acerca de como a Corte CCI, na vigência do Regulamento de 2012, tem lidado com a questão aqui discutida.

Cap. 3 – A EXTENSÃO DA CLÁUSULA COMPROMISSÓRIA

decididas em conjunto em uma única arbitragem deverá ser decidida diretamente pelo tribunal arbitral, a menos que o Secretário-Geral submeta tal questão à decisão da Corte de acordo com o artigo 6°(4).

Artigo 6° (4)

Em todos os casos submetidos à Corte, de acordo com o artigo 6°(3), esta deverá decidir se, e em que medida, a arbitragem deverá prosseguir. A arbitragem deverá prosseguir se, e na medida em que, a Corte esteja *prima facie* convencida da possível existência de uma convenção de arbitragem de acordo com o Regulamento. Em particular:

> (i) caso haja mais de duas partes na arbitragem, esta deverá prosseguir tão somente entre aquelas partes, abrangendo qualquer parte adicional que tiver sido integrada com base no artigo 7°, em relação às quais a Corte esteja *prima facie* convencida da possível existência de uma convenção de arbitragem que as vincule, prevendo a aplicação do Regulamento; [...]

A decisão da Corte de acordo com o artigo 6°(4) é sem prejuízo da admissibilidade ou do mérito das posições de quaisquer das partes.

Artigo 6° (5)

Em todos os casos decididos pela Corte de acordo com o artigo 6°(4), qualquer decisão relativa à competência do tribunal arbitral, exceto com relação a partes ou demandas a respeito das quais a Corte decida que a arbitragem não deve prosseguir, será tomada pelo próprio tribunal arbitral.

Artigo 6° (6)

Caso as partes sejam notificadas de uma decisão da Corte de acordo com o artigo 6°(4) no sentido de que a arbitragem não deve prosseguir em relação a algumas ou todas elas, qualquer parte manterá o direito de submeter a qualquer jurisdição competente a questão sobre se existe uma convenção de arbitragem vinculante e quais partes estão a ela vinculadas.

A leitura desses quatro itens do Regulamento CCI-2012 revela, em síntese – e no que interessa ao que se discute neste livro –, uma sistemática de simples aplicação.

Instaurada a arbitragem, caso a parte requerida permaneça inerte, ou apresente objeção à existência, validade ou escopo da cláusula arbitral, competirá aos árbitros avaliar a sua própria competência para julgar a disputa a eles submetida. Todavia, a parte final do art. 6° (3) faculta ao

Secretário-Geral, se assim entender necessário, submeter a questão previamente à apreciação da Corte, que procederá à análise acerca da referida objeção, para somente então, se for o caso, os autos serem encaminhados ao tribunal arbitral.[46]

Nesse procedimento preliminar, as partes envolvidas serão intimadas pela Secretaria para, se quiserem, manifestar-se especificamente sobre as objeções levantadas. Somente então é que a Corte será chamada a se pronunciar,[47] por meio de deliberação em sessão secreta – aberta apenas aos seus integrantes e aos membros da Secretaria, vedado o acesso às partes e

---

[46]   Na vigência do Regulamento CCI-1998, o art. 6 (2) estabelecia que a Corte CCI procederia a esta análise *prima facie* em todos os casos em que a parte requerida não apresentasse a sua defesa, ou em que fossem formuladas objeções quanto à existência, validade ou escopo da convenção de arbitragem. Diante da constatação, pela Corte CCI, de que era mínimo o percentual de casos em que se decidia pelo não prosseguimento da arbitragem, e de que essa análise retardava o andamento das arbitragens, optou-se por inovar no Regulamento CCI-2012 (FRY, Jason; GREENBERG, Simon; MAZZA, Francesca. *The Secretariat's Guide to ICC Arbitration – A Practical Commentary on the 2012 ICC Rules of Arbitration from the Secretariat of the ICC International Court of Arbitration.* Paris: ICC Publication, 2012, p. 68). É essa a razão pela qual o Regulamento CCI-2012 estabelece que, regra geral, todas as questões que versem sobre existência, validade e escopo da convenção arbitral serão tomadas pelo tribunal arbitral, salvo nas hipóteses em que o Secretário-Geral julgar pertinente submetê-las, antes, à apreciação da Corte CCI. Nas palavras do Professor Arnoldo Wald, em síntese, "reduziu-se o número de casos em que a alegação de inarbitrabilidade tivesse que ser decidida pela Corte e que, de acordo com as estatísticas, só ensejavam o arquivamento do caso, por uma decisão proferida *prima facie*, em 3% dos casos" (WALD, Arnoldo. "As Novas Regras de Arbitragem: maior eficiência e transparência", in *Revista de Arbitragem e Mediação*, n. 33, ano 9, abr.-jun. 2012, p. 242). No mesmo sentido, confiram-se as considerações de Pierre Mayer e Eduardo Silva-Romero: "*Le Secrétariat de la Cour a constaté, par le biais d'une étude statistique, que la plupart des demandes des parties, visant à ce que la Cour décide que l'arbitrage ne peut pas avoir lieu parce qu'il n'y aurait pas, prima facie, de convention d'arbitrage CCI, ne sont pas acceptées et que, par conséquent, ces questions sont la plupart du temps transmise au tribunal arbitral pour décision définitive. La soumission de ces questions à la Cour serait, en d'autres termes, par trop souvent une perte de temps*" ("Le nouveau règlement d'arbitrage de la Chambre de Commerce Internationale (CCI)", in *Revue de l'Arbitrage*, Comité Français de l'Arbitrage, 2011, Issue 4, p. 902). No mesmo sentido, Schäfer/Verbist/Imhoos: "*The number of cases in which the ICC Court has considered prima facie that there was no agreement referring to ICC arbitration is very small. There are usually cases in which there is every reason to believe that if the case were to go before an arbitral tribunal, it could not decide otherwise, even after hearing all parties and receiving full evidence*" (*ICC Arbitration in Practice*. The Hague: Kluwer Law International, 2005, p. 44).

[47]   FRY, Jason; GREENBERG, Simon; MAZZA, Francesca. *The Secretariat's Guide to ICC Arbitration – A Practical Commentary on the 2012 ICC Rules of Arbitration from the Secretariat of the ICC International Court of Arbitration.* Paris: ICC Publication, 2012, p. 69.

aos seus procuradores[48] –, proferindo decisão não fundamentada,[49] oportunamente comunicadas às partes pela Secretaria. As decisões são tomadas pela maioria dos membros presentes à sessão, desde que em número igual ou superior a seis. Havendo empate nos votos, o Presidente da Corte, ou o Vice-Presidente em seu lugar, decidirá a controvérsia.[50]

Em sua análise, a Corte não será rigorosa quanto aos argumentos e provas apresentados, nem procederá a investigações próprias acerca dos fatos alegados pelas partes.[51] Todavia, a Corte não se contentará com meras alegações vazias, sendo necessário um mínimo de plausibilidade das objeções apresentadas.[52]

A Corte poderá adotar três entendimentos distintos acerca da existência, validade ou escopo de convenção arbitral CCI:[53] (a) permitir a instauração

---

[48] Confira-se, nesse sentido, o art. 1° (2) do Apêndice II do Regulamento CCI-2012: "As sessões da Corte, tanto em plenário como em comitê, são abertas apenas aos seus membros e à Secretaria". Poderá o Presidente da Corte, contudo, em circunstâncias excepcionais, convidar outras pessoas para assistirem às sessões da Corte, conforme autoriza o art. 1° (3) do Apêndice II do Regulamento CCI-2012: "Contudo, em circunstâncias excepcionais, o Presidente da Corte poderá convidar outras pessoas para assistir às suas sessões. Tais pessoas terão de respeitar a natureza confidencial dos trabalhos da Corte".

[49] Yves Derains e Eric Schwartz explicam o porquê de a Corte não tornar públicos os fundamentos de suas decisões, relativas ao tema aqui tratado, como também aquelas que tratam das impugnações aos árbitros: *"This is (...) to circumvent possible ensuing disputes with the parties concerning the Court's reasons, if they were to be provided, that might also make the Award, when issued, more vulnerable to attack"* (DERAINS, Yves; SCHWARTZ, Eric. A. *A Guide to the New ICC Rules of Arbitration*. The Hague: Kluwer Law International, 1998, p. 127).

[50] Confira-se, nesse sentido, o art. 4° do Apêndice I do Regulamento CCI-2012: "As sessões plenárias da Corte são presididas pelo Presidente ou, na ausência do Presidente, por um dos Vice-Presidentes, designado pelo Presidente. As deliberações serão válidas quando no mínimo seis membros estiverem presentes. As decisões são tomadas por maioria dos votos, tendo o Presidente ou Vice-Presidente, conforme o caso, o voto decisivo em caso de empate".

[51] *"No investigation is carried out by the Court itself"* (WHITESELL, Anne Marie; SILVA-ROMERO, Eduardo. "Multiparty and Multicontract Arbitration: Recent ICC Experience", in ICC International Court of Arbitration Bulletin, *Complex Arbitrations – Special Supplement 2003*, p. 8).

[52] *"As a general rule, consistent with what has been stated above, the Court has been inclined to allow arbitrations to proceed against parties who may not have signed, or who might not appear to be parties to, the arbitration agreement in question, provided that a plausible argument is made that they nevertheless be bound by the same. Obviously, a mere allegation to this effect will not suffice. The Court must be persuaded that there are serious issues of fact or law to be resolved"* (DERAINS, Yves; SCHWARTZ, Eric. A. *A Guide to the New ICC Rules of Arbitration*. The Hague: Kluwer Law International, 1998, p. 92).

[53] *"Possible decisions: Under Article 6 (4), subparagraph (i), the Court may decide that the arbitration shall proceed in respect of all the parties, that it shall not proceed in*

da arbitragem nos exatos termos requeridos pela parte autora, (b) impedir o seu prosseguimento, eis que a cláusula compromissória subjacente não é apta a fundamentar uma arbitragem conforme o Regulamento CCI, ou (c) permitir o prosseguimento somente com relação a algumas partes.[54] Em caso de dúvida, a Corte tenderá a permitir o prosseguimento do feito, devolvendo aos árbitros a competência para decidir a questão.

Autorizada a continuação da arbitragem, e uma vez constituído o tribunal arbitral, os árbitros poderão reapreciar as questões jurisdicionais previamente analisadas pela Corte, ou até mesmo questões anteriormente não apreciadas, dado que, de acordo com o Regulamento CCI, eles são soberanos para decidir livremente acerca de sua competência.[55]

Na hipótese de a Corte impedir o prosseguimento total ou parcial da arbitragem, a parte prejudicada, nos termos do art. 6º (6) do Regulamento,[56] poderá pleitear ao Poder Judiciário – regra geral, a autoridade judicial competente do local onde a arbitragem esteja sediada[57] – a declaração de

---

respect of any party, or that it shall proceed in respect of some but not all the parties" (FRY, Jason; GREENBERG, Simon; MAZZA, Francesca. *The Secretariat's Guide to ICC Arbitration – A Practical Commentary on the 2012 ICC Rules of Arbitration from the Secretariat of the ICC International Court of Arbitration*. Paris: ICC Publication, 2012, p. 80).

[54] O Regulamento CCI-1998 estabelecia, no art. 6 (2), que, caso a Corte CCI não estivesse convencida acerca da existência, validade ou escopo de cláusula compromissória, apta a fundamentar a instauração de uma arbitragem conforme o Regulamento CCI, as partes seriam notificadas de que a arbitragem não poderia prosseguir. Na prática, contudo, a Corte CCI evitava dar por encerrados os procedimentos arbitrais, permitindo, dessa forma, que eles prosseguissem somente quanto às pessoas físicas e jurídicas reputadas como partes efetivas das respectivas convenções arbitrais. O Regulamento CCI-2012 aclarou este ponto, afirmando, expressamente, que a Corte CCI *"deverá decidir se, e em que medida, a arbitragem deverá prosseguir"* (FRY, Jason; GREENBERG, Simon; MAZZA, Francesca. *The Secretariat's Guide to ICC Arbitration – A Practical Commentary on the 2012 ICC Rules of Arbitration from the Secretariat of the ICC International Court of Arbitration*. Paris: ICC Publication, 2012, p. 71).

[55] Confira-se, nesse sentido, o art. 6º (5) do Regulamento CCI-2012: "Em todos os casos decididos pela Corte de acordo com o art. 6º (4), qualquer decisão relativa à competência do tribunal arbitral, exceto com relação a partes ou demandas a respeito das quais a Corte decida que a arbitragem não deve prosseguir, será tomada pelo próprio tribunal arbitral".

[56] Art. 6º (6) do Regulamento CCI-2012: "Caso as partes sejam notificadas de uma decisão da Corte de acordo com o art. 6º (4) no sentido de que a arbitragem não deve prosseguir em relação a algumas ou todas elas, qualquer parte manterá o direito de submeter a qualquer jurisdição competente a questão sobre se existe uma convenção de arbitragem vinculante e quais partes estão a ela vinculadas".

[57] FRY, Jason; GREENBERG, Simon; MAZZA, Francesca. *The Secretariat's Guide to ICC Arbitration – A Practical Commentary on the 2012 ICC Rules of Arbitration from the Secretariat of the ICC International Court of Arbitration*. Paris: ICC Publication, 2012, p. 89.

Cap. 3 – A EXTENSÃO DA CLÁUSULA COMPROMISSÓRIA

que a convenção de arbitragem existe e a quem ela é oponível. Munido dessa decisão judicial, poderá a parte requerer a instauração de arbitragem contra a parte anteriormente excluída pela Corte, o que deverá ser por esta acatado.[58]

Na vigência do Regulamento CCI de 1998 (substituído pelo de 2012), a Corte, no exercício de sua competência para apreciar a existência, validade ou escopo de convenções de arbitragem, proferiu diversas decisões sobre a extensão da cláusula compromissória a partes não signatárias integrantes de grupos de sociedades. Essas decisões, conquanto não tornadas públicas pela Corte, foram objeto de artigos doutrinários de alguns dos seus membros, sem a identificação das respectivas partes. Alguns desses precedentes administrativos serão analisados no item seguinte, logo após ser exposta outra modalidade de análise *prima facie* realizada pela Corte.

9.3. Análise *prima facie*, pela Corte CCI, envolvendo arbitragens multipartes, múltiplas convenções arbitrais e multicontratos

Com visto até aqui, a análise da Corte acerca da existência, validade ou escopo de convenção arbitral segundo o Regulamento CCI engloba as chamadas arbitragens multipartes, nas quais se discute o alcance subjetivo da respectiva cláusula compromissória. Nessas hipóteses, via de regra, existe apenas um contrato a regular a relação comercial que une as partes e uma cláusula compromissória, havendo dúvida tão somente quanto à possibilidade de não signatários integrarem o processo arbitral. A análise *prima facie* da Corte, nesse cenário específico, é fundamentada no art. 6 (4) (i) do Regulamento CCI-2012, aqui novamente transcrito para a clareza da exposição:

---

[58] Os comentaristas do Regulamento CCI-2012 dão notícia de interessante caso em que a decisão tomada pela Corte CCI foi questionada perante o Poder Judiciário americano. Com efeito, em determinada arbitragem CCI, instaurada contra quatro réus, o quarto réu foi considerado pela Corte CCI parte não integrante da convenção de arbitragem. Diante dessa decisão, a parte autora ajuizou uma ação contra a própria CCI, perante a Justiça Federal em Nova York (*Global Gold Mining, LLC v. Robinson et al., 535 F.Supp. 2d 422 – 2008 S.D.N.Y*). Em síntese, o Poder Judiciário americano decidiu que a CCI não era parte legítima para figurar na ação, mas sim as partes efetivamente envolvidas na disputa. A parte autora, então, ajuizou nova ação perante o mesmo Juízo, dessa vez somente contra o quarto réu, acolhida pela Justiça Federal americana. Diante dessa decisão judicial, a Corte CCI reconsiderou a sua decisão anterior, permitindo, assim, o prosseguimento da arbitragem contra todos os réus originalmente listados no requerimento de arbitragem – sem prejuízo de posterior deliberação específica pelo tribunal arbitral, após estar devidamente constituído (FRY, Jason; GREENBERG, Simon; MAZZA, Francesca. *The Secretariat's Guide to ICC Arbitration – A Practical Commentary on the 2012 ICC Rules of Arbitration from the Secretariat of the ICC International Court of Arbitration*. Paris: ICC Publication, 2012, p. 89).

Artigo 6º (4)

Em todos os casos submetidos à Corte, de acordo com o artigo 6º(3), esta deverá decidir se, e em que medida, a arbitragem deverá prosseguir. A arbitragem deverá prosseguir se, e na medida em que, a Corte esteja *prima facie* convencida da possível existência de uma convenção de arbitragem de acordo com o Regulamento. Em particular:

> (i) *caso haja mais de duas partes na arbitragem*, esta deverá prosseguir tão somente entre aquelas partes, abrangendo qualquer parte adicional que tiver sido integrada com base no artigo 7º, em relação às quais a Corte esteja *prima facie* convencida da possível existência de uma convenção de arbitragem que as vincule, prevendo a aplicação do Regulamento. (destacou-se)

A incidência do artigo 6º (4) (i), portanto, restringe-se às disputas em que haja dúvida quanto às partes efetivamente sujeitas a determinada convenção arbitral CCI.

Ocorre que a análise *prima facie* também poderá englobar as arbitragens em que estão presentes duas ou mais cláusulas compromissórias, envolvendo um ou mais contratos, a fim de que a Corte decida se um só tribunal arbitral CCI terá competência para decidir todo o litígio. E essa função da Corte é disciplinada no artigo 6º (4) (ii) do Regulamento CCI-2012, com a seguinte redação:

> (ii) *caso haja demandas fundadas em mais de uma convenção de arbitragem*, de acordo com o artigo 9º, a arbitragem deverá prosseguir apenas com relação às demandas a respeito das quais a Corte esteja *prima facie* convencida de que (a) as convenções de arbitragem com base nas quais tais demandas foram formuladas são compatíveis, e (b) todas as partes na arbitragem tenham concordado com que tais demandas sejam decididas em conjunto, em uma única arbitragem. (destacou-se)

Os itens (i) e (ii) do art. 6º (4) do Regulamento CCI-2012 tratam, como se vê, de situações fáticas manifestamente distintas, com efeitos que se não confundem.

Haverá situações, contudo, decorrentes da crescente complexidade das relações comerciais, em que a análise *prima facie* da Corte poderá englobar, simultaneamente, disputas em que haja múltiplas partes, múltiplas convenções de arbitragem e múltiplos contratos, exigindo-se a aplicação conjunta dos incisos (i) e (ii) do artigo 6º (4) do Regulamento CCI-2012. Na aplicação do Regulamento CCI-2012, a aplicação simultânea desses dois dispositivos representará importante desafio para a Corte.[59]

Feita essa breve exposição sobre as duas principais modalidades de análise *prima facie* que a Corte poderá ser chamada a realizar no início de procedimentos arbitrais CCI, esclareça-se que este livro abordará tão somente a primeira delas, regida pelo artigo 6º (4) (i) do Regulamento CCI-2012, que regula as arbitragens que se fundam em uma só cláusula compromissória e nas quais haja dúvida apenas quanto às partes a ela efetivamente vinculadas.

Serão apresentados a seguir alguns precedentes da Corte acerca da extensão da cláusula arbitral a não signatários no âmbito de grupos de sociedades.

9.4. Precedentes da Corte CCI sobre a extensão da cláusula arbitral a partes não signatárias e grupos de sociedades

Anne Marie Whitesell foi Secretária-Geral da Corte entre os anos de 2001 e 2007, tendo participado ativamente, portanto, da análise de inúmeros processos em que se discutiu a extensão da cláusula compromissória a não signatários. Em conhecidos artigos doutrinários, em um deles tendo por coautor Eduardo Silva-Romero, Secretário-Geral Adjunto em parte de sua gestão,[60] ela procurou sistematizar de que forma a Corte CCI costuma lidar com requerimentos de arbitragem envolvendo não signatários e grupos de sociedades.[61]

---

[59] Para uma explicação detalhada e sistematizada acerca do papel desempenhado pela Corte nas arbitragens multipartes, multicontratos e com múltiplas convenções arbitrais, confira-se o livro *The Secretariat's Guide to ICC Arbitration – A Practical Commentary on the 2012. ICC Rules of Arbitration from the Secretariat of the ICC International Court of Arbitration* (FRY, Jason; GREENBERG, Simon; MAZZA, Francesca. Paris: ICC Publication, 2012. pp. 71 e segs.). Esse livro também apresenta, de forma didática, as inovações do Regulamento 2012-CCI no que tange à integração de partes adicionais (*joinder*) e à consolidação de arbitragens (*consolidation*). Ainda sobre os temas apontados nesta nota de rodapé, confira-se o artigo "Consolidation, joinder, cross-claims, multiparty and multicontract arbitrations: recent ICC Experience", de autoria de Simon Greenberg, José Ricardo Feris e Christian Albanesi (in *Multiparty Arbitration* (editado por Bernard Hanotiau e Eric Shwartz). Dossiers, ICC Institute of World Business Law: Paris, 2010, pp. 161-182).

[60] Relembre-se, conforme acima exposto, que as sessões da Corte são secretas e que os fundamentos de suas deliberações não são comunicados às partes. Dessa forma, a fonte mais confiável e fidedigna de se apurar como a Corte decide determinada matéria são os relatos de seus membros, aqui representados pelos eminentes Anne Marie Whitesell e Eduardo Silva-Romero, respeitadas autoridades no campo das arbitragens CCI.

[61] Trata-se dos seguintes artigos: (a) WHITESELL, Anne Marie. "Non-signatories in ICC Arbitration", in Albert Jan Van den Berg (ed), *International Arbitration 2006: Back to Basics?*, ICCA Congress Series, 2006, Montreal, Volume 13 (Kluwer Law International 2007), pp. 366-374; e (b) WHITESELL, Anne Marie; SILVA-ROMERO, Eduardo. "Mul-

A insigne autora ressalta, de início, que a Corte tem por costume basear as suas decisões nas informações prestadas pelas partes em seus requerimentos escritos, não procedendo, portanto, a investigações próprias sobre os fatos e fundamentos envolvidos nas questões submetidas à sua apreciação. Além disso, a análise *prima facie* não pressupõe a verificação da *efetiva existência* de uma cláusula arbitral CCI, mas sim a *mera possibilidade* de que semelhante cláusula esteja presente no requerimento de arbitragem.[62] Prossegue Anne Marie Whitesell em sua análise, destacando que a Corte somente permite a extensão da convenção de arbitragem a não signatários se existirem provas de sua participação na negociação do respectivo contrato, sua execução ou extinção, sendo cada caso analisado separadamente.[63]

A título de curiosidade, destaque-se que, nas arbitragens CCI, o contato das partes com a Corte é intermediado pela Secretaria, responsável pelo encaminhamento de relatórios por ela preparados e de pedidos por escrito formulados pelas partes. Tal como ocorre em julgamentos colegiados judiciais no Brasil, um membro da Corte é responsável por relatar aos seus pares a questão a ser analisada conjuntamente – seja um requerimento de extensão da cláusula arbitral a um não signatário, seja uma impugnação a um árbitro por alegada violação ao dever de se manter imparcial, dentre outras questões a serem apreciadas –, devendo, inclusive, sugerir a decisão a ser tomada.

Sete precedentes analisados pela Corte CCI

Dentre os diversos precedentes da Corte apresentados por Anne Marie Whitesell e Eduardo Silva-Romero nos acima referidos artigos doutrinários, sete deles tratam, especificamente, da extensão da cláusula compromissória a parte não signatária e grupos de sociedades. Permita-se apresentar seus contornos fáticos e os respectivos fundamentos invocados pela Corte.

---

tiparty and Multicontract Arbitration: Recent ICC Experience", in ICC International Court of Arbitration Bulletin, *Complex Arbitrations – Special Supplement 2003,* pp. 7-18. Nesses artigos, os autores também analisam como a Corte costuma lidar com outros fundamentos legais para estender a cláusula compromissória a não signatários, tais como os contratos de agência, a cessão de posição contratual, a sucessão empresarial ou o instituto do *alter ego* – fundamentos que, como afirmado acima, não são analisados na presente obra.

[62]   WHITESELL, Anne Marie. "Non-signatories in ICC Arbitration", in Albert Jan Van den Berg (ed), *International Arbitration 2006: Back to Basics?,* ICCA Congress Series, 2006, Montreal, Volume 13 (Kluwer Law International 2007), p. 366.

[63]   WHITESELL, Anne Marie. "Non-signatories in ICC Arbitration", in Albert Jan Van den Berg (ed), *International Arbitration 2006: Back to Basics?,* ICCA Congress Series, 2006, Montreal, Volume 13 (Kluwer Law International 2007), p. 367.

Cap. 3 – A EXTENSÃO DA CLÁUSULA COMPROMISSÓRIA

Decisões favoráveis ao prosseguimento da arbitragem em face de não signatários

I. A requerente iniciou arbitragem contra as sociedades A e B com base em contratos relacionados. O contrato havia sido assinado somente pela requerente e pela sociedade A. As requeridas questionaram a validade da cláusula arbitral com relação à sociedade B, não signatária. A requerente invocou a teoria dos grupos de sociedades, tendo em vista que, dentre outros argumentos, (a) A era uma subsidiária integral de B, (b) o projeto havia sido concebido por B, (c) B havia negociado e redigido os contratos, (d) os contratos exigiam que toda a documentação do projeto fosse encaminhada às sociedades A e B, e (e) a execução dos contratos foi conduzida e supervisionada por B.

– *decisão*: para a Corte, os documentos analisados forneceram prova suficiente de que a sociedade B havia desempenhado papel importante nas fases de negociação e execução dos contratos, razão pela qual autorizou a remessa dos autos aos árbitros, com a presença de B na disputa.[64]

II. As sociedades requerentes A e B iniciaram arbitragem contra a sociedade X. A e X haviam assinado um contrato para planejar e construir uma planta industrial. A e B alegaram que a sociedade B, conquanto não signatária do contrato, integrava o mesmo grupo empresarial de A, e que elas teriam acordado com X, tacitamente, a participação de ambas (A e B) no projeto, dado que a sociedade B seria responsável pela entrega de materiais para a obra. A e B também alegaram que, por ocasião da assinatura do contrato, havia grande confusão quanto à suas efetivas identidades, e que X tinha plena ciência dos esforços conjuntos de A e B para a execução do contrato. Em sua defesa, a sociedade X alegou que não havia convenção arbitral que a vinculasse à sociedade B, além de B não ter figurado como parte no contrato. X alegou, ainda, que as entregas de materiais feitas por B não tinham o condão de torná-la parte da arbitragem.

– *decisão*: a Corte permitiu que a arbitragem prosseguisse, tendo A e B como requerentes.

---

[64] WHITESELL, Anne Marie. "Non-signatories in ICC Arbitration", in Albert Jan Van den Berg (ed), *International Arbitration 2006: Back to Basics?*, ICCA Congress Series, 2006, Montreal, Volume 13 (Kluwer Law International 2007), pp. 368/369.

- *posterior decisão dos árbitros*: posteriormente à decisão da Corte, o respectivo tribunal arbitral, contudo, em sentença parcial, entendeu que a sociedade B não era parte da respectiva cláusula compromissória, nem do procedimento arbitral, pois não havia assinado o contrato, consistindo em mero subcontratante da sociedade A. O procedimento arbitral, portanto, teve prosseguimento apenas entre as sociedades A e X.[65]

III. A requerente iniciou uma arbitragem contra várias sociedades com fundamento na teoria do grupo de sociedades.

- *decisão*: a Corte entendeu haver fundamento suficiente a determinar o prosseguimento da arbitragem contra todas as partes indicadas pela requerente.

- *posterior decisão dos árbitros*: o respectivo tribunal arbitral decidiu em sentido oposto, sob o fundamento de que a aplicação da teoria dos grupos de sociedades não pode ocorrer de forma automática, impondo-se a análise caso a caso, identificando-se a vontade das partes envolvidas. Os árbitros entenderam-se incompetentes para estender a cláusula compromissória à sociedade controladora de uma das requeridas.[66]

IV. As sociedades A e B iniciaram uma arbitragem contra quatro sociedades. Segundo as requerentes, conquanto apenas duas das requeridas tivessem figurado como signatárias da cláusula compromissória, todas elas integravam o mesmo grupo de sociedades, e por isso deveriam integrar o processo arbitral.

- *decisão*: a Corte decidiu que a arbitragem deveria ter prosseguimento contra todas as quatro sociedades, tendo em vista que as requerentes conseguiram fazer prova de que as partes não signatárias haviam participado da negociação e da execução do contrato.[67]

---

[65] WHITESELL, Anne Marie. "Non-signatories in ICC Arbitration", in Albert Jan Van den Berg (ed), *International Arbitration 2006: Back to Basics?*, ICCA Congress Series, 2006, Montreal, Volume 13 (Kluwer Law International 2007), pp. 371/372.

[66] WHITESELL, Anne Marie. "Non-signatories in ICC Arbitration", in Albert Jan Van den Berg (ed), *International Arbitration 2006: Back to Basics?*, ICCA Congress Series, 2006, Montreal, Volume 13 (Kluwer Law International 2007), p. 372.

[67] WHITESELL, Anne Marie; SILVA-ROMERO, Eduardo. "Multiparty and Multicontract Arbitration: Recent ICC Experience", in ICC International Court of Arbitration Bulletin, *Complex Arbitrations – Special Supplement 2003*, p. 8.

Cap. 3 – A EXTENSÃO DA CLÁUSULA COMPROMISSÓRIA

Decisões contrárias – ou parcialmente contrárias – ao prosseguimento da arbitragem em face de não signatários

V. A requerente iniciou uma arbitragem contra as sociedades A e B. Somente A havia assinado o respectivo contrato, tendo B impugnado a sua participação na arbitragem. Em favor da extensão, a requerente alegou que a sociedade A era subsidiária de B, sem qualquer prova de que B teria participado da negociação do contrato, de sua assinatura, nem de sua execução.

– *decisão*: por falta de prova da participação de B na negociação do contrato e na sua execução, a Corte delimitou o prosseguimento da arbitragem somente contra a sociedade A.[68]

VI. Foi celebrado um contrato de agência entre as sociedades A e B. Surgida a disputa, A deu início a uma arbitragem contra B, C e D, todas integrantes de um mesmo grupo de sociedades. A alegou, em seu requerimento, que caberia às sociedades C e D fazer prova de que elas não seriam titulares dos mesmos direitos e obrigações que caberiam à sociedade B.

– *decisão*: para a Corte, inexistiam fundamentos para a inclusão de C e D na arbitragem.[69]

VII. As sociedades A, B e C iniciaram arbitragem contra a parte D. Em sua defesa, D alegou que a sociedade C não era parte da convenção arbitral. Por sua vez, as requerentes alegaram serem integrantes de um mesmo grupo de sociedades, todas com sede no mesmo endereço, e que a sociedade D em nada seria prejudicada com a presença de C na arbitragem.

– *decisão*: a Corte entendeu que a sociedade C não poderia ser incluída na arbitragem, pois não havia prova de sua participação na negociação, assinatura, execução ou término do contrato. A arbitragem, portanto, somente pôde prosseguir tendo como requerentes as sociedades A e B.[70]

---

[68] WHITESELL, Anne Marie. "Non-signatories in ICC Arbitration", in Albert Jan Van den Berg (ed), *International Arbitration 2006: Back to Basics?*, ICCA Congress Series, 2006, Montreal, Volume 13 (Kluwer Law International 2007), p. 370.

[69] WHITESELL, Anne Marie; SILVA-ROMERO, Eduardo. "Multiparty and Multicontract Arbitration: Recent ICC Experience", in ICC International Court of Arbitration Bulletin, *Complex Arbitrations – Special Supplement 2003*, p. 9.

[70] WHITESELL, Anne Marie; SILVA-ROMERO, Eduardo. "Multiparty and Multicontract Arbitration: Recent ICC Experience", in ICC International Court of Arbitration Bulletin, *Complex Arbitrations – Special Supplement 2003*, p. 10.

Síntese das decisões da Corte CCI acima apresentadas

As decisões acima expostas, retiradas de um apanhado geral de precedentes sobre a extensão da cláusula compromissória a não signatários e grupos de sociedades, revelam a preocupação da Corte em não permitir o prosseguimento de arbitragens contra partes que não tenham participado ativamente da negociação do contrato, de sua assinatura, execução ou extinção.

É mesmo evidente que a Corte não acolheu, em nenhum dos precedentes acima listados, a aplicação pura e simples da teoria dos grupos de sociedades, exigindo, na prática, a presença de elementos de fato que demonstrassem a participação de parte não signatária na relação comercial subjacente, de modo a tornar clara a sua vontade de aderir à respectiva cláusula arbitral.

Nos casos de dúvida, a Corte permitiu o prosseguimento da arbitragem tal como instaurada, deixando aos árbitros a tarefa de decidir acerca da possibilidade de se estender a cláusula compromissória a não signatários.[71]

Alguns dos precedentes analisados também demonstraram a independência dos tribunais arbitrais para decidir de acordo com a sua convicção acerca da extensão subjetiva da cláusula arbitral, muitas vezes impedindo o prosseguimento do feito contra parte não signatária cuja participação na arbitragem, anteriormente, havia sido autorizada pela Corte CCI.

9.5. Novidade advinda do Regulamento CCI-2012:[72] o árbitro de emergência. Inaplicabilidade a partes não signatárias

Uma das principais novidades criadas pelo Regulamento CCI-2012 consiste na figura do árbitro de emergência. Em apertada síntese, caso uma parte necessite de medida urgente, de natureza cautelar, que não possa aguardar a constituição do tribunal arbitral – o que, como se sabe, pode levar vários

---

[71] WHITESELL, Anne Marie. "Non-signatories in ICC Arbitration", in Albert Jan Van den Berg (ed), *International Arbitration 2006: Back to Basics?*, ICCA Congress Series, 2006, Montreal, Volume 13 (Kluwer Law International 2007), pp. 372/373.

[72] Para um histórico sobre o processo de elaboração do Regulamento CCI-2012 e suas principais novidades em comparação com o Regulamento de 1998, confiram-se o artigo de Pierre Mayer e Eduardo Silva-Romero intitulado "Le nouveau règlement d'arbitrage de la Chambre de Commerce Internationale (CCI)" (in *Revue de l'Arbitrage*, Comité Français de l'Arbitrage, 2011, Issue 4, pp. 897-922) e o artigo do Professor Arnoldo Wald intitulado "As Novas Regras de Arbitragem: maior eficiência e transparência" (in *Revista de Arbitragem e Mediação*, n.° 33, ano 9, abr.-jun. 2012, pp. 239-243). Um excelente livro de comentários ao Regulamento CCI-2012 é o *"The Secretariat's Guide to ICC Arbitration – A Practical Commentary on the 2012 ICC Rules of Arbitration from the Secretariat of the ICC International Court of Arbitration"* (Paris: ICC Publication, 2012), de coautoria de Jason Fry, Simon Greenberg e Francesca Mazza.

Cap. 3 – A EXTENSÃO DA CLÁUSULA COMPROMISSÓRIA

meses –, poderá pleitear ao Presidente da Corte, com fundamento no art. 29 e Apêndice V, intitulado "Regras Sobre o Árbitro de Emergência", que nomeie árbitro único para, em procedimento sumaríssimo, após receber as razões escritas das partes envolvidas, decidir a questão.[73] A decisão adotará a forma de uma ordem, devidamente fundamentada, não passível de revisão pela Corte CCI antes de seu envio às partes.[74] O artigo 29 (3) do Regulamento CCI-2012 é expresso no sentido de que a decisão do árbitro de emergência tem natureza provisória, podendo ser alterada, revogada ou mesmo anulada pelo tribunal arbitral, tão logo esteja constituído.

A figura do árbitro de emergência somente poderá ser invocada por partes signatárias de convenção arbitral CCI, ou por seus sucessores. É o que estatui o artigo 29 (5) do Regulamento CCI-2012:

> Os artigos 29 (1)-29 (4) e *as Regras sobre o Árbitro de Emergência* previstas no Apêndice V (coletivamente as "Disposições sobre o Árbitro de Emergência") *serão aplicáveis apenas às partes signatárias, ou seus sucessores, da convenção de arbitragem*, que preveja a aplicação do Regulamento e invocada para o requerimento da medida. (destacou-se)

A restrição de aplicação das disposições sobre o árbitro de emergência somente a partes signatárias explica-se por uma questão de cautela. Isso porque, por se tratar de procedimento com rito sumaríssimo, partes não signatárias, antes de terem a oportunidade de demonstrar, com a devida instrução do feito, a impossibilidade de sua participação na arbitragem, ver-se-iam obrigadas a comparecer perante árbitro de emergência, com o risco de serem intimadas a cumprir decisão por ele proferida.[75] Dessa forma,

---

[73] O árbitro de emergência somente poderá ser invocado por partes que tenham celebrado cláusula arbitral a partir de 1º de janeiro de 2012, data da entrada em vigor do Regulamento CCI-2012. O sistema adotado pelo novo Regulamento CCI é do tipo *opt-out*, segundo o qual, salvo convenção das partes em contrário, o árbitro de emergência poderá ser invocado por qualquer das partes signatários da convenção arbitral. Evidentemente, aqueles que pactuaram cláusula arbitral CCI na vigência do Regulamento de 1998 poderão, de comum acordo, invocar a figura do árbitro de emergência. Finalmente, o artigo 29 (7) do Regulamento CCI-2012 dispõe que a invocação do árbitro de emergência não impede que as partes pleiteiem, perante a autoridade judiciária competente, medidas de urgência, sem que o recurso ao Poder Judiciário possa ser interpretado como renúncia à cláusula arbitral CCI.

[74] O Regulamento CCI-2012 não exige a prévia aprovação da decisão do árbitro de emergência pela Corte antes de seu envio às partes, tal como ocorre com todas as *sentenças* proferidas em arbitragens CCI (conforme determina o art. 33 do Regulamento CCI-2012). Tivesse essa decisão de passar pela revisão da Corte, o mecanismo do árbitro de emergência teria pouco ou mesmo nenhuma utilidade para as partes, restando comprometido o fator tempo.

[75] *"Signatory or successors to a signatory: The Emergency Arbitrator Provisions apply only to signatories of the relevant arbitration agreement and successors to such signatories. The purpose of this limitation is to reduce the potential for abuse of the procedure and*

eventuais medidas de urgência, tendo por parte requerente, ou requerida, um não signatário, deverão ser pleiteadas à autoridade judicial competente ou ao tribunal arbitral, assim que constituído.

10. DECISÕES JUDICIAIS ESTRANGEIRAS RELATIVAS À EXTENSÃO DA CONVENÇÃO ARBITRAL A PARTES NÃO SIGNATÁRIAS E GRUPOS DE SOCIEDADES

Tribunais de países com tradição na prática arbitral já tiveram a oportunidade de se manifestar sobre a extensão da convenção arbitral a partes não signatárias inseridas no âmbito de grupos de sociedades. Em que pese essas decisões tenham sido proferidas por magistrados formados em diferentes sistemas jurídicos – aplicando, em alguns casos, a lei de país que não a daquele em que a magistratura era exercida, ou mesmo aplicando a *lex mercatoria* –, é possível delas extrair elementos comuns, aptos a delinear, no item seguinte deste capítulo, as principais orientações seguidas pelos árbitros e pelos juízes togados ao apreciar pedido de extensão da convenção arbitral a parte não signatária, integrante do mesmo grupo de sociedades da parte signatária.

Serão expostas a seguir importantes decisões proferidas por órgãos judiciais da França, Suíça, Estados Unidos da América, Inglaterra e Suécia – várias delas relativas a sentenças arbitrais proferidas conforme o Regulamento CCI.

10.1. França

A França possui ordenamento jurídico e repertório jurisprudencial bastante liberais no que tange às arbitragens internacionais. Não causa surpresa, portanto, constatar que os tribunais franceses foram os primeiros a proferir decisões que acolheram a possibilidade de não signatários, membros de grupos de sociedades, integrarem arbitragens com partes signatárias. Muitas dessas decisões, adiante expostas, têm sido objeto de acirradas críticas, sob a alegação de que o Poder Judiciário desse país teria permitido a extensão da cláusula compromissória a partes não signatárias pelo simples fato de elas

---

to provide a prima facie *jurisdictional test that is straightforward for the President to administer pursuant to Article 1 (5) of the Appendix V [...]. Given the urgent nature of emergency arbitrator proceedings, it would not be possible to apply a procedure as broad as Articles 6 (3) and 6 (4)" (The Secretariat's Guide to ICC Arbitration – A Practical Commentary on the 2012 ICC Rules of Arbitration from the Secretariat of the ICC International Court of Arbitration* (FRY, Jason; GREENBERG, Simon; MAZZA, Francesca. Paris: ICC Publication, 2012, p. 307).

Cap. 3 – A EXTENSÃO DA CLÁUSULA COMPROMISSÓRIA

integrarem o mesmo grupo de sociedades da parte signatária. Trata-se, contudo, de crítica equivocada, pois que, como se verá a seguir, todos os precedentes franceses que trataram da extensão da cláusula arbitral e grupos de sociedades fincaram sua respectiva fundamentação em elementos concretos de anuência do não signatário à convenção arbitral subjacente. Permita-se a apresentação cronológica de importantes precedentes judiciais franceses sobre o tema.

PRECEDENTE JULGADO PELA CORTE DE APELAÇÃO DE PARIS

Leading case – "Isover Saint-Gobain v. Dow Chemical" – 21.10.1983[76]

Inconformada com a sentença parcial proferida de acordo com o Regulamento CCI, que autorizou a extensão da cláusula compromissória a não signatários,[77] a *Isover Saint-Gobain* recorreu ao Poder Judiciário francês, visando à declaração de sua nulidade. A Corte de Apelação de Paris, em 21.10.1983, rechaçou a pretensão da *Isover Saint-Gobain*, ressaltando, em síntese, os seguintes pontos: (a) fundados em interpretação autônoma da cláusula compromissória e em documentos trocados pelas partes durante as tratativas e na fase de extinção do contrato, os árbitros decidiram, observada a efetiva vontade comum de todas as sociedades envolvidas, que a *Dow Chemical France* e a *The Dow Chemical Company* eram partes nos contratos de 1965 e 1968 e nas respectivas convenções de arbitragem, em que pese não os tivessem subscrito; (b) subsidiariamente, os árbitros se referiram à teoria dos grupos empresariais no âmbito do comércio internacional, não questionada, fundamentadamente, pela *Isover Saint-Gobain*; e (c) os árbitros justificaram corretamente a sua competência, de forma que não possui fundamento a alegação da *Isover Saint-Gobain* de que eles teriam julgado o litígio sem respaldo em convenção arbitral.

PRECEDENTE JULGADO PELA CORTE DE APELAÇÃO DE PAU

Caso "Société Sponsor AB vs. Lestrade" – 26.11.1986[78]

---

[76] *Revue de L'Arbitrage*, 1984, 98.

[77] Os detalhes de fato e de direito envolvidos no caso *Isover Saint-Gobain v. Dow Chemical* são apresentados no item 6 deste Capítulo.

[78] *Revue de l'Arbitrage*, 1988, n.1, pp. 153-161. HANOTIAU, Bernard. *Complex Arbitration – Multiparty, Multicontract, Multi-issue and Class Actions*. The Hague: Kluwer Law International, 2005, pp. 55-56.

A sociedade *Sponsor AB*, controladora do grupo sueco *Sponsor*, havia iniciado tratativas com o grupo francês *Lestrade* a fim de adquirir o controle de duas de suas subsidiárias, as sociedades *Stéréoscopes Lestrade & Cie* e *Sodilest*. Foi assinado pela *Lestrade* e pela *Sponsor AB* protocolo, no qual se estabeleceu, dentre outras disposições, que seria criada, na França, uma subsidiária de *Sponsor*, sob a denominação de *Sponsor SA*, que passaria a deter as ações das sociedades *Stéréoscopes Lestrade & Cie* e *Sodilest*. Posteriormente, o Grupo *Lestrade* transferiu para a *Sponsor SA* o equivalente a 80% (oitenta por cento) das ações da *Stéréoscopes Lestrade & Cie* e da *Sodilest*, na mesma data em que a *Sponsor SA* se obrigou, por meio de promessa irrevogável de compra, a adquirir do Grupo *Lestrade* os 20% (vinte por cento) remanescente das ações das duas sociedades acima apontadas.

Passados quatro anos, a *Lestrade* exerceu a opção de venda dessas ações, mas a *Sponsor SA* inadimpliu a sua obrigação. Diante da inércia da sociedade *Sponsor SA*, o Grupo *Lestrade* deu início a arbitragem contra a sociedade *Sponsor SA* e contra a sociedade controladora do Grupo, a *Sponsor AB*. As requeridas não responderam ao requerimento de arbitragem, razão pela qual o Grupo *Lestrade* ajuizou demanda judicial perante a Corte Comercial de Tarbes, com o objetivo de que fosse indicado um árbitro pelas demandadas. A Corte Comercial de Tarbes indicou um árbitro para as rés. Contra essa decisão, *Sponsor SA* e *Sponsor AB* interpuseram recurso, alegando que a cláusula compromissória não poderia ser estendida à sociedade *Sponsor AB*, não signatária do pacto.

A Corte de Apelação de Pau confirmou a decisão da Corte Comercial de Tarbes, afirmando que a sociedade *Sponsor SA* havia sido constituída por *Sponsor AB* com o único objetivo de adquirir as sociedades *Stéréoscopes Lestrade & Cie* e *Sodilest*, e que a sociedade *Sponsor AB*, na verdade, havia exercido papel de destaque tanto na promessa de aquisição das ações remanescentes das duas sociedades como também no inadimplemento da avença. Foram estes os principais fundamentos adotados pela Corte de Apelação de Pau:

> Admite-se em direito que a cláusula arbitral, aceita expressamente por algumas das companhias do grupo, deve vincular as demais sociedades que, devido ao papel desempenhado na conclusão, execução ou extinção dos contratos contendo as referidas cláusulas, aparentam, de acordo com a vontade comum de todas as partes no procedimento, terem sido as verdadeiras partes nesses contratos, ou como sendo as partes diretamente interessadas nos contratos e nas disputas que podem deles decorrer. De fato, um grupo de companhias, apesar das distintas personalidades jurídicas de

Cap. 3 – A EXTENSÃO DA CLÁUSULA COMPROMISSÓRIA

cada uma de suas sociedades, possui realidade econômica única, que deve ser considerada pelas cortes, assim como a sua existência é reconhecida pelos usos do comércio internacional.[79]

> **PRECEDENTE JULGADO PELA CORTE DE APELAÇÃO DE PARIS**
>
> *Caso "Société Korsnas Marma vs. Société Duranz-Auzias" – 30.11.1988*[80]

As sociedades K e B mantiveram relacionamento comercial por vários anos, formalizado por meio de dois contratos consecutivos, dos quais constavam cláusulas compromissórias invocando o Regulamento CCI. Por meio desses dois instrumentos, K autorizou B a ser a representante exclusiva de seus produtos, à exceção do território da França, em que a representação seria feita pela sociedade DA, filial de B. As sociedades K e B, posteriormente, resolveram extinguir os dois contratos, ressalvando, todavia, que o contrato estabelecido entre K e DA seria mantido. Menos de dois anos depois, K comunicou à sociedade DA que a relação entre elas também chegara ao fim.

Inconformada, DA ajuizou demanda contra K perante o tribunal de comércio de Paris, formulando pedido indenizatório em virtude da referida

---

[79] Trecho traduzido livremente pelo autor: "*It is admitted in law that the arbitration clause expressly accepted by some of the companies of the group, must bind the other companies which, owing to the role they played in the conclusion, performance or termination of the contracts containing said clauses, appear, according to the common will of all the parties to these contracts, or as being directly concerned by them and by the disputes that may arise from them. In fact, a group of companies, in spite of the separate legal personality of each of the latter, has a single economic reality, which the courts must take into account, as its existence is recognized by the usages of international trade*" (HANOTIAU, Bernard. *Complex Arbitration – Multiparty, Multicontract, Multi-issue and Class Actions*. The Hague: Kluwer Law International, 2005, p. 56). Os Professores Fouchard, Gaillard e Goldman são grandes críticos dessa decisão, por entenderem que ela teria ido longe demais, estabelecendo um princípio descabido: "*The Court prefaced these grounds with the phrase `it is accepted in law´, thus suggesting the existence of a genuine principle to that effect. In doing so, the Court undoubtedly went too far. There can be no general rule that an arbitration agreement signed by one or more group of companies can be extended to other companies within the group*" (FOUCHARD, Philippe; GAILLARD, Emmanuel; GOLDMAN, Berthold. *International Commercial Arbitration*. The Hague: Kluwer Law International, 1999, p. 288).

[80] CAPRASSE, Olivier. "A Arbitragem e os Grupos de Sociedades" (tradução de Valeria Galíndez), in *Revista de Direito Bancário, do Mercado de Capitais e da Arbitragem*, n. 21, Ano 6, RT, jul.-set. 2003, pp. 339-386. Segundo o autor, esse julgamento consistiria no "prolongamento natural da jurisprudência *Dow Chemical*" (cf. p. 348, item 13).

extinção do contrato. K, então, suscitou a incompetência do tribunal de comércio, alegando a existência de cláusula compromissória segundo o Regulamento CCI. A exceção foi rejeitada.

Submetida a questão à Corte de Apelação de Paris, foi dado provimento ao recurso, sob o fundamento de que a cláusula compromissória inserida em contrato internacional tem validade e eficácia próprias, podendo ser estendida a partes não signatárias, diretamente envolvidas na execução do contrato e nos litígios que possam decorrer dessa avença.

Sob esse fundamento, decidiu a Corte de Apelação de Paris que o direito de representação comercial conferido à sociedade DA derivava da relação contratual mantida por sua controladora B e a sociedade K, e que sua qualidade de filial fazia presumir que, agindo em nome da sociedade B, a cláusula compromissória, bem como as demais disposições contratuais, eram de seu conhecimento – sendo oponíveis a ela, portanto.

Caso "S.A. Kis France vs. Société Générale" – 31.10.1989[81]

A sociedade *Kis France* fabricava equipamentos para impressão e revelação rápida de fotografias. Em parceria com a *Société Générale*, foi desenvolvido sistema de venda desses equipamentos em vários países, inclusive nos Estados Unidos, utilizando-se o instituto do arrendamento mercantil (*leasing*), formalizado por subsidiárias locais da *Société Générale*. Para a realização do negócio, foram celebrados diversos instrumentos: (a) um contrato-geral entre a *Kis France* e a *Société Générale*, esta última atuando em nome próprio e em nome de suas subsidiárias; (b) contratos entre as subsidiárias locais da *Société Générale* e a *Kis France*, com o objetivo de implementar o contrato-geral, principalmente nos Estados Unidos; (c) um contrato celebrado entre *Sogelease Corporation*, subsidiária da *Société Générale* tendo por objeto a contratação de arrendamentos mercantis, e a *Kis California*, posteriormente renomeada para *Kis Corporation*, subsidiária da *Kis*; (d) esse último contrato foi seguido de duas avenças subsequentes: um adendo ao contrato-geral entre *Société Général* e *Kis France* e um contrato entre a *Société Général*, assinando em nome próprio e por suas subsidiárias, e a *Kis Photo Industrie*, assinando em nome próprio e por sua subsidiária *Kis USA*.

---

[81] HANOTIAU, Bernard. *Complex Arbitration – Multiparty, Multicontract, Multi-issue and Class Actions*. The Hague: Kluwer Law International, 2005, pp. 112-113.

Cap. 3 – A EXTENSÃO DA CLÁUSULA COMPROMISSÓRIA

O contrato-geral continha cláusula compromissória invocando o Regulamento CCI, à qual fizeram referência o adendo e os acordos com as subsidiárias locais da *Société Générale*.

Surgido o litígio entre as partes, as sociedades *Société Générale* e duas de suas subsidiárias, *Sogelease Pacific* e *Sogelease Corporation*, iniciaram arbitragem contra as sociedades *Kis France*, *Kis Photo Industrie* e *Kis Corporation*. Os árbitros declararam-se competentes para julgar a disputa, envolvendo todas as partes autoras e todas as partes requeridas, assim como todas as questões decorrentes dos contratos acima indicados.

Submetida a questão à Corte de Apelação de Paris, a decisão dos árbitros foi mantida sob os seguintes fundamentos:

O Contrato Local, concluído pelas subsidiárias da *Société Générale* e *Kis France*, refere-se à arbitragem. Nós inferimos dessa referência que os árbitros podem decidir as disputas relativas à execução de ambos os Contratos Geral e Local, mas somente por meio do requerimento das duas sociedades controladoras. A posição das subsidiárias é totalmente subordinada.

Ao admitir o pedido formulado pela *Société Générale* e por suas subsidiárias contra *Kis France* e *Kis Photo*, os árbitros examinaram os contratos entre as partes e consideraram que as suas obrigações mútuas estavam ligadas inexoravelmente e que as sociedades controladoras exerceram papel dominante vis-à-vis as suas subsidiárias, obrigadas a respeitar as suas decisões comerciais e financeiras [...] Os árbitros inferiram das relações contratuais entre os dois grupos de companhias que havia a intenção comum das partes de considerar a *Kis France* e a *Kis Photo* responsáveis por qualquer valor devido por elas ou por sua subsidiária *Kis Corporation*. Dessa forma, os árbitros consideraram que o pedido formulado pela *Société Général* e por suas subsidiárias era admissível.[82]

---

[82] No original, traduzido livremente pelo autor: *"The Local Agreement, concluded by the subsidiaries of Société Générale and Kis France, refers to this arbitration clause. We infer from this reference that the arbitrators may decide the disputes concerning the execution of both the Basic and the Local Agreement, but only upon request of the two parent companies. The position of the subsidiaries in this sense is totally subordinate. In granting the claim filed by Société Générale and its subsidiaries against Kis France and Kis Photo, the arbitrators examined the agreements between the parties and held that the parties' mutual obligations were inexorably linked and that the parent companies played a dominant role vis-à-vis their subsidiaries, which were bound to abide by the former's commercial and financial decisions [...] The arbitrators inferred from the contractual relationships between the two groups of companies that there were a common intention of the parties to consider Kis France and Kis Photo liable for any amounts owed by them or their subsidiary Kis Corporation. Hence, the arbitrators deemed that the claim filed by Société Générale and its subsidiaries was admissible"* (HANOTIAU, Bernard. *Complex Arbitration – Multiparty, Multicontract, Multi-issue and Class Actions*. The Hague: Kluwer Law International, 2005, p. 113).

O Professor Bernard Hanotiau afirma que, nessa decisão da Corte de Apelação de Paris, a existência de grupo de sociedades foi *decisiva* para que os árbitros chegassem à conclusão acerca da existência de grupo de contratos,[83] fundamento último para a extensão da convenção de arbitragem à parte não signatária.[84]

Caso "Orri vs. Société des Lubrifiants Elf Aquitaine" – 11.01.90

Viu-se, anteriormente, neste Capítulo, ao se expor o quadro fático do *Caso Orri vs. Société des Lubrifiants Elf Aquitaine*, que o tribunal arbitral autorizou a extensão da cláusula compromissória ao Sr. Z, não signatário da convenção arbitral e acionista controlador do grupo ao qual pertencia a sociedade signatária, ao verificar a existência de confusão entre ele e as sociedades integrantes do grupo.

Inconformado com a decisão dos árbitros, o Sr. Z recorreu ao Poder Judiciário da França. A Corte de Apelação de Paris – ratificando a fundamentação exposta no julgamento do acima exposto Caso *Société Korsnas Marma vs. Société Duranz-Auzias* – manteve a decisão do tribunal arbitral, indicando, todavia, novos argumentos em favor da condenação do Sr. Z:

> (...) de acordo com os usos e costumes do comércio internacional, a cláusula compromissória inserida em um contrato internacional tem validade e eficácia próprias que permitem a extensão da aplicação às partes diretamente implicadas na execução do contrato e no litígio que pode dele resultar, quando fique estabelecido que sua situação contratual, as atividades e relações comerciais habituais existentes entre as partes fazem

---

[83] HANOTIAU, Bernard. *Complex Arbitration – Multiparty, Multicontract, Multi-issue and Class Actions*. The Hague: Kluwer Law International, 2005, p. 113.

[84] Há autores que enxergam nesse precedente a aplicação simultânea das teorias dos grupos de sociedade e dos grupos de contratos, a fundamentar a extensão subjetiva da cláusula compromissória, tais como Yves Derains e Fernando Mantilla-Serrano, ambos em artigos publicados na obra coletiva *Multiparty Arbitration* (editado por Bernard Hanotiau e Eric Shwartz), Dossiers, ICC Institute of World Business Law: Paris, 2010, pp. 139 e 24, respectivamente. A semelhante entendimento chegaram os eminentes Professores Fouchard, Gaillard e Goldman: "*Again, it was not so much the existence of a group, but instead the intention of the parties–revealed in this case by the interrelated contracts–which justified the extension of the arbitration agreement*" (FOUCHARD, Philippe; GAILLARD, Emmanuel; GOLDMAN, Berthold. *International Commercial Arbitration*. The Hague: Kluwer Law International, 1999, p. 289).

Cap. 3 – A EXTENSÃO DA CLÁUSULA COMPROMISSÓRIA

presumir que elas aceitaram a cláusula de arbitragem de cuja existência e alcance elas tinham conhecimento, ainda que não tenham sido signatárias do contrato que a estipulava.[85]

Ressaltou, ainda, a Corte de Apelação de Paris que, mesmo que se tivesse empregado um engodo para eximir de responsabilidade o Sr. Z, essa manobra consistiria em fraude, intentada com o objetivo de esconder o verdadeiro contratante, a justificar, portanto, a correta decisão adotada pelos árbitros. O Professor Arnoldo Wald esclarece que,

para a Corte de Apelação de Paris, esse compromisso tem como fonte a noção de grupo de sociedades, tanto mais que a [sociedade A] parecia ter sempre mantido relações de negócios com o Sr. [X], na qualidade de presidente do grupo de sociedades, formando um conjunto de sociedades que tinham uma existência jurídica e uma independência formal, enquanto estavam ligadas numa unidade econômica submetida a um poder único, exercido pelo próprio Sr. [Z].[86]

PRECEDENTE JULGADO PELA CORTE DE CASSAÇÃO

Caso "Orri vs. Société des Lubrifiants Elf Aquitaine" – 11.06.1991

Irresignado com a decisão proferida pela Corte de Apelação de Paris, o Sr. Z recorreu à Corte de Cassação. Em suas razões recursais, sob o argumento de ter sido vinculado por um contrato por ele não subscrito, o Sr. Z suscitou ter havido violação ao art. 1134 do Código Civil francês – norma que disciplina o princípio da relatividade dos contratos.

A Corte de Cassação, última instância do Poder Judiciário da França, negou provimento ao recurso do Sr. Z, quanto ao argumento de *fraude* enfrentado pela Corte de Apelação de Paris. A Corte de Cassação, ao fundamentar sua decisão no elemento *fraude*, perdeu a oportunidade de se manifestar, especificamente, acerca da possibilidade de se estender a

---

[85] WALD, Arnoldo. "A Arbitragem, os Grupos Societários e os Conjuntos de Contratos Conexos", in *Revista de Arbitragem e Mediação,* n. 2, Ano 1, RT, 2004, p. 43.

[86] "A Arbitragem, os Grupos Societários e os Conjuntos de Contratos Conexos", in *Revista de Arbitragem e Mediação,* n.º 2, Ano 1, RT, 2004, p. 43.

cláusula compromissória a parte não signatária no âmbito de grupo de sociedades.[87]

Síntese da jurisprudência francesa

Em recentíssimo artigo sobre o tema aqui tratado, o Professor Bernard Hanotiau, em coautoria com Barbara den Tandt, após analisar alguns dos precedentes judiciais acima apontados, assim resume a jurisprudência francesa: *"De fato, a questão chave consiste em saber se o não signatário manifestou, de outra forma que não por sua assinatura, sua vontade de se vincular ao contrato e à cláusula compromissória subjacente, e se as partes signatárias do contrato anuíram neste sentido".*[88]

10.2. Suíça[89]

PRECEDENTES JULGADOS PELA SUPREMA CORTE FEDERAL

Caso "Saudi Butec Ltd. vs. Saudi Arabian Saipem Ltd." – 29.01.1996[90]

A sociedade B celebrou contrato para construção de um oleoduto com consórcio integrado pela sociedade YY, outras sociedades do Grupo YY e a companhia M. A Associação A e a sociedade ZZ haviam subcontratado parte dos trabalhos com a sociedade Y, subsidiária de YY, não integrante do consórcio, em avença da qual constou cláusula prevendo arbitragem a

---

[87] WALD, Arnoldo. "A Arbitragem, os Grupos Societários e os Conjuntos de Contratos Conexos", in *Revista de Arbitragem e Mediação, n. 2, Ano 1*, RT, 2004, p. 43.

[88] No original, livremente traduzido pelo autor: "Indeed, the key question is whether a non-signatory company has manifested, other than by signing, its will to be bound by the agreement and the arbitration clause contained therein, and whether the signatories of the agreement have accepted that will" ("Back to basics. Or why the group of companies doctrine should be disregarded once and for all", in *The Practice of arbitration. Essays in honour of Hans Van Houtte* (obra coletiva). P. Wautelet, T. Kruger and G. Coppens (editores), Oxford, Hart Publishing, 2012, pp. 125-132.

[89] Para uma abordagem aprofundada do tema arbitragem e não signatários na prática arbitral e judicial da Suíça, confiram-se os artigos de Philipp Habegger ("Arbitration and Groups of Companies - the Swiss Practice", in *European Business Organizational Law Review*, vol. 3/2002, pp. 517-552) e Tobias Zuberbühler ("Non-Signatories and the Consensus to Arbitrate", in *ASA Bulletin,* Kluwer Law International, vol. 26, issue 1, pp. 18-34).

[90] HANOTIAU, Bernard. *Complex Arbitration – Multiparty, Multicontract, Multi-issue and Class Actions.* The Hague: Kluwer Law International, 2005, p. 59.

Cap. 3 – A EXTENSÃO DA CLÁUSULA COMPROMISSÓRIA

ser realizada na Suíça. Surgido o litígio entre as partes, as sociedades A e ZZ iniciaram procedimento arbitral contra as sociedades Y e YY.

Preliminarmente, o tribunal arbitral[91] decidiu não ter competência para julgar demanda em face de YY. A decisão foi confirmada pela Suprema Corte Federal da Suíça, fundada, dentre outros pontos – ligados à teoria da desconsideração da personalidade jurídica –, nos seguintes argumentos: (a) a teoria dos grupos de companhias não justifica, por si só, a extensão da convenção arbitral a outra sociedade do mesmo grupo, e (b) a não ser que haja manifestação de vontade do signatário de forma clara e formalmente válida, a extensão somente será concedida em circunstâncias excepcionais, sempre marcadas pela boa-fé e pela aparência causada pelo não signatário perante as demais partes na relação comercial subjacente.[92]

> *Precedente arbitral (número desconhecido), confirmado por decisão da Suprema Corte Federal da Suíça, em que se definiu que a exigência de cláusula compromissória por escrito aplica-se apenas à convenção originária e às partes nela referidas, e não a partes não signatárias – 16.10.2003*

Em seguida a procedimento licitatório, a sociedade libanesa Z foi contratada pelas sociedades Y e X para construir um grande empreendimento imobiliário no Líbano. O contrato continha convenção arbitral invocando o Regulamento CCI. Cerca de três anos depois, Z notificou X e Y de sua intenção de extinguir o contrato, tendo em vista o não pagamento de uma determinada fatura. Não sendo possível a realização de acordo, Z deu início a arbitragem contra Y e X, e contra o Sr. A, sob a alegação de que este sempre esteve em constante envolvimento com a execução do contrato. Preliminarmente, os requeridos suscitaram a incompetência dos árbitros para julgar demanda em face do Sr. A, não signatário do contrato.[93]

Devidamente autorizados pelo Regulamento CCI em vigor, o tribunal arbitral aplicou a Lei da Suíça e a *lex mercatoria*, ressaltando que o terreno sobre o qual o empreendimento imobiliário fora erguido pertencia ao Sr. A, que o transferiu a Y, companhia controlada por parentes seus. Além disso, afirmou que era razoável acreditar que o Sr. A havia emprestado à sua mulher e a seus filhos os recursos necessários para capitalizar as

---

[91] A arbitragem foi sediada em Genebra, Suíça.

[92] HANOTIAU, Bernard. *Complex Arbitration – Multiparty, Multicontract, Multi-issue and Class Actions*. The Hague: Kluwer Law International, 2005, p. 59).

[93] HANOTIAU, Bernard. *Complex Arbitration – Multiparty, Multicontract, Multi-issue and Class Actions*. The Hague: Kluwer Law International, 2005, p. 79).

sociedades Y e X, e que o Sr. A havia feito, pessoalmente, a apresentação do empreendimento ao mercado. Todavia, segundo os árbitros, esses fatos, por si sós, não seriam suficientes a permitir a extensão da cláusula compromissória.[94]

Ocorre que, para o tribunal arbitral, foram apresentados pelas partes documentos que comprovaram que o Sr. A havia se envolvido voluntariamente na gestão das sociedades Y e X, nas suas relações com o referido projeto imobiliário, como também na execução do contrato de construção, razão pela qual não poderia alegar desconhecer a existência de convenção arbitral. Concluíram os árbitros, assim, que Y e X haviam sido meras ferramentas para as atividades pessoais do Sr. A que, atuando dessa forma, demonstrou sua intenção de integrar o contrato e a cláusula compromissória. Seria contrário à regra da boa-fé, regente das relações internacionais, que um indivíduo intensamente envolvido na execução de contrato pudesse se esconder atrás da personalidade jurídica de sociedade por ele controlada, recusando, dessa forma, se submeter a procedimento arbitral.[95]

Inconformado, o Sr. A ajuizou demanda declaratória de nulidade do laudo arbitral, alegando violação ao art. 178, alínea 1, da Lei Federal da Suíça sobre o Direito Internacional Privado, a qual estabelece que a convenção de arbitragem é válida somente se revestir a forma escrita ou qualquer outro meio de comunicação que permita constatar a sua existência na forma de um texto.[96]

Segundo a Suprema Corte Federal da Suíça,[97] o requisito de forma estabelecido pelo art. 178, alínea *1*, da Lei Federal Suíça sobre o Direito Internacional Privado aplica-se apenas à convenção arbitral originária, com relação à qual as partes signatárias concordaram expressamente. No que tange

---

[94] HANOTIAU, Bernard. *Complex Arbitration – Multiparty, Multicontract, Multi-issue and Class Actions*. The Hague: Kluwer Law International, 2005, p. 79).

[95] HANOTIAU, Bernard. *Complex Arbitration – Multiparty, Multicontract, Multi-issue and Class Actions*. The Hague: Kluwer Law International, 2005, p. 80).

[96] *"Art. 178. III. Convention d'arbitrage. 1 Quant à la forme, la convention d'arbitrage est valable si elle est passée par écrit, télégramme, télex, télécopieur ou tout autre moyen de communication qui permet d'en établir la preuve par un texte."*

[97] HANOTIAU, Bernard. *Complex Arbitration – Multiparty, Multicontract, Multi-issue and Class Actions*. The Hague: Kluwer Law International, 2005, pp. 79-80. Para uma crítica a essa decisão, confira-se o artigo de Jean-François Poudret intitulado "Note – Tribunal federal, Ire Cour Civile, 16 octobre 2003, (4P.115/2003); Un statut privilégié pour l'extension de l'arbitrage aux tiers?" (in *ASA Bulletin*, vol. 22, Issue 2, pp. 390-397). William Park entende que essa decisão não chegou a acolher, especificamente, a teoria dos grupos de sociedades, nem a desaprovar a decisão proferida em 1996 no caso *Saudi Butec Ltd. vs. Saudi Arabian Saipem Ltd.* ("Non-signatories and International Arbitration: An Arbitrator's Dilemma", in *Multiple Party Actions and International Arbitration*. New York: Oxford University Press, 2009, p. 26, nota 78).

Cap. 3 – A EXTENSÃO DA CLÁUSULA COMPROMISSÓRIA

à sua extensão subjetiva a não signatário, impõe-se apurar quais são as partes vinculadas ao contrato e, eventualmente, determinar se um ou mais terceiros não signatários se inserem em seu alcance *ratione personae*. Essa apuração, todavia, segundo o tribunal suíço, pertenceria ao mérito da disputa, a ser decidido conforme a alínea 2 do mesmo dispositivo – o qual estabelece que a convenção arbitral é válida se observados os requisitos estabelecidos pela lei escolhida pelas partes, ou pelo direito que governa o objeto do litígio e, notadamente, o contrato principal, ou pelo direito suíço.[98]

Como se vê, a Suprema Corte Federal da Suíça não acolheu a aplicação irrestrita da teoria dos grupos de sociedades para fundamentar a extensão da convenção arbitral a não signatários.[99] Ela apenas flexibilizou o requerimento de que a convenção arbitral deve adotar a forma escrita, autorizando aos árbitros, dessa forma, se entenderem presente a manifestação de vontade do não signatário, torná-lo parte do processo arbitral, que também envolverá as partes signatárias da convenção arbitral originária.

10.3. Estados Unidos da América

Os Estados Unidos da América ostentam os precedentes judiciais mais liberais no que tange à extensão da cláusula compromissória a partes não signatárias,[100] não ligados, necessariamente, à livre manifestação de vontade da parte não signatária de integrar a arbitragem, mas sim com o declarado objetivo de prestar obediência à política pública federal de favorecimento das arbitragens. Nesse sentido, a extensão da convenção de arbitragem a não signatários costuma ser fundamentada em institutos como *agency, alter ego, third party beneficiary, estoppel/equitable estoppel, single economic transaction doctrine* e *general reliance on equity agency*.[101]

---

[98] *"Art. 178. III. Convention d'arbitrage. 2 Quant au fond, elle est valable si elle répond aux conditions que pose soit le droit choisi par les parties, soit le droit régissant l'objet du litige et notamment le droit applicable au contrat principal, soit encore le droit suisse."*

[99] *"Swiss courts have been more ambivalent. Some Swiss commentators have concluded that `Swiss law ignores the notion of group of companies'. Swiss judicial authority is mixed, with some decisions suggesting that the group of companies doctrine would not be recognized under Swiss law and other decisions implying the opposite"* (BORN, Gary. *International Commercial Arbitration*. Vol. I. Kluwer Law International, 2009, p. 1175).

[100] *"Finally, it appears that in relation to the issue of extension of the clause to non-signatories, American case law is much more liberal than any in Europe, at least in some Circuits, the paramount concern of the courts being the `federal policy favouring arbitration'"* (Bernard Hanotiau, *Complex Arbitration – Multiparty, Multicontract, Multi-issue and Class Actions*. The Hague: Kluwer Law International, 2005, p. 99).

[101] Para uma análise aprofundada sobre a extensão da convenção arbitral a partes não signatárias no direito americano, confira-se o artigo de James M. Hosking intitulado

Serão expostos a seguir alguns poucos precedentes, mais intimamente vinculados à matéria objeto deste livro.

> ## PRECEDENTE JULGADO PELA CORTE DE APELAÇÃO PARA O 4º CIRCUITO
>
> Caso "J.J. Ryan & Sons, Inc. vs. Rhone Poulenc Textile, S.A" – 13.12.1988

No caso *J.J. Ryan & Sons, Inc. vs. Rhone Poulenc Textile, S.A.*, a Corte de Apelação do 4º Circuito autorizou a extensão da convenção arbitral a sociedade controladora não signatária sob o fundamento de que, se as acusações imputadas à sociedade controladora e a suas subsidiárias são baseadas nos mesmos fatos e são inseparáveis, pode uma corte determinar que o litígio seja julgado por meio de arbitragem, mesmo que a controladora não seja signatária da convenção. Segundo a Corte de Apelação do 4º Circuito, se a sociedade controladora fosse obrigada a recorrer ao Poder Judiciário para ter o caso apreciado, a arbitragem prevista no contrato não faria mais sentido, e a política pública federal que favorece a arbitragem restaria comprometida.[102]

> ## PRECEDENTE JULGADO PELA CORTE DE APELAÇÃO PARA O 11º CIRCUITO
>
> Caso "Sunkist Soft Drinks, Inc. vs. Sunkist Growers, Inc." – 30.12.1993

A sociedade A, por meio de contrato de licença de comercialização de uma bebida, autorizou a sociedade B a vender seus produtos em determinada região, em documento do qual constou convenção arbitral. Surgido o litígio entre as partes, a sociedade A ajuizou demanda judicial contra a sociedade C, controladora de B, acusada de gerenciar a sua controlada de maneira a violar o contrato de licença. A sociedade C suscitou exceção de incompetência, sob a alegação de que o contrato de licença continha

---

"Non-Signatories and International Arbitration in the United States: the Quest for Consent" (in *Arbitration International*, vol. 20, issue 3, p. 291).

[102] HANOTIAU, Bernard. *Complex Arbitration – Multiparty, Multicontract, Multi-issue and Class Actions*. The Hague: Kluwer Law International, 2005, p. 60.

Cap. 3 – A EXTENSÃO DA CLÁUSULA COMPROMISSÓRIA

cláusula compromissória, sendo obrigatória a via arbitral. Em que pese a sociedade C não tenha figurado no contrato de licença como parte signatária, a Corte de Apelação do 11º Circuito decidiu que a sociedade A deveria iniciar procedimento arbitral contra a sociedade C, tendo em vista a relação próxima mantida entre ela e sua controlada, bem como a sua contribuição para o ilícito cometido pela sociedade B.[103]

PRECEDENTE JULGADO PELA CORTE DE APELAÇÃO PARA O 2º CIRCUITO

Caso "Sarhank Group v. Oracle Corporation" – 2005

A sociedade egípcia Sarhank Group celebrou contrato de agência com a Oracle Systems Ltd., subsidiária integral da americana Oracle Corporation, comprometendo-se a comercializar seus serviços e produtos no Egito. Alguns anos depois, as partes se desentenderam e o contrato foi encerrado pela Oracle Systems. A Sarhank iniciou arbitragem contra a Oracle Systems e contra a Oracle Corporation, sob a alegação de que ambas as sociedades eram parceiras da requerente no mesmo negócio, o que foi impugnado pela Oracle Corporation. Os árbitros entenderam-se competentes para julgar a disputa, sob a alegação de que, de acordo com o direito egípcio, uma subsidiária somente pode celebrar contratos com a autorização de sua controladora, tendo em vista, no caso específico, a marca em torno e em nome do qual o negociou foi celebrado. Ainda segundo o tribunal arbitral, a análise do caso sob o enfoque da teoria dos grupos de sociedades era particularmente apropriada, dado que o contrato dava à Oracle Systems o direito de ceder seus direitos e obrigações a qualquer outra sociedade afiliada, sem ser necessário o consentimento da sociedade Sarhank. No mérito, a Oracle Systems e a Oracle Corporation foram condenadas a indenizar a sociedade Sarhank solidariamente, em decisão posteriormente confirmada pela Corte de Apelação e pela Corte de Cassação do Egito.

A Sarhank deu início às medidas judiciais necessárias à execução do laudo arbitral nos EUA. Em primeira instância, perante um Juízo Federal em Nova York, a decisão foi confirmada, permitindo-se o prosseguimento da execução. A Oracle recorreu à Corte de Apelação para o 2º Circuito, que reformou a decisão de primeira instância, recusando, portanto, a execução

---

[103] HANOTIAU, Bernard. *Complex Arbitration – Multiparty, Multicontract, Multi-issue and Class Actions*. The Hague: Kluwer Law International, 2005, p. 60.

do laudo arbitral, sob o fundamento de que, em síntese, nos EUA, uma parte não signatária não pode ser tida como vinculada a convenção arbitral se a extensão não for baseada em teoria sólida, conforme o contrato de agência e o direito contratual americano.[104]

10.4. Inglaterra

PRECEDENTE JULGADO PELA CORTE DE APELAÇÃO DA INGLATERRA

Caso "Adams Group vs. Cape Industries plc." – 1990

No direito inglês, a jurisprudência tem se mostrado refratária à teoria dos grupos de sociedades, tal como externado, com muita ênfase, no caso *Adams vs. Cape Industries plc. [1990]*. Nesse julgamento, a Corte de Apelação da Inglaterra foi expressa no sentido de que a mera utilização de estrutura societária, em forma de grupo empresarial, para a realização de atividades econômicas ou para se estabelecer proteção contra eventuais riscos, não autoriza a extensão de cláusula compromissória a outra sociedade do mesmo grupo. Adicionalmente, ressaltou-se que o direito ao uso de estrutura corporativa é inerente ao direito societário daquele país, somente sendo permitida a desconsideração da personalidade jurídica em casos de fraude ou de confusão patrimonial.[105]

PRECEDENTE JULGADO PELA CORTE COMERCIAL DE LONDRES

Caso "Peterson Farms Inc vs. C&M Farming Ltd." – 04.02.2004

Mais recentemente, o Poder Judiciário da Inglaterra voltou a apreciar o tema, no caso *Peterson Farms Inc vs. C&M Farming Ltd.*,[106] confirmando a orientação adotada pelos tribunais ingleses no que tange à extensão de cláusula compromissória no âmbito de grupos de sociedades.

---

[104] HANOTIAU, Bernard. *Complex Arbitration – Multiparty, Multicontract, Multi-issue and Class Actions*. The Hague: Kluwer Law International, 2005, pp. 229/230.

[105] HANOTIAU, Bernard. *Complex Arbitration – Multiparty, Multicontract, Multi-issue and Class Actions*. The Hague: Kluwer Law International, 2005, p. 69 e 89.

[106] A íntegra da decisão encontra-se disponível no *website* de *The Nationwide Academy For Disputes Resolution (UK) Ltd.*,: [http://www.nadr.co.uk/articles/published/ArbitLawReports/Peterson%20v%20Farming%202004.pdf]. Acesso em 30.10.12.

A sociedade americana *Peterson Farms*, com sede no estado americano do Arkansas, celebrou contrato de compra e venda com a sociedade indiana *C&M Farming*, do qual constou cláusula compromissória invocando o Regulamento CCI e a lei do Arkansas, em arbitragem a ser sediada em Londres. Por meio desse contrato, a *Peterson Farms* entregou à *C&M Farming* alguns exemplares de galos, para futura reprodução e comercialização pela própria *C&M Farming* e por outras sociedades do grupo. Ocorre que as aves vendidas à *C&M Farming* estavam contaminadas por vírus que dificultavam a sua reprodução. Surgido o litígio entre as partes, a *C&M Farming* e outras sociedades do grupo iniciaram arbitragem contra a *Peterson Farms*. Preliminarmente, a requerida suscitou a incompetência do tribunal arbitral com relação às partes requerentes não signatárias do contrato de compra e venda.

Inicialmente, o tribunal, com fundamento na *separability doctrine*, segundo a qual a cláusula compromissória constitui negócio jurídico autônomo em relação ao contrato em que se insere – regra também prevista no direito brasileiro, conforme o *caput* do art. 8° da Lei n.° 9.307/1996 –, decidiu que a lei do Arkansas seria aplicável apenas ao mérito da disputa, e não à interpretação da convenção de arbitragem. Por esse motivo, o tribunal arbitral entendeu que poderia aplicar à hipótese os precedentes da CCI relativos à teoria do grupo de sociedades.[107]

Segundo os árbitros, a *Peterson Farms*, no curso da relação contratual, havia se relacionado com o Grupo *C&M* como um todo, e somente havia celebrado o contrato com a sociedade *C&M* por mera conveniência negocial. Concluíram os árbitros que a *C&M* tinha direito a ser indenizada em US$ 6,7 milhões, dos quais US$ 5,5 milhões consistiam em danos sofridos por outras sociedades do Grupo *C&M*, não signatárias do contrato de compra e venda nem da convenção arbitral.

Inconformada com o laudo arbitral, a *Peterson Farms* questionou a sua validade perante a Corte Comercial de Londres, invocando violação à lei de arbitragem inglesa de 1996, tendo em vista a condenação em benefício de partes não integrantes do contrato nem da convenção de arbitragem. A decisão do Juiz Langley J foi de encontro à decisão dos árbitros, reformando-a parcialmente.

Em primeiro lugar, o Juiz Langley J afirmou que a lei escolhida para a solução do mérito da disputa era também aplicável à interpretação da

---

[107] LEADLEY, John; WILLIAMS, Liz. "Peterson Farms: there is no group of companies doctrine in English Law". Artigo disponível em: [http://www.bakernet.com/NR/rdonlyres/5780A31F-14DE-4FD2-B1A5-F6DCA447CD6B/34239/ petersonfarms.pdf]. Acesso em 14.04.10.

cláusula compromissória, pois não havia nenhum fundamento para a distinção estabelecida pelo tribunal arbitral, o que comprometia seriamente o laudo proferido. A lei aplicável à solução do litígio e à interpretação da convenção arbitral, portanto, era a do estado americano do Arkansas, livremente escolhida pelas partes. Ainda segundo o magistrado inglês, a lei aplicável seria equivalente à lei inglesa, no que tange ao alcance da alegada teoria dos grupos de sociedades.[108] Especificamente quanto a esta teoria, o Juiz Langley J foi bastante enfático no sentido de ela não fazer parte do direito inglês.[109] A C&M ainda invocou em seu favor os institutos do *estoppel* e do *agency*, afastados pelo magistrado por falta de provas nesse sentido.

A Corte Comercial de Londres manteve a condenação da sociedade *Peterson Farms* a indenizar apenas a sociedade *C&M*, expurgando do laudo arbitral a parte da condenação que seria destinada às demais sociedades do Grupo *C&M*, não signatárias do contrato nem da convenção arbitral.

10.5. Suécia

PRECEDENTE JULGADO PELA SUPREMA CORTE DA SUÉCIA

Caso "Concorp Scandinavia AB vs. Karelkamen Confectionary AB" – 2012[110]

A sociedade *Concorp Scandinavia* ("*Concorp*") vendeu para a sociedade *Xcaret Confectionary* ("*Xcaret*") as cotas representativas do capital social da sociedade *Karelkamen Confectionary* ("*Karelkamen*"). Em paralelo, *Concorp* e *Xcaret* assinaram contrato de cooperação e um termo aditivo, dos quais constaram cláusulas compromissórias, não subscritas pela sociedade *Karelkamen*. Antes da realização do negócio, *Concorp* havia emprestado a *Karelkamen* 16 milhões de coroas suecas, valor posteriormente reduzido pelas partes, de comum acordo, para 12 milhões.

---

[108] Sarita Patil Woolhouse, no artigo "Group of Companies Doctrine and English Arbitration Law", discute mais detidamente os aspectos desse precedente relativos à escolha da lei aplicável à matéria de fundo e à interpretação da convenção arbitral (*Arbitration International,* vol. 20, issue 4, Kluwer Law International, pp. 435-443).

[109] Para uma avaliação crítica acerca da orientação adotada pelo Poder Judiciário da Inglaterra no caso *Peterson Farms*, confira-se o artigo de John P. Gaffney intitulado "The Group of Companies Doctrine and the Law Applicable to the Arbitration Agreement", in *Mealey's International Arbitration Report*, June 2004, vol. 19, #6.

[110] Informação disponível em <http://www.globalarbitrationreview.com/journal/article/30482/sweden-supreme-court-rules-group-companies-doctrine/>. Consulta realizada em 11.08.2012.

Cap. 3 – A EXTENSÃO DA CLÁUSULA COMPROMISSÓRIA

Alguns anos depois, *Concorp* ajuizou ação de cobrança contra *Karelkamen* perante a Justiça de primeira instância na Suécia, pleiteando o pagamento do referido empréstimo. A *Concorp*, em sua petição inicial, restringiu-se a mencionar o contrato de mútuo com a *Karelkamen*, sem qualquer indicação da existência do contrato de cooperação assinado com a *Xcaret*. Em sua defesa, *Karelkamen* afirmou que, conquanto não fosse signatária, era parte do contrato de cooperação e de seu aditivo, bem como das cláusulas compromissórias neles contidas, requerendo, consequentemente, a extinção do processo. A preliminar arguida por *Karelkamen* foi rejeitada em primeira instância, dado que ela não era parte signatária desses dois instrumentos. Houve recurso contra essa decisão.

Em segunda instância, a Corte de Apelação de Svea entendeu que os pedidos formulados por *Concorp* contra *Karelkamen* estariam cobertos pela cláusula compromissória contida no contrato de cooperação, dado que o empréstimo existente entre *Concorp* e *Karelkamen* guardava relação direta com o contrato de cessão de cotas celebrado entre *Concorp* e *Xcaret*. O Tribunal também ressaltou que a convenção de arbitragem contida no contrato de cooperação havia sido redigida de forma ampla o suficiente para alcançar eventuais disputas entre *Concorp* e *Karelkamen*. Finalmente, a Corte também entendeu que algumas cláusulas contidas no contrato de cooperação guardavam relação com as obrigações de *Karelkamen*, inclusive financiamentos e controle de sociedades subsidiárias. Em conclusão, a Corte de Apelação de Svea decidiu que *Karelkamen* estava vinculada ao contrato de cooperação e à cláusula compromissória nele contida.

A questão foi levada à apreciação da Suprema Corte da Suécia, que adotou o entendimento de que as cláusulas compromissórias em análise somente englobavam as obrigações estabelecidas no contrato de cooperação e em seu aditivo, em interpretação restritiva. Dessa forma, a dívida contraída por *Karelkamen* perante a *Concorp*, anterior à celebração desses dois instrumentos, não poderia se valer das cláusulas compromissórias neles contidas. Além disso, a Suprema Corte sueca enfatizou que a cobrança havia sido ajuizada com fundamento apenas no contrato de mútuo, e não no contrato de cooperação e em seu aditivo. Por esses fundamentos, a decisão da Corte de Apelação de Svea foi reformada, rejeitando-se, consequentemente, a preliminar arguida pela *Karelkamen*. Segundo especialistas, essa decisão confirma o tradicional entendimento de que a teoria dos grupos de sociedades não tem aplicação no direito da Suécia.[111]

---

[111] Os comentaristas dessa decisão, disponibilizada em [http://www.globalarbitrationreview. com/journal/article/ 30482/sweden-supreme-court-rules-group-companies-doctrine/], são James Hope e Homan Hamzeh. Acesso em 11.08.12.

11. A EXISTÊNCIA DE GRUPO DE SOCIEDADES CONSISTE TÃO SOMENTE EM ELEMENTO DE AUXÍLIO À INTERPRETAÇÃO DA VONTADE DE PARTES SIGNATÁRIAS E NÃO SIGNATÁRIAS

A extensão da cláusula compromissória justifica-se, na experiência estrangeira, não pela existência de um grupo de sociedades, mas pela manifestação de vontade que se torna evidente com o grupo. Trata-se de solução mais consentânea com os pilares nos quais se funda a arbitragem.[112]

Em visão de conjunto, lançada sobre os precedentes arbitrais, judiciais e administrativos (Corte CCI) acima expostos, uma cláusula compromissória subscrita por sociedade integrante de grupo empresarial não pode ser estendida às demais sociedades do mesmo grupo, com fundamento tão somente na chamada teoria dos grupos de sociedades. Não há um só precedente, dentre todos os acima analisados, que tenha fundamentado a extensão subjetiva da convenção arbitral apenas nessa teoria, nem mesmo o *leading case Dow Chemical*.

O vulgo, assim como o jurista, reconhece no grupo empresarial a existência de vínculo entre as sociedades que o integram. Independentemente da intensidade da relação de subordinação estabelecida no âmbito interno ao grupo, ele é visto, de quem o enxerga externamente, como uma unidade. Por esse motivo, mesmo que se possa afirmar, seguramente, que a existência de um grupo empresarial não interfere na independência jurídica das sociedades que o integram, tendo em vista que elas conservam personalidade jurídica própria, essa realidade fática oferece ao intérprete dimensão privilegiada para a identificação do consentimento de partes signatárias e não signatárias.[113]

A existência de grupo de sociedades consiste em elemento de fato, em um indício, a ser devidamente apurado pelos árbitros na identificação de adesão voluntária à convenção arbitral por partes não signatárias. O elemento fundamental a ser encontrado pelo árbitro, para a validação da extensão subjetiva da cláusula compromissória, em toda e qualquer hipótese, é o consentimento.

---

[112] TEPEDINO, Gustavo. "Consensualismo na Arbitragem e Teoria do Grupo de Sociedades", in *Revista dos Tribunais*, vol. 903, jan. 2011, pp. 20-21.

[113] *"[T]he existence of a group of companies may be relevant, particularly because it generates certain dynamics in terms of organization, control, common participation in projects, the interchangeability of the members within the group, etc."* (HANOTIAU, Bernard. "Consent to Arbitration: Do We Share a Common Vision? (The 2010 Annual Freshfields Lecture, London, 21 October 2010)", in *Arbitration International*, Kluwer Law International, 2011, vol. 27, Issue 4, p. 545).

Cap. 3 – A EXTENSÃO DA CLÁUSULA COMPROMISSÓRIA

O Professor Charles Jarrosson também considera a existência de grupo de sociedades como um indício, a facilitar a análise acerca da extensão da convenção arbitral:

> Pode-se, portanto, dizer que, em matéria internacional, a existência de um grupo de sociedades não cria uma presunção, mas um indício para se vislumbrar mais facilmente a extensão da convenção de arbitragem.[114]

Outro não é o entendimento do Professor Gustavo Tepedino, para quem a existência de grupo de sociedades não consiste em presunção absoluta da concordância do não signatário com o procedimento arbitral, "mas de simples *indício* de submissão [...], que pode ser afastado por outras circunstâncias".[115]

A existência de grupo de sociedade tem o condão de auxiliar o intérprete na busca pela efetiva vontade das partes signatárias e não signatárias, mas é incapaz de justificar, por si só, segundo informam a doutrina e os precedentes arbitrais, judiciais e da Corte CCI, a extensão subjetiva da cláusula arbitral.

Vista a questão de outro ângulo, a aplicação da extensão da cláusula compromissória a parte não signatária atribui muito menos importância à constatação da existência de grupo de sociedades do que à efetiva comprovação de ter havido consentimento inequívoco de todas as partes envolvidas na arbitragem. É o que ensinam os eminentes Professores Fouchard, Gaillard e Goldman:

> Claramente, contudo, não é tanto a existência de um grupo que resulta na vinculação das várias sociedades que o integram ao acordo assinado por apenas uma delas, mas, sobretudo, o fato de que essa era a verdadeira intenção das partes.[116]

---

[114] No original, traduzido livremente pelo autor: *"On peut donc dire qu'en matière internationale, l'existence d'un groupe de sociétés crée non pas une présomption, mais un indice permettant d'envisager plus facilement l'extension de la convention d'arbitrage"* (*"Conventions d'arbitrage et groupes de sociétés"*, in *Groupes de sociétés: contrats et responsabilités*. Paris: LGDJ, 1994, p. 61).

[115] TEPEDINO, Gustavo. "Consensualismo na Arbitragem e Teoria do Grupo de Sociedades", in *Revista dos Tribunais*, vol. 903, jan. 2011, p. 18 – a palavra "indício" foi destacada pelo autor do presente livro.

[116] No original, traduzido livremente pelo autor: *"Clearly, however, it is not so much the existence of a group that results in the various companies of the group being bound by the agreement signed by only one of them, but rather the fact that such was the true*

O Professor Yves Derains, em comentário ao Caso CCI 6519/1991, exposto no item 7 deste Capítulo, após destacar que a existência de grupo empresarial não é suficiente a fundamentar a extensão da convenção de arbitragem a partes não signatárias, elenca três condições alternativas para a sua incidência:

– A empresa deve ter desempenhado um papel ativo nas negociações [...]

– A empresa deve possuir interesse no contrato em que esteja inserida a cláusula arbitral [...]

– A empresa deve ter sido representada, efetivamente ou implicitamente.[117]

E essas três condições alternativas revelam, na essência, a preocupação do doutrinador em apurar a vontade inequívoca da parte não signatária de integrar a relação comercial subjacente, para que seja possível estender-lhe os efeitos de convenção arbitral por ela não subscrita formalmente.

Com ênfase na necessidade de se apurar a real intenção das partes vinculadas a uma convenção arbitral, e na dificuldade que isso pode representar na prática, o Professor Olivier Caprasse ressalta a importância da análise dos fatos subjacentes ao caso concreto:

> Não negamos que os grupos "tais como Jano [têm] duas faces: uma eco-nômica e outra jurídica". Isso pode criar uma tensão entre o respeito ao jurídico e ao econômico. Nada permite, contudo, justificar a superioridade do econômico sobre o jurídico. A determinação do alcance da cláusula compromissória no seio dos grupos necessita, consequentemente, assim como todas as demais disposições contratuais, de uma apuração da vontade das sociedades envolvidas. Haverá, assim, definitivamente, que se proceder, caso a caso, a uma difícil e incerta análise das vontades dos protagonistas.[118]

---

intention of the parties" (FOUCHARD, Philippe; GAILLARD, Emmanuel; GOLDMAN, Berthold. *International Commercial Arbitration*. The Hague: Kluwer Law International, 1999, p. 283).

[117] No original, traduzido livremente pelo autor: "*L`existence du groupe ne suffit pas, en soi, à lier l'ensemble de ses members à une clause d'arbitrage signée par l'un d'entre eux. Pour que la clause d'arbitrage s'applique à une société du groupe, trois conditions alternatives doivent être remplies. – La société doit avoir joué un rôle actif dans les négo-ciations [...] – La société doit être concernée par l'accord au sein duquel figure la clause d'arbitrage. [...] – La société doit avoir été représentée, effectivement ou implicitement*" (ARNALDEZ, Jean-Jacques; DERAINS, Yves; HASCHER, Dominique. *Collection of ICC Arbitral Awards*, 1991-1995. Paris: Kluwer Law International, 1997, pp. 424 e 425).

[118] "A Arbitragem e os Grupos de Sociedades" (trad. de Valeria Galíndez), in *Revista de Direito Bancário, do Mercado de Capitais e da Arbitragem*, n. 21, Ano 6, RT, jul.-set. 2003, pp. 355 e 385, respectivamente.

Cap. 3 - A EXTENSÃO DA CLÁUSULA COMPROMISSÓRIA

Será, portanto, por meio da verificação cuidadosa dos elementos de fato que os árbitros, a Corte CCI ou o Poder Judiciário colherão a manifestação concreta da vontade do signatário e do não signatário, externada pelo comportamento por eles adotado, para então declará-los sujeitos, ou não, aos efeitos da mesma cláusula compromissória.

Adotando posição mais rigorosa do ponto de vista dogmático, o Professor Daniel Cohen afirma que a existência de grupo de sociedades não possui nenhuma relevância para a incidência da extensão da convenção arbitral a parte não signatária. Para ele, o grupo assumiria posição neutra diante de cláusula compromissória assinada por apenas uma das sociedades que o integram:

> De maneira geral, o grupo de sociedades não tem sido considerado pela jurisprudência arbitral ou judicial como suficiente em si para decidir sobre a admissão, ou recusa, acerca da extensão, a um ou mais de seus integrantes, da convenção de arbitragem concluída por uma das outras sociedades do grupo.
>
> [...]
>
> *Parece-nos que o grupo de sociedades é perfeitamente neutro em termos de arbitragem: sua existência não pode servir nem de indício, nem a fortiori de presunção de aceitação da cláusula compromissória por outras sociedades do grupo integrado pela sociedade contratante.* Não se deve subverter o princípio (da independência jurídica das sociedades integrantes do grupo) pela exceção.[119] (destacou-se)

Nesse mesmo sentido, o Professor Bernard Hanotiau, em artigos recentemente publicados,[120] afirmou que a teoria dos grupos de sociedades

---

[119] No original, livremente traduzido pelo autor: *"De manière générale, le groupe de sociétés n'a pas été considéré par la jurisprudence arbitrale ou judiciaire comme suffisant à lui seul pour décider de l'admission, ou du refus, d'extension à l'une ou plusieurs de ses composantes de la convention d'arbitrage conclue par une des autres. [...] Il nous semble donc que le groupe de sociétés est parfaitement neutre du point de vue de l'arbitrage: son existence ne peut servir ni d'indice, ni a fortiori de présomption d'acceptation de la clause d'arbitrage par d'autres sociétés du groupe que la société contractante. Il ne faudrait donc pas renverser le principe (de l'indépendance juridique des sociétés membres du groupe) par l'exception"* (COHEN, Daniel. *Arbitrage et Société*. Bibliothèque de Droit Privé, Tome 229. Paris: Librairie Générale de Droit et de Jurisprudence, 1993, pp. 288 e 289).

[120] Trata-se dos artigos "Back to basics. Or why the group of companies doctrine should be disregarded once and for all", em coautoria com Barbara den Tandt, in *The Practice of arbitration. Essays in honour of Hans Van Houtte*. P. Wautelet, T. Kruger and G. Coppens (editores), Oxford, Hart Publishing, 2012, pp. 125-132, e "Consent to Arbitration: Do We

não teria nenhuma utilidade para fundamentar a extensão da cláusula compromissória a não signatários:

> Na minha opinião, a sentença no caso *Dow Chemical* e a decisão subsequente de confirmação pela Corte de Apelação de Paris de 21 de outubro de 1983 têm sido mal interpretadas. A elas tem sido – digo eu, erroneamente – atribuída a paternidade de uma nebulosa, desnecessária e confusa `doutrina do grupo de sociedades'.
>
> [...]
>
> *Sugiro, portanto, que toda referência a uma teoria do grupo de sociedades deveria desaparecer de uma vez por todas de nosso vocabulário.*[121] (destacou-se)

Com efeito, na rigorosa aplicação do princípio da autônima da vontade, a extensão da cláusula compromissória se mostra possível independentemente da existência de grupo de sociedades, pois basta o consentimento para tornar parte no processo arbitral alguém que não a tenha subscrito. Todavia, é inegável que a existência de grupo de sociedades oferece ao intérprete um campo privilegiado de observação, no qual poderá verificar, com mais facilidade, a manifestação de vontade das partes signatária e não signatária, em razão de seu comportamento. Por essa razão, as posições adotadas pelos Professores Daniel Cohen e Bernard Hanotiau, respectivamente, de que a existência de grupo de sociedades seria neutra, e que a chamada *teoria dos grupos de sociedades* deveria ser banida do vocabulário empregado na prática arbitral há muito consolidada, devem ser interpretadas *cum grano salis*.

A maior parte dos precedentes arbitrais analisados neste livro, por sua vez, alinha-se à doutrina moderada acima exposta, afastando-se da posição extremada dos Professores Cohen e Hanotiau. No Caso CCI 9517/2000 (cf. item 8 deste Capítulo), por exemplo, o tribunal arbitral ressaltou haver aceitação geral de que a existência de grupo empresarial não implica, necessariamente, a extensão da cláusula compromissória a todas as sociedades que o integram. Ainda assim, a decisão não demonstrou ser indiferente à

Share a Common Vision? (The 2010 Annual Freshfields Lecture, London, 21 October 2010)", in *Arbitration International*, Kluwer Law International, 2011, vol. 27, Issue 4.

[121] No original, traduzido livremente pelo autor: "*In my opinion, the* Dow Chemical *award and the subsequent decision of confirmation of the Paris Court of Appeal of 21 October 1983 have been misinterpreted. They have been – I say, wrongly – attributed the paternity of a nebulous, unnecessary and confusing `group of companies doctrine'; (...) I therefore suggest that any reference to a group of companies doctrine should disappear once and for all from our vocabulary*" (HANOTIAU, Bernard. "Consent to Arbitration: Do We Share a Common Vision? (The 2010 Annual Freshfields Lecture, London, 21 October 2010)", in *Arbitration International*, Kluwer Law International, 2011, vol. 27, Issue 4, pp. 543 e 545, respectivamente).

Cap. 3 – A EXTENSÃO DA CLÁUSULA COMPROMISSÓRIA

existência de grupo empresarial: "é unanimemente aceito que o fato de que aqueles que assinaram a convenção de arbitragem e os não signatários pertencerem ao mesmo grupo, ou serem controlados pelo mesmo acionista, não é em si suficiente para justificar a extensão da cláusula".[122]

Em seguida, o tribunal arbitral destacou a importância de se constatar a existência de consentimento inequívoco de que todos, signatários e não signatários, seriam parte da mesma cláusula compromissória:

> [...] A menos que as circunstâncias indiquem a existência de intenção de ambos os signatários e não signatários de que estes sejam parte da cláusula compromissória, um Tribunal Arbitral não aceitará estendê-la a partes que não tenham assinado a convenção de arbitragem.[123]

Conclui-se, portanto, que a existência de grupo de sociedades poderá *auxiliar* o intérprete a identificar, com apoio na prova produzida na arbitragem – e sempre com o devido cuidado[124] –, a efetiva vontade das partes signatárias e não signatárias, manifestada por meio de seu comportamento, de se sujeitarem à mesma cláusula compromissória.

12. ANÁLISE EMINENTEMENTE FÁTICA

Na verificação do alcance subjetivo da convenção arbitral, os árbitros, a Corte CCI e o Poder Judiciário da França, nos precedentes analisados neste livro, ressaltaram o comportamento das partes envolvidas na relação negocial, para dele extrair a manifestação de vontade do signatário e do não signatário de se sujeitarem à mesma cláusula arbitral. Os julgadores dirigiram a sua atenção a atos comissivos e omissivos das partes, tornando

---

[122] No original, traduzido livremente pelo autor: "[...] *it is unanimously agreed that the fact that those who have signed the arbitration agreement and the non-signatories belong to the same group or the domination of a shareholder are never in themselves sufficient to justify an extension of the clause.*" (*ICC International Court of Arbitration Bulletin*, vol. 16, n. 2, 2005, p. 46).

[123] No original, traduzido livremente pelo autor: "*Unless circumstances indicate the existence of an intention of both signatories and non-signatories that the latter be parties to the arbitration clause, an Arbitral Tribunal will not accept to extend it to parties who have not signed the arbitration agreement*" (*ICC International Court of Arbitration Bulletin*, vol. 16, n. 2, 2005, p. 46).

[124] "*It is clear, under most formulations, that the `group of companies' doctrine must be applied with caution, and that it requires showing more than a non-signatory's membership in a group of companies*" (BORN, Gary. *International Commercial Arbitration*. Vol. I. Kluwer Law International, 2009, p. 1170).

decisivos, para a extensão subjetiva da cláusula compromissória, os elementos probatórios produzidos no curso da arbitragem.

Considerações de ordem legal, a indicar os dispositivos aptos a fundamentar a extensão da cláusula compromissória a não signatários, ocorreram em muitos poucos precedentes, e ainda assim de forma lateral, a demonstrar que a matéria discutida neste livro é muito mais uma questão de fato do que um ato de aplicação de regras de direito à arbitragem.[125]

---

[125] *"The problem is more factual than legal, and this is, unfortunately, overlooked by a number of commentators, courts, and tribunals"* (HANOTIAU, Bernard. "Multiple Parties and Multiple Contracts in International Arbitration", in *Multiple Party Actions and International Arbitration*. New York: Oxford University Press, 2009, p. 38). Outro não é o entendimento de Fernando Mantilla-Serrano ("Multiple Parties and Multiple Contracts: Divergent or Comparable Issues?", in *Multiparty Arbitration* (editado por Bernard Hanotiau e Eric Shwartz). Dossiers, ICC Institute of World Business Law: Paris, 2010, p. 26). A semelhante conclusão também chegou Karim Youssef: *"The predominantly contextual nature of searching for consent in group of companies has been expressed in a variety of ways. The jurisdictional inquiry is highly fact-specific"* (*"The Limits of Consent: the right or obligation to arbitrate of non-signatories in group of companies"*, in *Multiparty Arbitration* (editado por Bernard Hanotiau e Eric Shwartz). Dossiers, ICC Institute of World Business Law: Paris, 2010, p. 77).

Capítulo 4

A COMPATIBILIDADE ENTRE O ORDENAMENTO JURÍDICO BRASILEIRO E A PRÁTICA ARBITRAL CCI DA EXTENSÃO DA CONVENÇÃO ARBITRAL A PARTES NÃO SIGNATÁRIAS E GRUPOS DE SOCIEDADES

Os fundamentos invocados pelas sentenças arbitrais CCI, decisões *prima facie* da Corte CCI e decisões judiciais expostas no Capítulo 3 são manifestamente compatíveis com aqueles indicados pela doutrina brasileira e aplicados pelo Superior Tribunal de Justiça ao tratar dos grupos de sociedades, tendo em vista que:

1) a existência de grupo empresarial não implica, de pleno direito, a solidariedade entre as sociedades que o integram;

2) a extensão da convenção arbitral não se confunde com o instituto da desconsideração da personalidade jurídica, não podendo, consequentemente, ser aplicada a título de sanção a comportamento ilícito adotado pelo não signatário;

3) a arbitragem somente é válida se constatada a existência de consentimento inequívoco de signatários e não signatários da respectiva cláusula compromissória, manifestado por meio de seu comportamento; e

4) a importância das características do caso concreto na determinação da extensão da convenção arbitral a não signatários.

Os quatro fundamentos acima listados serão desenvolvidos a seguir, procedendo-se ao cotejo analítico entre os fundamentos apresentados no Capítulo 2 e no Capítulo 3, a demonstrar a compatibilidade entre a prática arbitral CCI e o direito brasileiro, no que tange à extensão da cláusula compromissória e grupos de sociedades.

Também será apresentado neste Capítulo o caso *Trelleborg*, julgado pelo Tribunal de Justiça de São Paulo (cf. item 5.1), em que a cláusula compromissória foi estendida a sociedade não signatária integrante de grupo de sociedades, em precedente que vai ao encontro da prática internacional exposta no Capítulo 3.

No item seguinte, aborda-se de que forma o STJ, quando chamado, no futuro, a apreciar o tema discutido neste livro, deverá, provavelmente, se posicionar – análise fundamentada na jurisprudência da corte relativa aos grupos de sociedades e aos elementos fundamentais do instituto da arbitragem.

1. A EXISTÊNCIA DE GRUPO EMPRESARIAL NÃO IMPLICA, DE PLENO DIREITO, A SOLIDARIEDADE ENTRE AS SOCIEDADES QUE O INTEGRAM

Viu-se que a prática arbitral CCI e inúmeros precedentes judiciais estrangeiros, bem como a doutrina arbitralista mais autorizada, entendem que a mera existência de grupo de sociedades não autoriza a extensão da cláusula compromissória a parte não signatária. É exigido da parte que deseja a extensão da convenção arbitral que (a) apresente elementos de prova a fundamentar a sua pretensão, a exemplo de troca de correspondências e da participação das partes signatárias e não signatárias nas fases contratuais das tratativas, da celebração, da execução ou da extinção. Sem a comprovação de elementos desse jaez, os árbitros, a Corte CCI e os tribunais dos países indicados no Capítulo 3 não autorizaram a inclusão de parte não signatária em arbitragens. Essa orientação, como analisado, foi seguida, exemplificativamente, nos precedentes CCI 9517/2000, 10758/2000 e 10818/2001 (cf. item 8, Cap. 3), e no caso *Saudi Butec Ltd. vs. Saudi Arabian Saipem Ltd.*, julgado pela Suprema Corte Federal da Suíça (cf. item 10.2, Cap. 3). A leitura dos precedentes arbitrais e judiciais também indica que (b) os julgadores tiveram a preocupação de preservar a utilização de estruturas societárias legítimas, engendradas por grupos empresariais com o objetivo de maximizar os seus resultados financeiros.[127] Essa discussão ocorreu, lateralmente, nos precedentes CCI 10758/2000 e 9517/2000 (cf. item 8, Cap. 3), e, expressamente, pelo Poder Judiciário da Inglaterra, nos casos *Adams vs. Cape Industries plc.* (1990, Corte de Apelação da Inglaterra)

---

[127] A semelhante conclusão chegou o Professor Bernard Hanotiau: "*Les tribunaux judiciaires et arbitraux ont également mis en exergue le droit d'une partie d'utiliser comme elle l'entend une structure de groupe mais une fois qu'un choix a été fait, Il doit être pleinement assume. À cet égard, l'utilisation d'um véhicule sociétaire pour des raisons fiscales ou autres n'est pas en soi un argument suffisant pour justifier la levée du voile social, ou à tout le moins l'extension de la clause d'arbitrage aux actionnaires de la société*" ("L´arbitrage et les groupes de sociétés", in *Les Cahiers de l'Arbitrage*, Alexis Mourre (Coord.), vol. II. Gazzette du Palais, Juillet 2004, p. 120).

Cap. 4 – A COMPATIBILIDADE ENTRE O ORDENAMENTO JURÍDICO BRASILEIRO E A PRÁTICA ARBITRAL

e *Peterson Farms Inc vs. C&M Farming Ltd* (2004, Corte Comercial de Londres – cf. item 10.4, Cap. 3).

Essas duas orientações – (a) e (b) – coincidem com a reiterada jurisprudência do Superior Tribunal de Justiça sobre os grupos de sociedades. Com efeito, viu-se que o STJ, ao constatar a existência de grupo empresarial, reconhece a autonomia jurídica de cada uma das sociedades que o integram, mantendo íntegras as suas personalidades e respeitando, dessa forma, a opção por estruturas societárias em forma de grupo. Todavia, quando existe autorização legal expressa para que se estabeleça a solidariedade passiva, ou nas hipóteses excepcionais de desconsideração da personalidade jurídica, o STJ permite a extensão das obrigações às demais sociedades que integram o grupo empresarial.

Para a prática arbitral internacional e para o STJ, portanto, a simples existência de grupo empresarial não implica a solidariedade entre as sociedades que o integram.

2. A EXTENSÃO DA CONVENÇÃO ARBITRAL NÃO SE CONFUNDE COM O INSTITUTO DA DESCONSIDERAÇÃO DA PERSONALIDADE JURÍDICA, NÃO PODENDO, CONSEQUENTEMENTE, SER APLICADA COMO SANÇÃO A COMPORTAMENTO ILÍCITO DE PARTES NÃO SIGNATÁRIAS

Alguns dos precedentes arbitrais analisados neste livro, em uma primeira leitura, podem parecer apontar no sentido de que a extensão da cláusula compromissória teria sido autorizada como sanção ao comportamento fraudulento ou abusivo adotado por parte não signatária. São exemplos o caso CCI 5730/1988 – *Orri vs. Société des Lubrifiants Elf Aquitaine*, o caso CCI 11160/2002 (cf. item 7, Cap. 3) e o precedente arbitral (sem número identificado), objeto de posterior apreciação pela Suprema Corte Federal da Suíça em 16.10.2003, em que se definiu que a exigência de cláusula compromissória por escrito aplica-se apenas à convenção originária e às partes nela referidas, e não a partes não signatárias (cf. item 10.2., Cap. 3). Ocorre que, analisando-se detidamente a fundamentação dessas decisões, constata-se que a extensão da cláusula compromissória não foi erigida em sanção, pois que em todas elas houve prova de que a parte não signatária havia participado ativamente de pelo menos uma das fases contratuais, manifestando, dessa forma, inequívoco consentimento à convenção arbitral subjacente.

Com efeito, é preciso que se não confunda a aplicação da teoria da desconsideração da personalidade jurídica com a extensão da cláusula compromissória a partes não signatárias. Isso porque, enquanto a desconsideração consiste em instituto cujo principal objetivo é evitar situações fraudulentas e de abuso de direito, perpetradas por meio do uso irregular da personalidade jurídica, a extensão da convenção arbitral a partes não signatárias representa a devida identificação da vontade por elas manifestada, por meio de seu comportamento, de se vincular ao contrato e à respectiva cláusula compromissória, estando os signatários devidamente de acordo.

A análise da jurisprudência do STJ, por sua vez, também demonstra que a desconsideração da personalidade jurídica somente é autorizada em hipóteses excepcionais, consistentes em situações de fraude, de violação ao princípio da boa-fé objetiva, de confusão patrimonial e de abuso da personalidade jurídica das sociedades integrantes de grupo empresarial, com o objetivo de fraudar credores. Foi essa a fundamentação adotada no já referido Recurso Especial 968.564/RS:

> A desconsideração da pessoa jurídica, mesmo no caso de grupos econômicos, deve ser reconhecida em situações excepcionais, quando verificado que a empresa devedora pertence a grupo de sociedades sob o mesmo controle e com estrutura meramente formal, o que ocorre quando diversas pessoas jurídicas do grupo exercem suas atividades sob unidade gerencial, laboral e patrimonial, e, ainda, quando se visualizar a confusão de patrimônio, fraudes, abuso de direito e má-fé com prejuízo a credores.[128]

Ressalte-se que as hipóteses em que o STJ autoriza a desconsideração da personalidade jurídica de sociedade integrante de grupo empresarial não se confundem com aquelas em que, por força de lei, há solidariedade passiva entre elas – a exemplo do que ocorre no Direito Trabalhista e no Direito Previdenciário (cf. item 3, Cap. 2). Trata-se de situações distintas, tratadas por meio de diferentes institutos jurídicos.

A prática arbitral CCI e a jurisprudência do STJ, portanto, no que tange ao alcance do instituto da desconsideração da personalidade jurídica no âmbito de grupos de sociedades, atribuem-lhe os mesmos contornos e os mesmos efeitos.

3. A ARBITRAGEM SOMENTE É VÁLIDA SE CONSTATADA A EXISTÊNCIA DE CONSENTIMENTO INEQUÍVOCO DE SIGNATÁRIOS E NÃO SIGNATÁRIOS DA RESPECTIVA CLÁUSULA COMPROMISSÓRIA, MANIFESTADO POR MEIO DE SEU COMPORTAMENTO

Em todos os precedentes analisados neste livro, o *consentimento* das partes signatárias e não signatárias envolvidas na disputa, refletido em seu comportamento, consistiu em elemento comum, no qual as respectivas de-

---

[128] Relator o Ministro Arnaldo Esteves Lima, 5ª Turma, julgado em 18/12/2008, DJe 02/03/2009.

Cap. 4 – A COMPATIBILIDADE ENTRE O ORDENAMENTO JURÍDICO BRASILEIRO E A PRÁTICA ARBITRAL

cisões foram fundamentadas. Seja para permitir a extensão da convenção arbitral a parte não signatária, seja para negá-la, os árbitros, a Corte CCI e os juízes togados sempre fundamentaram as suas decisões na presença ou na ausência de consentimento. Isso porque, segundo todos eles, a arbitragem somente é válida se constatada a existência de livre manifestação de vontade de todas as partes que dela participem.

Em que pese, como acima referido, o STJ ainda não tenha se manifestado sobre o objeto específico deste livro, ele já apreciou numerosos pedidos de homologação de laudos arbitrais estrangeiros, bem como inúmeros recursos nos quais foram suscitadas violações à Lei n.° 9.307/96 e à Convenção de Nova York, e a análise desses precedentes indica que a corte somente reputa válida a arbitragem se restar comprovado, de maneira inequívoca, que as partes escolheram essa via de solução de conflitos por livre e espontânea vontade.

4. A IMPORTÂNCIA DAS CARACTERÍSTICAS DO CASO CONCRETO NA DETERMINAÇÃO DA EXTENSÃO DA CONVENÇÃO ARBITRAL A PARTES NÃO SIGNATÁRIAS

> A determinação da questão de saber se uma cláusula de arbitragem subscrita por uma sociedade pode ser estendida ativamente ou passivamente às outras sociedades do grupo ou aos seus administradores ou acionistas é uma questão de fato, cuja solução pode variar de acordo com as circunstâncias do caso concreto.[129]

Somente a análise detalhada dos fatos comprovados no procedimento arbitral poderá revelar a efetiva dinâmica das manifestações de vontade no âmbito de relação comercial complexa, em que figurem como participantes pessoas físicas e jurídicas de diversos países, de grupos empresariais locais ou de grandes multinacionais.

Em diversos precedentes arbitrais e judiciais analisados no Capítulo 3, os árbitros e os juízes togados fizeram referência expressa à importância desempenhada pela matéria fática para fundamentar a extensão da cláusula compromissória a parte não signatária. As peculiaridades do caso

---

[129] No original, traduzido livremente pelo autor: "*La détermination de la question de savoir si une clause d'arbitrage souscrite par une société peut être étendue activement ou passivement à d'autres sociétés du groupe ou à ses administrateurs ou actionnaires est une question de fait, dont la solution peut être différente selon les circonstances du cas d'espèce*" (HANOTIAU, Bernard. "L'arbitrage et les groupes de sociétés", in *Les Cahiers de l'Arbitrage*, Alexis Mourre (Coord.), vol. II. Gazzette du Palais, Juillet 2004, p. 120).

concreto, portanto, foram determinantes à incidência da extensão, ou à sua rejeição.

Vista a questão sob outro ângulo, pode-se afirmar, com amparo nos diversos precedentes arbitrais, administrativos (Corte CCI) e judiciais apreciados neste livro, que se não pode estender a cláusula compromissória a parte não signatária tão somente com apoio na teoria dos grupos de sociedades. Existe, contudo, a possibilidade de se permitir a extensão da cláusula arbitral, se se comprovar que a parte não signatária, em que pese não tenha integrado o contrato nem a convenção de arbitragem, faz parte do mesmo grupo empresarial da parte signatária e a eles aderiu inequivocamente, o que se prova por meio de seu comportamento, evidenciado durante a instrução do processo arbitral.

Também nesse ponto específico, a jurisprudência do STJ vai ao encontro da prática arbitral CCI. Isso porque, em alguns dos precedentes daquela corte, os Ministros chamaram a atenção para as características dos casos apreciados, atribuindo a devida importância à moldura fática apresentada pela parte requerente da homologação de laudo arbitral estrangeiro – ou conforme delimitada pelos tribunais nacionais de origem, nas hipóteses em que o STJ atuou como órgão recursal.

5. COMPATIBILIDADE MANIFESTA

Não há um só fundamento, invocado nas decisões da Corte CCI e nos precedentes arbitrais e judiciais expostos no Capítulo 3, relativos à extensão da convenção a partes não signatárias no âmbito de grupos de sociedades, que não seja compatível com o ordenamento jurídico brasileiro.

A doutrina brasileira e a reiterada jurisprudência do STJ conferem aos grupos de sociedades o mesmo alcance constatado nos precedentes arbitrais e judiciais abordados neste livro, em que a sua mera existência, por si só, não implicou, de pleno direito, a solidariedade entre as sociedades que o integram. E decorre de todas essas decisões que o instituto da desconsideração da personalidade não deve servir de fundamento à extensão subjetiva da convenção arbitral.

Da mesma forma, a prática arbitral CCI e a jurisprudência do STJ são pacíficas no sentido de que a arbitragem somente é válida se decorrer de livre e inequívoca manifestação de vontade das partes envolvidas na respectiva disputa, e ambas atribuem destacada importância às peculiaridades do caso concreto.

Afirma-se, portanto, com fundamento na detida análise a que se procedeu neste livro, que a prática arbitral CCI da extensão da convenção de

Cap. 4 – A COMPATIBILIDADE ENTRE O ORDENAMENTO JURÍDICO BRASILEIRO E A PRÁTICA ARBITRAL

arbitragem a parte não signatária, inserida no âmbito de grupo de sociedades, é manifestamente compatível com o ordenamento jurídico brasileiro.

5.1. Caso *Trelleborg* – precedente do Tribunal de Justiça de São Paulo

O Tribunal de Justiça de São Paulo, no denominado "caso Trelleborg", manifestou-se favoravelmente à extensão da cláusula compromissória a parte não signatária. Em que pese essa orientação não se tenha apoiado na teoria dos grupos de sociedades, nem seja decorrente de relação contratual em que se tenha pactuado cláusula compromissória invocando o Regulamento CCI – tal como nos precedentes arbitrais apontados no Capítulo 3 –, trata-se de importante decisão, pois deixa entrever, na fundamentação adotada pelos eminentes julgadores, de primeira e segunda instâncias, orientação que vai ao encontro da prática arbitral discutida neste livro.

Conforme detalhado no relatório da sentença proferida em primeira instância[130] e na apelação cível dela interposta,[131] a sociedade ANEL – Empreendimentos, Participações e Agropecuária Ltda. e seu sócio diretor eram titulares da integralidade das quotas da sociedade limitada PAV – Projetos e Aplicações de Vibrotécnica de Vedação LTDA., cujo objeto social consiste na industrialização e comercialização de componentes de borracha utilizados em veículos pesados. Após tratativas mantidas entre a PAV, seu sócio diretor e a sociedade sueca Trelleborg Industri AB – integrante do Grupo Trelleborg –, restou pactuado que esta teria a faculdade de indicar qualquer sociedade integrante do Grupo Trelleborg para a conclusão de parceria comercial no Brasil. Mais especificamente, em 1997, foram alienadas 60% (sessenta por cento) das quotas da PAV à Trelleborg do Brasil Ltda., braço brasileiro do Grupo Trelleborg. Ato contínuo, a PAV passou a ser denominado Trelleborg PAV Indústria e Comércio Ltda – tendo por sócias, portanto, a PAV e a Trelleborg do Brasil Ltda.

Posteriormente, chegou ao conhecimento da ANEL a informação de que outra sociedade do Grupo Trelleborg, denominada Trelleborg Holding AB – controladora da Trelleborg do Brasil Ltda. e controlada pela acima mencionada Trelleborg Industri AB –, havia adquirido as quotas da sociedade AVS Brasil Getoflex Ltda., principal concorrente da Trelleborg PAV. Ou seja: a ANEL descobriu que o Grupo Trelleborg, seu parceiro comercial na exploração da Trelleborg PAV, tornou-se controlador da principal concorrente desta sociedade. Fato ainda mais grave, conforme afirmado

---

[130] Ação ordinária n.° 000.01.060969-5, julgada em 15 de maio de 2002.

[131] Recurso de apelação n.° 267.450.4/6-00, julgado pela 7ª Câmara de Direito Privado em 24 de maio de 2006, relatora a Desembargadora Constança Gonzaga.

pela ANEL, seria que os executivos do Grupo Trelleborg no Conselho de Administração da AVS Brasil Getoflex também integrariam o Conselho Consultivo da Trelleborg PAV.

Inconformada, e sob a alegação de que o Grupo Trelleborg havia quebrado a *affectio societatis* necessária à subsistência das atividades da Trelleborg PAV, a ANEL notificou a sua sócia direta Trelleborg do Brasil Ltda., e a sua controladora Trelleborg Industri AB, para que fosse iniciada uma arbitragem, tendo por objeto a dissolução da Trelleborg PAV e a apuração de perdas e danos. Diante da recusa das rés de dar início ao processo arbitral, e considerando-se que a respectiva cláusula compromissória era do tipo vazia – sem a indicação, portanto, de nenhum regulamento arbitral pré-instituído, a exemplo do Regulamento CCI –, a ANEL ajuizou contra elas a ação prevista no art. 7º da Lei n.º 9.307/96, com o objetivo de constituir um processo arbitral regular, suprindo, dessa forma, a vontade das partes que se negavam a participar da arbitragem.

Em preliminar de ilegitimidade passiva, alegou-se que a Trelleborg Industri AB não havia sido parte nos contratos celebrados entre a ANEL e a Trelleborg do Brasil Ltda., dos quais resultou a constituição da Trelleborg PAV.

Em primeira instância, o MM. Juízo da 13ª Vara Cível da comarca da Capital de São Paulo julgou procedentes os pedidos formulados pela ANEL em face da Trelleborg do Brasil Ltda. e da Trelleborg Industri AB, para declarar instituída a arbitragem, conforme os detalhados termos do compromisso arbitral nela estabelecido. Foram opostos pelas rés, contra essa decisão, embargos de declaração, considerados protelatórios, razão pela qual lhes foi imposta multa de um por cento do valor da causa. Inconformadas, a Trelleborg Industri AB e a Trelleborg do Brasil Ltda. interpuseram recurso de apelação, suscitando a ilegitimidade passiva da Trelleborg Industri AB e pedindo a cassação da referida multa.

A 7ª Câmara de Direito Privado do Tribunal de Justiça de São Paulo manteve a decisão de primeira instância em sua quase integralidade, reformando apenas a parte que havia multado as rés em um por cento do valor da causa. O Tribunal de Justiça de São Paulo manifestou-se no sentido de que a Trelleborg Industri AB havia demonstrado, em várias oportunidades, a sua vinculação com a controvérsia discutida nos autos, o que a tornaria parte legítima para figurar no polo passivo daquela demanda judicial.

Devem ser destacados os seguintes fundamentos, indicados no acórdão proferido pela 7ª Câmara de Direito Privado do Tribunal de Justiça de São Paulo: (a) a Trelleborg Industri AB havia sido figurante em "Carta de In-

Cap. 4 – A COMPATIBILIDADE ENTRE O ORDENAMENTO JURÍDICO BRASILEIRO E A PRÁTICA ARBITRAL **139**

tenção" trocada entre as partes; (b) a Trelleborg Industri AB havia enviado correspondência à ANEL, em português e em inglês, na qual demonstrou o seu interesse na realização do negócio; (c) há uma versão do contrato da qual consta como parte a Trelleborg Industri AB, representada por executivo sueco, também vertida para o português; (d) a Trelleborg Industri AB teria tido participação ativa no processo arbitral – instaurado após a prolação da sentença de primeira instância acima indicada –, no curso do qual já havia sido proferida sentença de mérito, cuja parte líquida fora cumprida pela Trelleborg Industri AB e pela Trelleborg do Brasil Ltda. de forma espontânea; e (e) a Lei n.° 9.307/96 não exige cláusula compromissória assinada pelas partes que participarão de juízo arbitral, e os litígios passíveis de resolução pela via arbitral não decorrem tão somente de relações formalizadas em contratos.

O principal fundamento empregado pelo Tribunal de Justiça de São Paulo, apto por si só a manter a participação da Trelleborg Industri AB no polo passivo da ação ordinária e da arbitragem, foi a sua *participação ativa* na negociação mantida com a ANEL para a celebração do negócio – do qual resultou a criação da Trelleborg PAV. Como se vê, o Tribunal de Justiça de São Paulo não invocou a teoria dos grupos de sociedades para autorizar a extensão da cláusula compromissória à Trelleborg Industri AB, mas sim a sua participação ativa nas respectivas tratativas, consubstanciada em inequívoca manifestação de vontade de aderir à convenção arbitral subscrita pela Trelleborg do Brasil e pela ANEL.[132]

Esse precedente, portanto, vai ao encontro dos fundamentos utilizados nos precedentes arbitrais, nas decisões *prima facie* da Corte CCI e nas decisões judiciais estrangeiras expostos no Capítulo 3.

6. POSICIONAMENTO QUE DEVERÁ SER ADOTADO, NO FUTURO, PELO STJ

A Constituição Federal de 1988 atribui ao STJ competência originária e exclusiva para homologar sentenças estrangeiras, dentre elas os laudos arbitrais, assim como, em sede de recurso especial, causas julgadas, em única ou última instância, pelos Tribunais Regionais Federais ou pelos Tribunais

---

[132] "Apesar de não se aduzir, ao longo da decisão, à teoria do grupo, a decisão estendeu, com razão, a cláusula compromissória à sociedade não signatária. O comportamento ativo de Trelleborg AB foi o fato a partir do qual deduziu o julgador seu consentimento em relação à convenção arbitral" (TEPEDINO, Gustavo. "Consensualismo na Arbitragem e Teoria do Grupo de Sociedades", in *Revista dos Tribunais*, vol. 903, jan. 2011, p. 25).

de Justiça dos Estados e do Distrito Federal, no âmbito das quais se discuta a violação a tratado ou a lei federal – dentre outras atribuições.

Seja no exercício de sua competência para homologar sentenças arbitrais estrangeiras, seja na apreciação de recursos oriundos dos tribunais acima indicados, o STJ, até a publicação deste livro, ainda não havia tido a oportunidade de se manifestar, especificamente, acerca da extensão da cláusula compromissória a parte não signatária, inserida no âmbito de grupo de sociedades.

Seguramente, no futuro, a matéria analisada neste livro será submetida à apreciação do STJ. Afirma-se, não em exercício de futurologia, mas com fundamento em dado concreto, consubstanciado na jurisprudência analisada no Capítulo 2, que o STJ deverá permitir a extensão subjetiva da cláusula compromissória a parte não signatária, inserida no âmbito do grupo de sociedades. Essa permissão, contudo, não deverá ocorrer em razão da mera existência de grupo de sociedades, e sim se estiverem presentes elementos comprobatórios da inequívoca vontade da parte não signatária de integrar a relação comercial subjacente e a respectiva cláusula compromissória, assim como da aquiescência da parte signatária.

CONCLUSÃO

Com o advento da Lei de Arbitragem, a declaração de sua constitucionalidade pelo Supremo Tribunal Federal em dezembro de 2001 e a entrada em vigor em território nacional, em julho de 2002, da Convenção de Nova York, o Brasil tem desenvolvido crescente prática arbitral, de reconhecida qualidade, tendo passado a ocupar lugar de acentuado destaque no cenário das arbitragens comerciais internacionais, em especial naquelas conforme o Regulamento CCI. É preciso, portanto, que, no país, os estudiosos da arbitragem se debrucem sobre as soluções encontradas na prática internacional, a fim de torná-las compatíveis com o ordenamento jurídico brasileiro.

A extensão da convenção arbitral a não signatários, no âmbito de grupo empresarial, consiste em tema há muito enfrentado pela prática internacional. Com efeito, decisões *prima facie* da Corte CCI, além de inúmeros precedentes arbitrais CCI, confirmados por decisões judiciais, indicam que a simples existência de grupo empresarial não autoriza, de pleno direito, a extensão da convenção de arbitragem a outras sociedades que o integram, mostrando-se impositivo que a parte interessada na extensão subjetiva comprove que a parte não signatária manifestou vontade inequívoca de aderir ao contrato e à respectiva cláusula compromissória, com a concordância da parte signatária. Isso porque, segundo todas essas decisões, tal como ocorre no direito brasileiro, a arbitragem somente é válida se decorrer da livre manifestação de vontade das partes envolvidas. Deflui da leitura desses precedentes que a problemática envolvendo a extensão subjetiva da convenção arbitral gira em torno do princípio da autonomia da vontade — tal como visto, neste Capítulo, ao se abordar o caso Trelleborg, julgado pelo Tribunal de Justiça de São Paulo, em que a participação ativa de sociedade não signatária da cláusula compromissória, reveladora de sua inequívoca vontade de ser parte do negócio, fundamentou a sua inclusão no polo passivo de ação judicial instaurada com fundamento no art. 7º da Lei de Arbitragem.

A doutrina arbitral estrangeira, corretamente, alerta para o risco de a extensão subjetiva da convenção arbitral ser usada como instrumento de sanção ao não signatário, sendo confundida, portanto, com a teoria da desconsideração da personalidade jurídica. Trata-se de institutos distintos, com fundamentos e efeitos diferenciados. E essa advertência é bastante pertinente, pois que diversos precedentes analisados neste livro, conquanto afirmem estarem fundados na livre manifestação de vontade da parte não signatária, apoiam-se claramente em elementos clássicos da desconsideração da personalidade jurídica — tais como a confusão patrimonial e o abuso de direito —, o que pode confundir o leitor.

A jurisprudência pacífica do Superior Tribunal de Justiça — na esteira do que decidiu o Supremo Tribunal Federal ao analisar, incidentalmente, a constitucionalidade da Lei de Arbitragem —, por sua vez, estabelece que a arbitragem é válida se decorrer de livre e inequívoca manifestação de vontade dos litigantes. Os reiterados precedentes desse Tribunal Superior, assim como visto nos precedentes CCI, também revelam que, mesmo no âmbito de grupos empresariais, não há responsabilidade solidária de pleno direito, e a desconsideração da personalidade jurídica somente deve ser admitida excepcionalmente, quando constatada a presença de elementos de fraude ou de abuso de direito. Somente nas hipóteses de expressa autorização legal, estabelecendo a solidariedade passiva entre as sociedades integrantes de um mesmo grupo econômico — como, por exemplo, em casos de dívidas trabalhistas e previdenciárias —, e não por meio da aplicação do instituto da desconsideração da personalidade jurídica, que exige a presença de elementos de abuso ou de fraude, o STJ tem também autorizado, no âmbito de grupos de sociedades, a condenação de sociedade que não a responsável direta por cumprir a respectiva obrigação.

Comparando-se, de um lado, o direito positivo brasileiro, os ensinamentos de respeitada doutrina e a jurisprudência do STJ sobre os grupos de sociedades, expostos no Capítulo 2, e, do outro, os principais fundamentos contidos nos precedentes CCI, nas decisões *prima facie* da Corte CCI, nas decisões judiciais estrangeiras e nos respectivos comentários da doutrina especializada, apresentados no Capítulo 3, constata-se a manifesta compatibilidade entre a prática arbitral CCI e o ordenamento jurídico brasileiro.

REFERÊNCIAS BIBLIOGRÁFICAS

ASCARELLI, Tullio. *Problemas das Sociedades Anônimas e Direito Comparado*. Campinas: Bookseller, 2001.

AURILLAC, Michel. "La Cour Internationale d'arbitrage de la CCI régulatrice de la mondialisation", in *Global Reflections on International Law, Commerce and Dispute Resolution*: Liber Amicorum in honour of Robert Briner". Paris: ICC Publishing, 2005.

BAPTISTA, Luiz Olavo. "Lex Mercatoria", in *Arbitragem Doméstica e Internacional – Estudos em Homenagem ao Prof. Theóphilo de Azeredo Santos*. Rafaela Ferraz e Joaquim de Paiva Muniz (Coord.). Rio de Janeiro: Forense, 2008.

BATALHA, Wilson de Souza Campos. *Sociedades Anônimas e Mercado de Capitais*. Rio de Janeiro: Forense, 1973. v. I.

BERMUDES, Sergio; LINS, Carlos. "The Future for Arbitration in Brazil and in Latin America", in *The Internationalisation of Internacional Arbitration:* the LCIA Centenary Conference. London: Kluwer, 1995.

BESSON, Sébastien. "Piercing the Corporate Veil: back on the right track", in *Multiparty Arbitration* (editado por Bernard Hanotiau e Eric Shwartz). Dossiers, ICC Institute of World Business Law: Paris, 2010.

BEVILÁQUA, Clóvis. *Código Civil dos Estados Unidos do Brasil*. Comentário ao art. 1.037. São Paulo: Editora Rio, 1958. v. 4.

_____. *Teoria Geral do Direito Civil*. 2. ed. Rio de Janeiro: Livraria Francisco Alves Editora, 1976.

BORN, Gary. *International Commercial Arbitration*. Kluwer Law International, 2009. v. I.

BRINDEIRO, Geraldo. Parecer do Procurador-Geral da República (parecer 8.062/GB) ao agravo regimental interposto contra a decisão monocrática do Ministro Sepúlveda Pertence na SEC 5.206-8/246/GB, publicado na *Revista de Direito Bancário, do Mercado de Capitais e da Arbitragem*, n. 7, Ano 3, RT, jan.-mar. 2000, p. 373-377.

CAPRASSE, Olivier. "A Arbitragem e os Grupos de Sociedades" (trad. de Valeria Galíndez), in *Revista de Direito Bancário, do Mercado de Capitais e da Arbitragem*, n. 21, Ano 6, RT, jul.-set. 2003, p. 339-386.

CARMONA, Carlos Alberto. *Arbitragem e Processo:* Um Comentário à Lei n.º 9.307/96. 3. ed. São Paulo: Atlas, 2009.

CARREIRA ALVIM, J. E. *Direito Arbitral*. 2. ed. Rio de Janeiro: Forense, 2004.

COHEN, Daniel. *Arbitrage et Société*. Bibliothèque de Droit Privé, Tome 229. Paris: Librairie Générale de Droit et de Jurisprudence, 1993.

COMPARATO, Fábio Konder. "Os Grupos Societários na nova Lei de Sociedade por Ações", in *Ensaios e Pareceres de Direito Empresarial*. Rio de Janeiro: Forense, 1998.

_____. *Direito Empresarial*: Estudos e Pareceres. São Paulo: Saraiva, 1995.

_____. "Os Grupos Societários na Nova Lei de Sociedades por Ações", in *Revista de Direito Mercantil, Industrial, Econômico e Financeiro*, n. 23, Ano XV, 1976, p. 91-107.

_____; SALOMÃO FILHO, Calixto. *O Poder de Controle na Sociedade Anônima*. 5. ed. Rio de Janeiro: Forense, 2008.

COUTO E SILVA, Clóvis. V. "O Juízo Arbitral no Direito Brasileiro", in *Revista dos Tribunais*, n. 620, jun. 1987, p. 15-22.

CRAIG, W. Laurence. Introdução ao livro *Multiple Party Actions and International Arbitration*. New York: Oxford University Press, 2009, p. LVII.

_____; PARK, William W.; PAULSSON, Jan. *International Chamber of Commerce Arbitration*. 3rd edition. Dobbs Ferry (NY): Oceana Publications, 2000.

CREMADES, Bernardo M. "Overcoming the Clash of Legal Cultures: The Role of Interactive Arbitration", in *Arbitration International*, Kluwer Law International 1998, vol. 14, Issue 2, p. 157-1720.

DERAINS, Yves; SCHWARTZ, Eric. A. *A Guide to the New ICC Rules of Arbitration*. The Hague: Kluwer Law International, 1998.

_____. "Is There a Group of Companies Doctrine?", in *Multiparty Arbitration* (editado por Bernard Hanotiau e Eric Shwartz). Dossiers, ICC Institute of World Business Law: Paris, 2010, p. 131/145.

DOLINGER, Jacob; TIBURCIO, Carmen. *Direito Internacional Privado – Arbitragem Comercial Internacional*. Rio de Janeiro: Renovar, 2003.

FADLALLAH, Ibrahim. "Arbitration Facing Conflicts of Culture", in *Arbitration International*, Kluwer Law International, 2009, vol. 25, issue 3, p. 303-317.

FERRARIO, Pietro. "The Group of Companies Doctrine in International Commercial Arbitration: Is There any Reason for this Doctrine to Exist?", in *Journal of International Arbitration*, Kluwer Law International 2009, vol. 26, Issue 5, p. 647-673.

FIGUEIRA JUNIOR, Joel Dias. *Arbitragem, Jurisdição e Execução*. São Paulo: RT, 1999.

FORTIER, L. Yves. "The New, New Lex Mercatoria, or, Back To The Future", in *Arbitration International*, Kluwer Law International 2001, vol. 17, Issue 2, p. 121-128.

FOUCHARD, Philippe; GAILLARD, Emmanuel; GOLDMAN, Berthold. *International Commercial Arbitration*. The Hague: Kluwer Law International, 1999.

FRY, Jason; GREENBERG, Simon; MAZZA, Francesca. *The Secretariat's Guide to ICC Arbitration – A Practical Commentary on the 2012 ICC Rules of Arbitration from the Secretariat of the ICC International Court of Arbitration*. Paris: ICC Publication, 2012.

GAFFNEY, John. P. "The Group of Companies Doctrine and the Law Applicable to the Arbitration Agreement", in *Mealey's International Arbitration Report*, June 2004, vol. 19, #6.

GILISSEN, John. *Introdução Histórica ao Direito* 3. ed. atual. por António Manuel Hespanha. Lisboa: Fundação Calouste Gulbenkian, 2001.

GRACIE, Ellen. "A Importância da Arbitragem", in *Revista de Arbitragem e Mediação*, n. 12, Ano 4, RT, jan.-mar. 2007, p. 13-21.

GRAHAM, James A. "Terceros, No-Firmantes, y Acuerdos Arbitrales", in *Revista Brasileira de Arbitragem*, Ano IV, n. 16, out.-dez. 2007, p. 98-105.

GREENBERG, Simon; FERIS, José Ricardo; ALBANESI, Christian. "Consolidation, Joinder, Cross-Claims, Multiparty and Multicontract Arbitrations: recent ICC experience", in *Multiparty Arbitration* (editado por

Bernard Hanotiau e Eric Shwartz). Dossiers, ICC Institute of World Business Law: Paris, 2010, p. 161-182.

HABEGGER, Philipp. "Arbitration and Groups of Companies – the Swiss Practice", in *European Business Organizational Law Review*, vol. 3/2002, p. 517-552.

HANOTIAU, Bernard. *Complex Arbitration* – Multiparty, Multicontract, Multi-issue and Class Actions. The Hague: Kluwer Law International, 2005.

_____. "Back to basics. Or why the group of companies doctrine should be disregarded once and for all", em coautoria com Barbara den Tandt, in *The Practice of arbitration. Essays in honour of Hans Van Houtte*. P. Wautelet, T. Kruger and G. Coppens (editores), Oxford, Hart Publishing, 2012, p. 125-132.

_____. "Consent to Arbitration: Do We Share a Common Vision? (The 2010 Annual Freshfields Lecture, London, 21 October 2010)", in *Arbitration International*, Kluwer Law International, 2011, vol. 27, Issue 4, p. 539-554.

_____. "L'arbitrage et les groups de sociétés", in *Les Cahiers de l'Arbitrage*, Alexis Mourre (coord.), vol. II. Gazzette du Palais, Juillet 2004, p. 111-120.

_____. "Multiple Parties and Multiple Contracts in International Arbitration", in *Multiple Party Actions and International Arbitration*. New York: Oxford University Press, 2009, p. 35-68.

HOSKING, James M. "Non-Signatories and International Arbitration in the United States: the Quest for Consent", in *Arbitration International*, vol. 20, issue 3, p. 289-303.

JABARDO, Cristina Jaiz. "Extensão da Cláusula Compromissória na Arbitragem Comercial Internacional: o caso dos grupos societários". Dissertação de mestrado apresentada à Faculdade de Direito da USP e orientada pelo Professor Luiz Olavo Baptista. São Paulo: Biblioteca de Direito Internacional da FDUSP, 2009.

JARROSSON, Charles. "Conventions d'arbitrage et groupes de sociétés", in *Groupes de sociétés: contrats et responsabilités*. Paris: LGDJ, 1994.

JOLIVET, Emmanuel. "L'intérêt de recourir à une instituition d'arbitrage. L'exemple da la Cour internationale d'arbitrage de la CCI", in *Global Reflections on International Law, Commerce and Dispute Resolution*: Liber Amicorum in honour of Robert Briner. Paris: ICC Publishing, 2005, p. 413-427.

REFERÊNCIAS BIBLIOGRÁFICAS

KAPLAN, Neil. "Is the Need for Writing as Expressed in the New York Convention and the Model Law Out of Step with Commercial Practice?", in *Arbitration International*, Kluwer Law International, 1996, p. 28-46.

KAUFMANN-KOHLER, Gabrielle. "Arbitral Precedent: Dream, Necessity or Excuse?", in *Arbitration International*, vol. 23, Issue 3, 2007, p. 357-378.

LEADLEY, John; WILLIAMS, Liz. "Peterson Farms: there is no group of companies doctrine in English Law". Artigo disponibilizado no *website* [http://www.bakernet.com/NR/rdonlyres/5780A31F-14DE-4FD2-B1A5-F6DCA447CD6B/ 34239/petersonfarms.pdf]. Acesso em 30.10.12.

LEÃES, Luiz Gastão Paes de Barros. "Sociedades Coligadas e Consórcios", in *Revista de Direito Mercantil, Industrial, Econômico e Financeiro*, n.º 12, Ano XII, 1977, p. 137-148.

_____. "A Estruturação de um Grupo Empresarial", in *Direito Comercial – Textos e Pretextos*. José Bushatsky, Editor: São Paulo, 1976, p. 119-137.

LEW, Julian D.M.; MISTELIS, Loukas A.; KRÖLL, Stefan M. *Comparative International Commercial Arbitration*. The Hague: Kluwer Law International, 2003.

LOBO, Carlos Augusto da Silveira. "A Pré-história da Arbitragem no Brasil", in *Revista de Direito Renovar*, vol. 41, maio-ago. 2008, p. 47-62.

LOBO, Jorge. *Grupo de Sociedades*. Forense: Rio de Janeiro, 1978.

_____. "Extensão da Falência e o Grupo de Sociedades", in *Revista da EMERJ*, vol. 12, n. 45, 2009.

LORIA, Eli; OLIVEIRA MENDES, Hélio Rubens de. "A formação histórica da sociedade anônima e sua contribuição para o desenvolvimento econômico", in *Revista de Direito Bancário e do Mercado de Capitais*, vol. 56, abr.-jun. 2012, p. 247/275.

MACIEL, Marco. "Exposição de Motivos da Lei de Arbitragem", in *Revista de Arbitragem e Mediação*, n. 9, Ano 3, RT, abr.-jun. 2006, p. 317-320.

MANTILLA-SERRANO, Fernando. "Multiple Parties and Multiple Contracts: Divergent or Comparable Issues?", in *Multiparty Arbitration* (editado por Bernard Hanotiau e Eric Shwartz). Dossiers, ICC Institute of World Business Law: Paris, 2010, p. 11-33.

MARTINS, Pedro A. Batista. *Apontamentos sobre a Lei de Arbitragem*. Rio de Janeiro: Forense, 2008.

MATOS PEIXOTO, José Carlos de. *Curso de Direito Romano*. 2. ed. Rio de Janeiro: Companhia Editora Fortaleza, 1950. t. I.

MAYER, Pierre; SILVA-ROMERO, Eduardo. "Le nouveau règlement d'arbitrage de la Chambre de Commerce Internationale (CCI)", in *Revue de l'Arbitrage*, Comité Français de l'Arbitrage, 2011, Issue 4, p. 897-922.

MORAES FILHO, Evaristo de; MORAES, Antonio Carlos Flores de. *Introdução ao Direito do Trabalho*. 8. ed. São Paulo: LTr, 2000.

MULLERAT, Ramon. "The Contractual Freedom of the Parties (Party Autonomy) in the Spanish Arbitration Act 2003", in *Global Reflections on International Law, Commerce and Dispute Resolution*: Liber Amicorum in honour of Robert Briner. Paris: ICC Publishing, 2005.

MUNHOZ, Eduardo. "Arbitragem e Grupos de Sociedades", in *Aspectos da Arbitragem Institucional – 12 anos da Lei 9.307/1996*. Haroldo Malheiros Duclerc Verçosa (org.). São Paulo: Malheiros, 2008.

_____. *Empresa Contemporânea e o Direito Societário*: Poder de controle e grupos de Sociedades. São Paulo: Editora Juarez de Oliveira, 2002.

MUSTILL, Michael (Lord). *The Goff Lecture 1996*. Hong Kong: 63 Arbitration 248.

NERY JUNIOR, Nelson; NERY, Rosa Maria de Andrade. *Código de Processo Civil Comentado*. 7. ed. São Paulo: RT, 2003.

PARK, William W. "Non-signatories and International Arbitration: An Arbitrator´s Dilemma", in *Multiple Party Actions and International Arbitration*. New York: Oxford University Press, 2009.

PEREIRA, Caio Mário da Silva. *Instituições de Direito Civil*. 14. ed. rev. e atual. Rio de Janeiro: Forense, 2010. v. III

PERLINGIERI, Pietro. *Perfis de Direito Civil*: Introdução ao Direito Civil Constitucional. 3. ed. Tradução de Maria Cristina de Cicco. Rio de Janeiro: Renovar, 1997.

_____. *O Direito Civil na Legalidade Constitucional*. Edição brasileira organizada por Maria Cristina De Cicco. Rio de Janeiro: Renovar, 2008.

PONCE DE LEÓN, Luiz Díez-Picazo. *Comentarios a la Nueva Ley de Arbitraje 60/2003, de 23 de diciembre*. SORIA, Julio González (Coord.). Navarra: Editorial Aranzadi, 2004.

POUDRET, Jean-François. "Note – Tribunal federal, Ire Cour Civile, 16 octobre 2003, (4P.115/2003); Un statut privilégié por l'extension de l'arbitrage aux tiers?", in *ASA Bulletin*, vol. 22, Issue 2, p. 390-397.

PRADO, Viviane Muller. "Noção de Grupo de Empresas para o Direito Societário e para o Direito Concorrencial", in *Revista do Direito Bancário e do Mercado de Capitais*, n. 2, Ano 1, RT, maio-ago. 1998, p. 140-156.

_____; TRONCOSO, Maria Clara. "Análise do fenômeno dos grupos de empresas na jurisprudência do STJ", in *Revista de Direito Bancário*, vol. 40, 2008, p. 97-120.

REQUIÃO, Rubens. *Curso de Direito Comercial*. 1º vol. 24. ed. São Paulo: Saraiva, 2000.

ROOS, Cristian Conejero; GRION, Renato Stephan. "Arbitration in Brazil: the ICC experience", in *Revista de Arbitragem e Mediação*, n.º 10, Ano 3, RT, 2006, p. 93-139.

SANDROCK, Otto. "Arbitration Agreements and Groups of Companies", Festschrift Pierre Lalive, Basel, Frankfurt (1993), 625 e segs. Disponível em [http://www.trans-lex.org/116200]. Acesso em 11.09.2012.

SERPA LOPES, Miguel Maria de. *Curso de Direito Civil*. 6. ed. Rio de Janeiro: Freitas Bastos, 1996. v. III.

SCHÄFER, Eric; VERBIST, Herman; IMHOOS, Christophe. *ICC Arbitration in Practice*. The Hague: Kluwer Law International, 2005.

SUTTON, David St. John; GILL, Judith. *Russel on Arbitration*. 22nd ed. London: Sweet & Maxwell Limited, 2003.

TEPEDINO, Gustavo. "Consensualismo na Arbitragem e Teoria do Grupo de Sociedades", in *Revista dos Tribunais*, vol. 903, jan. 2011, p. 9-25.

TOWNSEND, John M. "Agency, Alter Ego and other Identity Issues — Nonsignatories and Arbitration", in *ADR – The Newsletter of Dispute Resolution Law and Practice*, publicação divulgada pelo escritório de advocacia HUGHES HUBBARD & REED LLP (reprinted with permission from ADR Currents – September 1998, Volume 3, Number 3).

_____. "Extending an Arbitration Clause to a non-Signatory Claimant or non-Signatory defendant: does it make a difference?", in *Multiparty Arbitration* (editado por Bernard Hanotiau e Eric Shwartz). Dossiers, ICC Institute of World Business Law: Paris, 2010, p. 111-118.

TYLER, Timothy. KOVARSKY, Lee. STEWART, Rebecca. "Beyond Consent: Applying Alter Ego and Arbitration Doctrines to Bind Sovereign

Parents", in *Multiple Party Actions and International Arbitration*. New York: Oxford University Press, 2009.

VARGAS, Manoel. "Capítulo II – Grupo de Sociedades", in *Direito das Companhias*. Alfredo Lamy Filho e José Luiz Bulhões Pedreira (coord.). Forense: Rio de Janeiro, 2009. v. II.

VIDAL, Dominique. "L'extension de l'engagement compromissoire dans un groupe de société: application arbitrale et judiciaire de la théorie de l'*alter ego*", in *Bulletin de Cour Internationale d'arbitrage de la CCI*, vol. 16, n. 2, 2º semestre de 2005.

WALD, Arnoldo. "A Arbitragem, os Grupos Societários e os Conjuntos de Contratos Conexos", in *Revista de Arbitragem e Mediação*, n. 2, Ano 1, RT, 2004, p. 31-59.

_____. "Algumas considerações sobre as sociedades coligadas e os grupos de sociedades na nova Lei das Sociedades Anônimas", in *Revista Forense*, vol. 260, ano 73, out.-dez. 1977, p. 53-64.

_____. "A Teoria dos Grupos de Sociedades e a Competência do Juízo Arbitral", in *Revista de Direito Mercantil, Industrial, Econômico e Financeiro*, n. 101, Ano XXXV, jan.-mar. 1996, p. 21-26.

_____. "As *Anti-Suit Injunctions* no Direito Brasileiro", in *Revista de Arbitragem e Mediação*, n. 9, ano 3, jan.-mar. 2006, p. 29-43.

_____. "Maturidade e Originalidade da Arbitragem no Direito Brasileiro" in *Aspectos da Arbitragem Institucional – 12 anos da Lei 9.307/1996*, Haroldo Malheiros Duclerc Verçosa (organizador). São Paulo: Malheiros, 2008.

_____. "As Novas Regras de Arbitragem: maior eficiência e transparência", in *Revista de Arbitragem e Mediação*, n. 33, ano 9, abr.-jun. 2012, p. 239-243.

_____. Prefácio à obra *Arbitragem no Brasil:* aspectos jurídicos relevantes. JOBIM, Eduardo; MACHADO, Rafael Bicca (Coord.). São Paulo: Quartier Latin, 2008.

_____; EIZIRIK, Nelson. "A designação 'grupo de sociedades' e a interpretação do art. 267 da Lei das S/A", in *Revista de Direito Mercantil, Industrial, Econômico e Financeiro*, n. 54, Ano XXIII, abr.-jun. 1984, p. 51-66.

WHITESELL, Anne Marie. "Non-signatories in ICC Arbitration", in Albert Jan Van den Berg (ed), *International Arbitration 2006: Back to Basics?*,

ICCA Congress Series, 2006, Montreal, Volume 13 (Kluwer Law International 2007), p. 366-374.

_____; SILVA-ROMERO, Eduardo. "Multiparty and Multicontract Arbitration: Recent ICC Experience", in ICC International Court of Arbitration Bulletin, *Complex Arbitrations – Special Supplement 2003*, p. 7-18.

WOOLHOUSE, Sarita Patil. "Group of Companies Doctrine and English Arbitration Law", in *Arbitration International,* vol. 20, issue 4, Kluwer Law International, p. 435-443.

YOUSSEF, Karim. "The Limits of Consent: the right or obligation to arbitrate of non-signatories in group of companies", in *Multiparty Arbitration* (editado por Bernard Hanotiau e Eric Shwartz). Dossiers, ICC Institute of World Business Law: Paris, 2010, p. 71-109.

ZUBERBÜHLER, Tobias. "Non-Signatories and the Consensus to Arbitrate", in *ASA Bulletin,* vol. 26, issue 1, p. 18-34.

Repositório de precedentes da Corte Internacional de Arbitragem da Câmara de Comércio Internacional:

ARNALDEZ, Jean-Jacques; DERAINS, Yves; HASCHER, Dominique. *Collection of ICC Arbitral Awards*, 1991-1995. Paris: Kluwer Law International, 1997.

_____. *Collection of ICC Arbitral Awards*, 1996-2000. Paris: Kluwer Law International, 2003.

_____. *Collection of ICC Arbitral Awards*, 2001-2007. Paris: Kluwer Law International, 2009.

ICC International Court of Arbitration Bulletin, vol. 19/N.º 1, 2008.

ICC International Court of Arbitration Bulletin, vol. 20/N.º 1, 2009.

ICC International Court of Arbitration Bulletin, vol. 21/N.º 1, 2010.

ICC International Court of Arbitration Bulletin, vol. 22/N.º 1, 2011.

JARVIN, Sigvard; DERAINS, Yves. (org.). *Collection of ICC Arbitral Awards*, 1974-1985. Paris: Kluwer Law International, 1990, p. 153-157.

_____; _____; ARNALDEZ, Jean-Jacques. *Collection of ICC Arbitral Awards*, 1986-1990. Paris: Kluwer Law International, 1994.

TABELA DE PRECEDENTES CCI
(Analisados no Capítulo 3)

Precedentes Favoráveis à Extensão		Precedentes Contrários à Extensão	
Leading case: CCI 4131/1982 – *Dow Chemical vs. Isover Saint-Gobain*	p. 67		
Caso CCI 6519/1991	p. 72	Caso CCI 4504/1985	p. 81
Casos CCI 7604 e 7610/1995	p. 73	Caso CCI 9873/1999	p. 83
Caso CCI 10510/2000	p. 75	Caso CCI 9839/1999	p. 84
Caso CCI 5103/1988	p. 76	Caso CCI 9517/2000	p. 85
Caso CCI 5730/1988	p. 77	Caso CCI 10758/2000	p. 87
Caso CCI 11160/2002	p. 79	Caso CCI 10818/2001	p. 88

TABELA DE PRECEDENTES JUDICIAIS ESTRANGEIROS
(Analisados no Capítulo 3)

FRANÇA	
Isover Saint-Gobain v. Dow Chemical	p. 107
Société Korsnas Marma vs. Société Duranz-Auzias	p. 109
S.A. Kis France vs. Société Générale	p. 110
Orri vs. Société des Lubrifiants Elf Aquitaine	p. 112
Société Sponsor AB vs. Lestrade	p. 107

SUÍÇA	
Saudi Butec Ltd. vs. Saudi Arabian Saipem Ltd.	p. 114
Tribunal federal, Ire Cour Civile (4P.115/2003)	p. 115

ESTADOS UNIDOS DA AMÉRICA	
J.J. Ryan & Sons, Inc. vs. Rhone Poulenc Textile, S.A	p. 118
Sunkist Soft Drinks, Inc. vs. Sunkist Growers, Inc.	p. 118
Sarhank Group v. Oracle Corporation	p. 119

INGLATERRA	
Adams vs. Cape Industries plc.	p. 120
Peterson Farms Inc vs. C&M Farming Ltd.	p. 120

SUÉCIA	
Concorp Scandinavia AB vs. Karelkamen Confectionary AB	p. 122

ÍNDICE ALFABÉTICO-REMISSIVO

A

Abreviaturas, XI

Análise *prima facie* feita pela Corte CCI:

- acerca da existência, validade e escopo de cláusula arbitral CCI, 92

- envolvendo arbitragens multipartes, múltipas convenções arbitrais e multicontratos, 97

Autonomia da vontade:

- breve histórico, 9

- como fundamento da constitucionalidade da Lei de Arbitragem, 15

- forte presença na Lei de Arbitragem, 16

- segundo o direito-civil constitucional, 12

B

Bibliografia, 143

C

Capítulos do livro – resumo, 7

Caso *Trelleborg* – precedente do TJSP sobre a extensão da convenção arbitral a não signatários, 137

Cláusula compromissória:

- como mero *pactum de contrahendo* – sistematica vigente ate a entrada em vigor da Lei de Arbitragem, 20

- lei aplicável à regência de sua validade e extensão a não signatários, 32

- natureza juridica, 20

- nova sistematica advinda da Lei de Arbitragem, 21

Cláusula compromissória por escrito:

- exigência prevista na Convenção de Nova York, 24

- exigência prevista na Lei de Arbitragem, 25

- introdução, 23

- na jurisprudência do STF e do STJ, 24, 26, 30

- requisito *ad probationem* e não *ad validitatem*, 28

Compatibilidade entre o direito brasileiro e a prática arbitral CCI acerca da extensão da cláusula compromissória a não signatários e grupos de sociedades:

- a arbitragem somente é válida se baseada em livre consentimento, 134

- a existência de um grupo empresarial não implica, de pleno direito, a solidariedade entre as sociedades que o integram, 132

- a extensão não se confunde com a desconsideração da personalidade jurídica, 133

- a importância do caso concreto na determinação da vontade do não signatário, 135

- síntese, 136

Conclusão, 141

Consensualismo: sua relação com a arbitragem, 31

Consentimento – pedra angular da arbitragem, 7

Convenção de arbitragem: distinção entre

cláusula compromissória e compromisso, 14

Convenção de Nova York:

- exigência de cláusula compromissória por escrito, 24

- internalização pelo Brasil, 3

Corte Internacional de Arbitragem da Câmara de Comércio Internacional (Corte CCI):

- análise *prima facie* acerca da existência, validade e escopo de cláusula arbitral CCI, 92

- análise *prima facie* envolvendo arbitragens multipartes, múltiplas convenções arbitrais e multicontratos, 97

- natureza e função, 90

- precedentes sobre não signatários e grupos de sociedades, 99

D

Desconsideração da personalidade jurídica: não se confunde com a extensão da cláusula compromissória a não signatários, 63, 133

Dow Chemical vs. Isover Saint Gobain – leading case CCI sobre a extensão a não signatários com fundamento na teoria dos grupos de sociedades, 67

E

Estatísticas CCI – 1997 a 2010, 3

Extensão da cláusula compromissória e não signatários:

- análise eminentemente fática, 129

- apreciação *ab initio* ou junto ao mérito da disputa?, 65

- com fundamento na teoria dos grupos de sociedades - contornos fundamentais, incompatibilidade com o compromisso arbitral, 61

- introdução ao tema, 59

- não se confunde com a desconsideração da personalidade jurídica, 63

- também pode atingir pessoas físicas, 62

G

Grupos de contratos *x* grupos de sociedades – teorias distintas, 63

Grupos de sociedades de fato x Grupos de sociedades de direito, 48

Grupos empresariais:

- a importância do caso concreto na apuração da manifestação de vontade no seu âmbito 44

- breve histórico, 37

- como elemento de auxílio na interpretação da vontade do não signatário inserido no âmbito de um grupo econômico, 124

- elementos essenciais; independência jurídica e direção unitária, 41

- no direito ambiental, 45

- no direito do consumidor, 46

- no direito econômico, 47

- no direito previdenciário, 47

- no direito societário, 48

- no direito trabalhista, 50

- segundo a jurisprudência do STJ, 51

I

Introdução, 1

L

Lei de Arbitragem: apreciação de sua constitucionalidade pelo STF, 15

P

Precedentes CCI:

- contrários à extensão da cláusula compromissória a não signatários no âmbito de grupos de sociedades, 80

- favoráveis à extensão da cláusula compromissória a não signatários no âmbito de grupos de sociedades, 72

Precedentes judiciais estrangeiros, 106

- Estados Unidos, 117

- França, 106

- Inglaterra, 120

- Suécia, 122

- Suíça, 114

Prefácio, IX

R

Regulamento CCI-2012

- histórico e principais novidades, 104

- a análise realizada pela Corte CCI, *prima facie*, acerca da existência de cláusula compromissória oponível a não signatários, 92

- o árbitro de emergência; inaplicabilidade a não signatários, 104

S

Sumário, XIII

Superior Tribunal de Justiça:

- jurisprudência sobre os grupos de sociedades, 51

- posição que a corte deverá adotar, no futuro, sobre a extensão da cláusula compromissória a não signatários, 139

Supremo Tribunal Federal: apreciação da constitucionalidade da Lei de Arbitragem, 21

T

Tabela de precedentes arbitrais CCI, 153

Tabela de precedentes judicias estrangeiros, 155